Draußen mehr erleben
mit MARCO POLO Autor Lars Sittig

Die Welt ist groß, aber am liebsten streifte er schon in seiner Kindheit durch Mecklenburg-Vorpommern. An seiner Faszination für klare Seen, sanfte Bergketten, knorrige Bäume und weite Felder hat sich seither nichts geändert. Inzwischen lebt und arbeitet er als Journalist und Schriftsteller im Land Brandenburg und entdeckt das fantastische Meck-Pomm immer noch mit großer Freude.

INHALTSVERZEICHNIS

*OUTDOOR GUIDE MECKLENBURGISCHE SEENPLATTE

GPX-Tracks als Download zur einfachen Orientierung
QR-Code scannen oder über short.travel/frhyp herunterladen

Legende

Aktivitäten
- Zu Fuß
- Mit dem Fahrrad
- Am & im Wasser
- Fun & Action
- Naturerlebnis
- ★ Outdoor-Highlights

- Lokale Spezialitäten
- Serviceangaben
- Beste Zeit
- Ausrüstung
- GPS-Koordinaten

Preise Aktivitäten/pro Erw.
€ bis 10 €
€€ bis 25 €
€€€ über 25 €

Preise Unterkunft/pro DZ
€ bis 75 €
€€ bis 150 €
€€€ über 150 €

Das Beste zuerst

Das Wasser des Schmalen Luzin in der Feldberger Seenlandschaft ist glasklar

BEST OF ENTSPANNT

*TYPISCHES FÜR GENIESSER

Wie ein Gemälde – der Schlosspark Hohenzieritz ist nach dem Vorbild englischer Landschaftsgärten gestaltet

Waldbaden mit tanzenden Steinen

Wenn die Sonne durch den Buchenwald blitzt, scheinen die Findlinge zu tanzen. Vier Steinkreise gibt es bei Boitin. Die Entstehungszeit lässt sich bestimmen, sonst gibt der Ort Rätsel auf. In jedem Fall kann man hier tief durchatmen. Der Rundkurs führt durch eine schöne hügelige Landschaft.

→ S. 80 Güstrow & Umgebung

Wie durch ein Gemälde wandeln

Prächtige Blumen blühen. Grüne Rasenflächen und das Tollensetal verschmelzen zu einem Landschaftsgemälde: An einem schönen Sommertag kannst du im Schlosspark Hohenzieritz, der an Gärten auf den britischen Inseln erinnert, durch dieses Bild wandeln.

→ S. 158 Neubrandenburg & Umgebung

Badetag mit Barkasse und Burg

Das Naturbad am Teterower See bietet nicht nur einen schönen Strand und allerlei Sportvergnügen. Von hier kannst du mit einer Barkasse zur nahen Burgwallinsel schippern. Vom Aussichtsturm hast du einen weiten Blick über den See mit dem Vogelparadies Binsenbrink.

→ S. 114 Mecklenburgische Schweiz

Zu den Riesen bei Basthorst

Viel Ruhe strahlen sie aus, die beiden beliebten Mammutbäume bei Basthorst, die einen Hauch von Kalifornien verströmen. Auf dem Rundkurs zu ihnen wandelst du durch einen Kastanientunnel und am Glambecker See entlang. Stärken kannst du dich dafür in Basthorst im Hofcafé.

→ S. 44 Schwerin & Umgebung

Ein Hafen zum Erholen

Ein bunter Mix mit maritimem Flair und viele Orte zum Verweilen und Einkehren: Das historische Zentrum Röbels und der Hafen der Müritzstadt locken zum Spaziergang mit Genussprogramm. Von der Promenade am Hafen hast du einen tollen Blick auf die Stadt mit ihrer gewaltigen St.-Marien-Kirche.

→ S. 139 Müritz & Umgebung

BEST OF ADRENALINKICK

*DIE EXTRAPORTION ACTION

Im Kletterwald Schwerin muss man seinen inneren Schweinehund überwinden – in bis zu 14 Metern Höhe!

Mit Tempo in den Talkessel

Im Rausch der Geschwindigkeit: Auf der 720 Meter langen Sommerrodelbahn geht es durch acht Steilkurven und über zwei Brücken in den Talkessel bei Burg Stargard unweit von Neubrandenburg. Der Höhenunterschied von 30 Metern sorgt dabei für ordentlich Tempo und Spaß.

→ S. 172 Neubrandenburg & Umgebung

Spritziges Abenteuer auf dem Reitbahnsee

Mit Schwung geht es auf der Wasserski-Anlage in Neubrandenburg über den Reitbahnsee. Für den ganz besonderen Kick stehen Hindernisse und Rampen bereit, während man vom Lift über die 845 Meter lange Strecke gezogen wird. Aber auch Einsteiger können ihre ersten Gleitversuche unternehmen.

→ S. 162 Neubrandenburg & Umgebung

Rasante Abfahrt zum Kummerower See

Die Asphaltstraße windet sich durch grüne Hügel und Bergwiesen mit viel Gefälle abwärts. Im Tal funkelt der Kummerower See, während du mit Tempo hinunter in Richtung Gorschendorf rollst. Aber Achtung – es ist Vorsicht geboten bei einer der schönsten Talfahrten in der Region.

→ S. 110 Mecklenburgische Schweiz

Windsurfen auf dem Kleinen Meer

Die Müritz ist auch wegen ihres flachen Wassers im Uferbereich ein sehr beliebter Surfspot. Am Ostufer kannst du bei Boek bei entsprechendem Wind mit viel Tempo übers Wasser gleiten. Alternativ kannst du ein Badeboot leihen und durch ein Sichtfenster im Boden die Fische im Wasser beobachten.

→ S. 144 Müritz & Umgebung

Auf Safari in den Bäumen

In bis zu 14 Metern Höhe durch die Wipfel klettern und an einem Seil 120 Meter durch den Wald rauschen! Der Kletterwald Schwerin sorgt für ordentlich Nervenkitzel – dazu kann man noch einen Blick auf die Tiere des Schweriner Zoos nebenan werfen.

→ S. 51 Schwerin & Umgebung

BEST OF MIT KINDERN

*SPANNENDES FÜR KLEIN & GROSS

Auf dem Naturentdeckerpfad streifst du durch den Bärenwald Müritz, eine wirklich bärenstarke Expedition

Bärenstarke Begegnungen

Im Bärenwald Müritz bist du dem größten an Land lebenden Raubtier der Erde ganz nah. Auf dem weitläufigen Gelände können Bären, die privat oder in Zoos und Zirkussen nicht artgerecht gehalten wurden, ihre natürlichen Instinkte wiederentdecken.

→ S. 70 Güstrow & Umgebung

Eine ungewöhnliche Radtour auf Schienen

Mit einer Draisine gleiten Groß und Klein ganz entspannt auf Schienen durch die herrliche Landschaft zwischen Dargun, Neukalen und Salem. Kinder können ohne Ampeln und Autos kräftig in die Pedale treten. Mit ein bisschen Glück streifen Rehe in der Nähe der Strecke durch die Natur.

→ S. 107 Mecklenburgische Schweiz

Wanderung durch finstere Moore zu bester Aussicht

167 Stufen, dann ist der Turm auf dem Käflingsberg bezwungen. Es geht zu einer uralten Linde und durch finstere Moore: Auf Kinder warten bei der Wanderung rund ums Dorf Speck viele Naturerlebnisse. Bei der Anreise aus Waren kann im Nationalparkzentrum in Federow per Webcam live ein Fischadler-Horst beobachtet werden.

→ S. 130 Müritz & Umgebung

Im Bann der Bisons

Auch wenn es regnet, sind die Wisente auf dem Damerower Werder sehr beeindruckend. Im überdachten Informationszentrum gibt es viele spannende Infos über die europäischen Bisons. Und zum Herumtoben gibt es einen Spielplatz.

→ S. 132 Müritz & Umgebung

Ins Wasser, marsch!

Ein schöner Strand zum Planschen, Matschen und Kleckerburgen-Bauen, ein Wasser- und Kinderspielplatz und viele Beach-Volleyballplätze: Das Strandbad Broda am Tollensesee in Neubrandenburg hat für Kinder eine Menge zu bieten. Es gibt außerdem einen Kajakverleih und einen Imbiss.

→ S. 163 Neubrandenburg & Umgebung

BEST OF BEI REGEN

*SCHÖN, AUCH WENN ES REGNET

Auch wenn das Wetter mal nicht mitspielt, ist eine Fahrt mit der Rethra über den Tollensesee beeindruckend

Auf einem Wolkenkratzer aus Backstein

Zugegeben, die Aussicht vom Schweriner Dom ist bei klarem Wetter noch etwas imposanter. Es lohnt sich aber auch, wenn es regnet. Genauso wie im gewaltigen und durchaus sehenswerten Kirchenschiff wirst du auf dem Turm, einem rund 117 Meter hohen Wolkenkratzer aus Backstein, nicht nass.

→ S. 42 Schwerin & Umgebung

Wasser von oben und unten

Der Tollensesee gehört mit seinen Steilufern und seiner Größe zu den beeindruckendsten Gewässern der Region: Das Linienschiff Rethra dreht natürlich auch bei Regen seine Runde und verfügt über viele überdachte Plätze. Im Sommer geht es sogar über den kleinen Amazonas bis nach Prillwitz.

→ S. 165 Neubrandenburg & Umgebung

Eine wandelbare Straße

Die Drehbrücke in Malchow ist längst eine der großen Attraktionen der Stadt und bei Regen genauso imposant: Mehrmals täglich verwandelt sich die Straße zu einer Durchfahrt für Schiffe und Boote. Rund um die Brücke kann man bei einem Bummel die Altstadtinsel, das Kloster mit Park und die Neustadt von Malchow entdecken.

→ S. 74 Güstrow & Umgebung

Schirm auf und auf zum Gipfel

Eine Wanderung zum Gipfel der Mecklenburgischen Schweiz, dem knapp 125 Meter hohen Hardtberg, hat auch bei Regen ihren Reiz. Ein Picknick auf dem überdachten Rastplatz bei Pohnstorf schmeckt bei schlechtem Wetter vielleicht sogar noch besser.

→ S. 109 Mecklenburgische Schweiz

Auf mystischen Pfaden

Bei Regen und Nebel ist es fast noch mystischer in der Lewitz. Auf der kurzen Runde vom Jagdschloss Friedrichsmoor an Skulpturen, Tümpeln und knorrigen Bäumen vorbei kann man sich die Sagen der Region zu Feen, Drachen und Räubern unterwegs auch als Hörspiel auf dem Smartphone anhören.

→ S. 44 Schwerin & Umgebung

Entdecke die Mecklenburgische Seenplatte

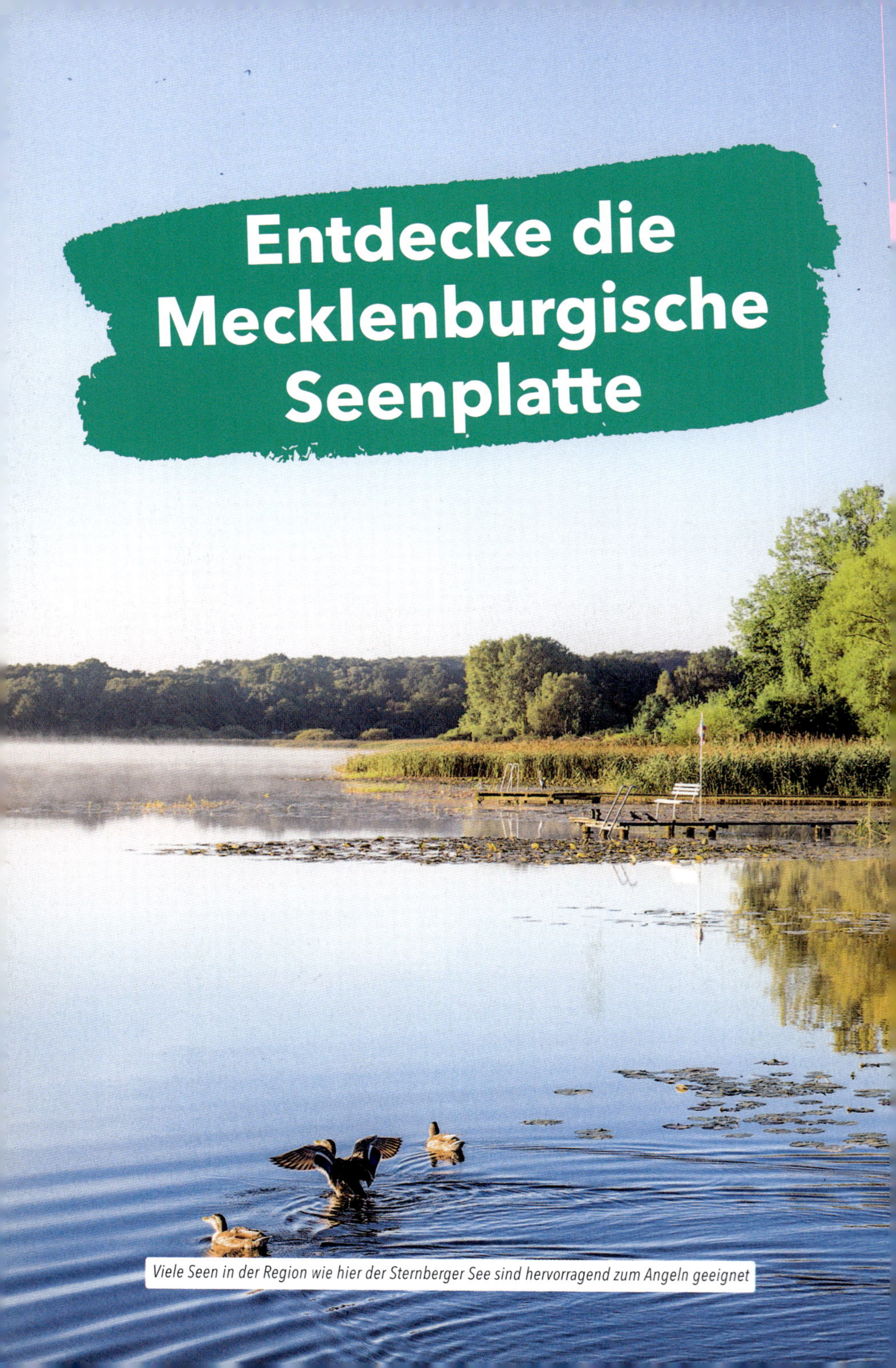

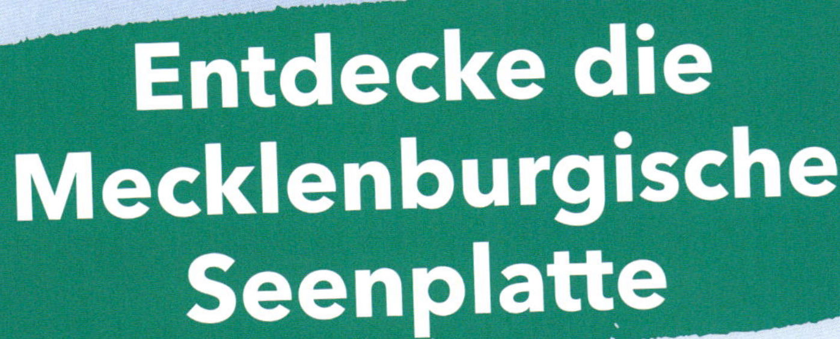

Viele Seen in der Region wie hier der Sternberger See sind hervorragend zum Angeln geeignet

LANDSCHAFT & LEUTE

*AN DER MECKLENBURGISCHEN SEENPLATTE

Wie die Seen die Landschaft prägen, sind auch die Menschen hier auf ein Leben am und auf dem Wasser eingestellt

Filmreifer Sehnsuchtsort, Paddler-Paradies, Refugium für seltene Tier- und Pflanzenarten: Die Hügel- und Seenlandschaft mit ihren mehr als 1000 Seen, verwunschenen Kanälen, weiten Freiflächen, Traumstränden und Gipfeln mit glänzenden Aussichten ist ein Land der schier endlosen Freizeitmöglichkeiten. Zwischen tiefen Wäldern und ausgedehnten Feldern findet jeder und jede, was man für einen perfekten Urlaub im Grünen braucht.

Eine Landschaft zum Verlieben

Die Eiszeit, die sich noch vor 12 000 Jahren über das Land schob, hat ganze Arbeit geleistet – das Ergebnis kann sich sehen lassen: Die Eismassen haben eine abwechslungsreiche Landschaft geformt, Findlinge an den passenden Orten platziert und das Gesamtkunstwerk mit tiefen, weiten Seen abgerundet. Jeder Bergrücken ist ein Unikat, dem Wind und Wetter den letzten Feinschliff verpasst haben. Diese typische Hügellandschaft breitet sich über weite Teile der Region aus. Aber auch die Natur ist betörend: Schmetterlinge flirren durch die Luft, Alleen, Wälder und Wiesen wechseln sich ab, unzählige Greifvögel vom Milan bis zum Seeadler kreisen am Himmel. Im Spätsommer ziehen Staubfahnen der Erntefahrzeuge und ein Duft aus gemähtem Gras und Getreide übers Land. Überall sorgen Schlösser, Parks, alte Mühlen, Fachwerkhäuser und Feldsteinkirchen oder andere Ausflugsziele für Farbtupfer. Mit dem Fahrrad, zu Fuß oder mit dem Kanu lässt sich alles hervorragend erkunden.

Ein Dorf namens Troja

Wer die Mecklenburgische Seenplatte durchstreift, wird immer wieder mal wegen ungewöhnlicher Ortsnamen stutzen: Rom, die ewige Stadt, liegt nicht nur in Italien, sondern ist auch ein Dorf unweit der

124,5 M

hoch ist der Hardtberg und damit der höchste Berg in der Mecklenburgischen Schweiz

NATUR IN ZAHLEN

322 KM²

groß ist der Müritz-Nationalpark – das entspricht etwa der Fläche der Stadt München

VIER DER ZEHN

größten deutschen Seen liegen in Mecklenburg-Vorpommern

25 MIO. JAHRE

ist der Sternberger Kuchen alt, ein fossiles Sedimentgestein mit „eingebackenen" Muscheln und Haifischzähnen

RUND 4100 KM

Alleen gibt es in Mecklenburg-Vorpommern – der BUND ruft jedes Jahr zum Fotowettbewerb auf

MEHR ALS 350 JAHRE

alt sind die Bäume in den Heiligen Hallen. Der Buchenwald gilt als der älteste Deutschlands

MIT 58,3 M

ist der Breite Luzin bei Feldberg einer der tiefsten Seen in Mecklenburg-Vorpommern

NUR 9 EINWOHNER

leben pro Quadratkilometer im Naturpark Nossentiner/Schwinzer Heide

80–100 MIO. HAARE

schützen den Fischotter auf seinen Streifzügen vor Nässe und Kälte

Ein heimischer Dichter und Denker: das Fritz-Reuter-Denkmal auf dem Marktplatz von Stavenhagen

Bierstadt Lübz. Ein Abstecher nach Kamerun ist nur ein Katzensprung vom Marktplatz der Stadt Waren (Müritz) – einer der Ortsteile heißt genauso wie der afrikanische Staat. Auch das sagenumwobene Troja findet sich hier, unweit von Mirow. Ein schöner Zufall: Heinrich Schliemann, wegen seiner Ausgrabungen in den Ruinen des antiken Troja weltberühmt, wuchs ganz in der Nähe in Ankershagen auf. Hier befindet sich auch das Schliemann-Museum mit einem gewaltigen trojanischen Pferd.

Ein Blick in die Vergangenheit

Schliemanns Heimat ist selbst eine Fundgrube prähistorischer Zeugnisse, in der Hinkelsteine und Großsteingräber dicht gesät sind. Tief eintauchen in die Welt der Slawen, die den Landstrich vor mehr als 1000 Jahren besiedelten, kannst du im Slawendorf in Groß Raden, einer Siedlung, die nach historischem Vorbild wieder aufgebaut wurde. Nach Konflikten mit Eroberern aus den westlich gelegenen Gebieten ließen sich ab dem 12. Jahrhundert verstärkt deutsche Siedler in der Region nieder und brachten landwirtschaftliches Know-how mit. Heute verteilen sich die Einheimischen – von wenigen größeren Städten wie der Landeshauptstadt Schwerin (98 000 Einwohner), Neubrandenburg (64 000), Güstrow (30 000) oder Waren (21 000) abgesehen – auf kleine Landstädte und Dörfer. Mecklenburg-Vorpommern ist das am dünnsten besiedelte deutsche Bundesland. Viel Weite, die hervorragend erkundet werden kann – das Land wird von einem geschickt angelegten Netz von Rad- und Wanderwegen durchzogen, das kontinuierlich weiter ausgebaut wird.

Die Natur tischt auf

Die schwere Arbeit der Bauern auf den Feldern hat die regionale Küche geprägt: Auf der Speisekarte standen deftige Gerichte, die viel Kraft gaben. Inzwischen haben sich erfinderische Bio- und traditionelle Küche längst vermischt. Gleich geblieben ist: Saisonale Erzeugnisse aus der fisch- und wildreichen Region landen direkt im Topf oder auf dem Tisch. Hofläden laden zum Genuss im Einklang mit der Natur ein und Restaurants kochen mit Zutaten direkt aus der Region. Auch um diesen Kreislauf zu erhalten, wird Nachhaltigkeit groß geschrieben. Der Schutz der Heimat ist den Einheimischen wichtig.

Die Menschen hier? Bodenständig und gerade heraus

Obwohl es den Mecklenburger oder die Mecklenburgerin natürlich nicht gibt, sind ihnen doch einige typische Merkmale gemein. Sie sind bodenständig, bisweilen bedächtig, zuverlässig, gerade heraus. Sie lieben ihr weites Land und die Natur, die Einheimi-

SPICKZETTEL PLATTDEUTSCH

Hallo!/Auf Wiedersehen! Taching!/Dach ok!/Up Wedderseihn!
Guten Tag! Gauden Dag!
Tschüß! Adschüß!/ Tschüßing!
gut/schlecht gaud/slicht
Ja/Nein/vielleicht Jo/Nee/villicht
Herzlichen Dank! Ik dank von Harten!
Blödsinn, Quatsch, dummes Zeug De Tünkram/Tünkråm
Apotheke De Afteik/Apteik
Fischbrötchen Dat Fischrundstück
Kartoffelsuppe mit Pflaumen Tüffel un Plum
Baguette Dat Stangenwittbrot
Brombeere De Brummelbeer
Mobiltefefon Ackerschnacker

schen in der Mecklenburgischen Seenplatte. Der Witz „Zehn Jahre war ich mit einem Mecklenburger befreundet, nach fünf Jahren waren wir per du" ist natürlich übertrieben – aber gelegentlich braucht man tatsächlich etwas Zeit, um mit manch einem Norddeutschen warm zu werden. Haben sie aber Besuch, lassen sie diesen ohne Aufwärmen mit viel Gastfreundschaft an der Schönheit „Mäkelborg-Vörpommerns" teilhaben und heißen ihn herzlich willkommen. Natürlich hat die Seenplatte auch viele große Persönlichkeiten hervorgebracht oder angezogen: Der Archäologe und Kaufmann Heinrich Schliemann wurde schon erwähnt. Fritz Reuter, der berühmte Dichter und Schriftsteller der niederdeutschen Sprache, kam in Stavenhagen zur Welt. Der bekannte Schauspieler Charly Hübner wurde in Neustrelitz geboren. Der große Volksschriftsteller Hans Fallada wurde in Greifswald geboren und lebte lange in Carwitz in der Feldberger Seenlandschaft. Bei der Fridolinwanderung kannst du auf seinen Spuren wandeln.

Das rockt: entspannt am See sitzen und bei guter Musik den Tag ausklingen lassen

TIERE & PFLANZEN

*HINEIN INS NATURPARADIES

Die Mecklenburgische Seenplatte ist ein Paradies für viele auch seltene Vögel – und für die Ornithologen

Während Seeadler am Himmel kreisen, streifen Hirsche durch die Wälder und bauen Biber ihre Burgen. Die Mecklenburgische Seenplatte bildet in der Luft, im Wasser und an Land einen beeindruckenden Naturkreislauf – Eldorado für Naturliebhaber und Refugium für bedrohte Tierarten.

Mittendrin im Wunderwerk Natur

Es ist ganz still. Nur die Wellen der Müritz, die aus weiter Ferne anrollen, und der Wind rascheln im Schilfgürtel. Plötzlich streift ein Reh durchs Röhricht am Aussichtsturm am Boeker Sender. Während die Sonne über der Müritz mit leuchtendem Finale untergeht, segeln drei Kraniche durch die Dämmerung. Klingt kitschig? Ist aber so! Viel muss man in der Mecklenburgischen Seenplatte gar nicht machen, um besondere Erlebnisse im Wunderwerk Natur zu genießen. In den Schutzgebieten haben sich viele geschützte und bedrohte Pflanzen- und Tierarten angesiedelt – deshalb bekommt man noch Tiere zu Gesicht, die sich sonst selten blicken lassen. Biber, Hirsch und Wolf streifen durch die feuchten, grünen und wilden Weiten. Die geringe Lichtverschmutzung sorgt in vielen Gegenden für gute Lebensbedingungen für nachtaktive Tiere wie Eulen, Fledermäuse und Amphibien, weil künstliches Licht sie bei Orientierung und Nahrungssuche stört. Die Region ist ein Eldorado für Naturfotografen, -liebhaber und Ornithologen. Und natürlich für Botaniker. **Insider-Tipp** Vom Aussichtspunkt Große Rosin an der Aalbude am Kummerower See kannst du hervorragend Vögel beobachten.

Wildwuchs in der Eiszeitkulisse

Die bunte, vielfältige Pflanzenwelt der Region komplettiert die Artenvielfalt. Die Eiszeit, die den hügeligen Landstrich vor 12 000 Jahren formte, hat ein perfektes Terrain erschaffen. In die Landrücken kerben sich tiefe, schroffe Durchbruchstäler der Flüsse wie Peene, Warnow und Nebel. In den Schluchten, die häufig von gewaltigen Laubwäldern überspannt werden, herrschen an einem heißen Sommertag durch die Wasserkühlung oft angenehme Temperaturen: ein ganz spezielles Binnenklima – und die Basis für selten gewordene Gäste. Im Malliner Bachtal, ei-

6 TYPISCHE TIERE

Seeadler Der Seeadler ist der große Star – und das im wahrsten Sinne des Wortes: Die Flügelspannweite kann bis zu 2,4 m betragen. Den größten Greifvogel Mitteleuropas erkennst du durch seine brettartige Silhouette, wenn er hoch am Himmel kreist.

Biber Deutschlands größtes Nagetier, das bis zu 1,35 m groß und bis zu 30 kg schwer wird, baut auch in der Seenplatte seine Burgen und Dämme. Bis zu 23 000 Haare wachsen ihm pro Quadratzentimeter, um sich vor der Kälte des Wassers zu schützen.

Eisvogel Wegen seines blau-türkis schillernden Gefieders und orange leuchtender Brust wird der Eisvogel auch „fliegender Diamant" genannt. Der kleine Vogel ist eher selten – aber in Mecklenburg-Vorpommern stehen die Chancen gut, ihn zu sichten.

Hirsch Der Hirsch gehört zu den imposantesten Tieren in der Region. In freier Wildbahn ist er jedoch nicht einfach zu beobachten. Das Röhren der Rothirsche aber schallt während der Brunftzeit im September und Oktober beispielsweise im Nationalpark laut durch den Wald.

Kranich Laut schallt sein Ruf durch die Landschaft: Der Kranich findet an der Seenplatte perfekte Lebensbedingungen. Zweimal im Jahr treffen sich die Kraniche in den flachen Seengewässern zur Rast und sorgen für ein faszinierendes Naturschauspiel.

Wels Der größte Süßwasserfisch in den europäischen Binnengewässern wird bis zu 3 m groß und 160 kg schwer. Auch beispielsweise in der Peene wurden schon mehr als 2 m lange Exemplare des Raubfischs geangelt.

6 TYPISCHE PFLANZEN

Natternkopf Ein kleines blaues, blühendes Wunder: Der Natternkopf sorgt im Frühsommer für viel Farbe auf sandigen Böschungen, Wegrändern und Brachen. Er ist nicht nur sehr auffällig, sondern geradezu eine Charakterpflanze, beispielsweise in der Müritzregion.

Mehlige Königskerze Im Hochsommer strahlt die bis 1,5 m hohe Pflanze auf sandigen Brachflächen. Beliebt ist sie auch bei Insekten und Vögeln – eine Pflanze trägt Hunderte Einzelblüten mit vielen Samen.

Sanddorn Zugegeben, die Zitrone des Nordens ist vor allem an der Ostseeküste verbreitet, aber auch an den Mecklenburgischen Seen sind die markanten orangefarbenen und vitaminreichen Früchte zu finden.

Weiße Seerose Die malerische Pflanze wächst nur in recht flachem Wasser (1–2 m), da sie mit Blatt und Blüte die Wasseroberfläche erreichen muss. Die weißen Blüten sind nur tagsüber geöffnet.

Buschwindröschen Im Frühjahr lohnt sich ein Besuch der Laubwälder auch wegen des leuchtenden Blumenteppichs: Auf dem Waldboden breiten sich das Buschwindröschen, das übrigens zur Familie der Hahnenfußgewächse gehört, und andere Frühblüher aus.

Schilf Die stattliche Pflanze sieht nicht nur schön aus, sondern ist auch extrem wichtig: Viele Vögel brüten, fressen und verstecken sich im Röhricht. Aber auch Fische laichen hier ab und die Jungfische finden Nahrung und Schutz.

ner Schmelzwasser-Eiszeitrinne bei Neubrandenburg, erwarten Besucher wildromantisch blühende Wiesen. Hier haben Forscher in den 1990er-Jahren rund 360 Pflanzenarten registriert. Vielerorts breiten sich in den Senken morastige Niederungen aus. Schlammige, düstere Refugien – je undurchsichtiger, desto besser. Im Müritz-Nationalpark gibt es mehr als 400 Moore, die zwischen einem halben und mehr als fünf Quadratkilometern groß sind. In den Schutzgebieten gedeihen auch seltene Flechten, Moose und Pilze.

Wer sich mit Pilzen auskennt, kann in den Wäldern der Region auf reiche Beute hoffen

Der Naturschutz zahlt sich aus

Ohnehin liegen nirgendwo die Nationalen Naturlandschaften so dicht beieinander wie im Land der 1000 Seen: Die Naturparks Mecklenburgische Schweiz und Kummerower See, Sternberger Seenland, Nossentiner/Schwinzer Heide, Feldberger Seenlandschaft und der Müritz-Nationalpark breiten sich auf einem großen Teil der Region aus. Eine beeindruckende Kulisse für einen Urlaub in der Natur. Bereits früh hatte beispielsweise der Großherzog Georg von Mecklenburg-Strelitz die Besonderheit der Natur erkannt: Über die Heiligen Hallen, ein Totalreservat mit Deutschlands ältestem Buchenwald, hielt er früh seine schützende Hand: Der Fürst war Mitte des 18. Jahrhunderts vom hallenartigen Charakter dieses Buchenwaldes so beeindruckt, dass er bestimmte, das Waldgebiet für alle Zeit zu schonen. So wurde hier die Bewirtschaftung bereits vor 160 Jahren komplett eingestellt und das Gebiet 1908 auf die Liste der Naturdenkmäler Mecklenburgs gesetzt. Im Warnow-Durchbruchstal hat sich die Bachmuschel angesiedelt – ein Indikator für „mäßig bis schnell fließende sauerstoffreiche Gewässer mit guter bis sehr guter Wasserqualität", heißt es auf einem der vielen Hinweisschilder, die die Naturschätze erlebbar machen. Und wer den Blick zum Himmel richtet, sieht über dieser blühenden, rauschenden und glucksenden Pracht unzählige Kraniche, Wildgänse oder Fischadler kreisen. Hoch oben in den Wipfeln der Bäume brütet der Seeadler – der Symbolvogel beispielsweise des Naturparks Nossentiner/Schwinzer Heide – sein Eier aus. In der fischreichen Landschaft jagt er nach Nahrung. Der wundersame natürliche Kreislauf ist perfekt.

Vorsicht bei diesen Pflanzen & Tieren

In der Region geht wenig Gefahr von Tieren aus. Der **Wolf** hat sich hier zwar niedergelassen, aber Übergriffe auf Menschen sind selten. Allerdings sollten die nötigen Vorsichtsmaßnahmen eingehalten werden: Ein verletztes Tier kann aggressiv reagieren, bei einem kranken Tier kann Ansteckungsgefahr bestehen, oder eine Tiermutter wie eine **Bache** will ihre vermeintlich bedrohten Jungen schützen. Hier sollte Abstand gehalten und Respekt gezeigt werden.

Sehr gefährlich sind giftige **Pilze** wie der Panther- oder Knollenblätterpilz. Der Biss einer **Kreuzotter** ist für Menschen nur in Ausnahmefällen lebensbedrohlich. Trotzdem sollte man nie eine Kreuzotter reizen oder anfassen – sie kann schnell zuschnappen.

KLIMA & WETTER

*DURCHS JAHR

Mit mehr als 1000 Seen in der Mecklenburgischen Seenplatte kommt das Baden im Sommer sicher nicht zu kurz

Das Wetter in der Mecklenburgischen Seenplatte ist von kalten Wintern und warmen Sommern geprägt. Das Klima wird von der nahen Ostsee mit beeinflusst: Das Meer mildert in Teilen der Seenplatte die Sommerhitze ab und wirkt im Winter wärmend. Im Binnenland mit kontinental gemäßigtem Klima nehmen die Niederschläge im Gegensatz zur Küstenregion ab.

MONAT FÜR MONAT

Januar – nicht ohne Heizung

Es ist kalt im Januar – einem der frostigsten Monate in Mecklenburg-Vorpommern: Die Durchschnittstemperatur lag 2023 bei 4,2 Grad, in der gesamten Winterzeit bei 2,8 Grad. Schnee kann die weiten Landschaften bedecken. Wer Winterurlaub mag, kann dann in der Region schöne winterliche Ecken finden. Die weite, weiße und stille Landschaft hat in jedem Fall ihren Reiz und ist ein Highlight für Wanderer. Seen locken bei Minusgraden mit einer spiegelglatten Oberfläche zum Schlittschuhlaufen und manch ein Abhang im Hügelland sorgt sogar für beste Rodelbedingungen.

Februar – es kann ungemütlich werden

Bevor der Frühling das Land zum Leben erweckt, hat der Winter die Seenplatte noch im Griff: Es kann noch einmal kalt und ungemütlich werden, aber auch bereits warme Frühlingseinbrüche geben. Wer Ruhe, kalte, frische Luft und weniger belebte Wanderwege mag, ist in diesem Monat genau richtig hier. Der Saisonbetrieb ist ausgesetzt. Die Übernachtungskosten sind in der Nebensaison oft deutlich günstiger – in manch einem Hotel kann man ein richtiges Schnäppchen machen.

März – die Seenplatte erwacht

Der Winter verabschiedet sich, es wird spürbar wärmer: Die durchschnittliche Temperatur in den Frühlingsmonaten lag 2023 in Meck-Pomm bei rund

DIE JAHRESZEITEN

FRÜHLING

Wild bis mild, ab Mai traumhaft

Das Wetter ist im April traditionell unbeständig, im Mai warten warme Tage.

Wegen der milden Temperaturen eignet sich der Frühling für längere Touren.

Von Regenschirm und Regen-Cape bis zu lockerer oder warmer Kleidung kannst du alles brauchen.

SOMMER

Warm und mit wenig Regentagen

Die Sommer sind heiß – über 30 Grad klettert das Thermometer aber selten.

Badesaison von Juni bis August, der Hochsommer ist perfekt für Strandurlauber und Paddler.

Pack luftige Kleidung, Sonnenbrille, Sonnencreme und Badesachen ein.

HERBST

Milder und dann regnerisch

Zunächst ist es angenehm mild, dann ab November kühler und regnerischer.

Der Oktober ist bestens für Wanderungen durch die bunten Herbstwälder geeignet.

Übergangskleidung wechselt sich mit Regenschirm und wetterfester Kleidung ab.

WINTER

Es wird kalt und kann schneien

Ab Dezember setzen frostige Temperaturen und regelmäßiger Schneefall ein.

Bei schneebedeckter Landschaft warten im Hügelland gute Rodelpisten und Wege für eine Winterwanderung.

Pack Handschuhe, Mütze, feste Schuhe und warme Winterkleidung ein.

Wenn sich im Herbst die Blätter golden färben, ist das Wandern besonders schön

8 Grad. Der Frühling streckt seine Fühler aus und die Seenplatte erwacht langsam aus der Winterruhe. Es kann angenehm warme Tage geben, die beispielsweise zu Radtouren einladen.

April – launisches und launiges Wetter

Launisch ist er, der April: Das Sprichwort „Der April weiß nicht, was er will" trifft hier genau zu. Regen- oder sogar Hagelschauer können sich mit Sonnenschein innerhalb kürzester Zeit abwechseln. Der Wind schiebt das Wetter und die Wolkenmassen vor sich her – und auch die Surfer oder Segler. Die erste Zeit des Jahres mit besten Bedingungen für Wassersportler, die auf den Wind angewiesen sind, bricht an (bis Anfang Juni), weil auch die Temperaturen weiter steigen. Wer sich im April näher in der Natur umsieht, erlebt das jährliche Wunder, wenn sich die Knospen öffnen und das Land blüht.

Mai – die Natur in Mecklenburg-Vorpommern blüht auf

Es sprießt und grünt im Wonnemonat Mai und auch die Seenplatte lebt auf. Die Wälder hüllen sich in zartes Grün, die warmen Tage nehmen zu. Auch für Surfer und Segler gibt es weiterhin exzellente Bedingungen. Die Sonnenzeit beginnt: Die Monate Mai bis August haben die meisten Sonnenstunden des Jahres in Mecklenburg-Vorpommern.

Juni – die Badezeit beginnt

Der Wind schwächt in der Regel ab, trotzdem gibt es noch exzellente Wassersportmöglichkeiten, denn die Paddelsaison nimmt Fahrt auf. Die Natur hat nun ihre volle Pracht entfaltet: Bäume und Sträucher stehen in vollem Saft. Die Badezeit und die Hauptsaison beginnen – und die beste Zeit, um in der Seenplatte Urlaub zu machen. Die wasserreiche Landschaft verwandelt sich in ein glitzerndes, funkelndes Paradies. Immer häufiger gibt es nun laue Sommernächte, flammende Sonnenuntergänge und prächtige Sternenhimmel.

Juli – die heißesten Wochen des Jahres beginnen

Der Hochsommer zieht nun ein: In den wärmsten Wochen des Jahres locken die vielen Seen zur Abkühlung und die Strände sorgen für Beach-Atmosphäre. Sonnenschein, Badehose und Sonnenschutzmittel sowie ausreichend zu trinken auf einer Wanderung oder Radtour gehören jetzt zu den ständigen Begleitern.

August – die Erntezeit läuft

Der Spätsommer beginnt – und die Erntezeit läuft auf Hochtouren. Vielerorts locken Beerensträucher und Obstbäume zum Naschen und Schlemmen in der Natur – die Früchte haben die Kraft der Sonne und der Erde eingesaugt. Erntemaschinen drehen ihre Runden, in der Luft liegt der Geruch von gemähtem Gras und Getreide und die Stoppelfelder funkeln golden in der Sonne.

September – es wird wieder etwas milder

Die hitzigen Temperaturen des Hochsommers sind nun vorbei, die Natur aber steht noch im Saft: Wer eine längere Radtour oder Wanderung unternehmen will, findet jetzt wegen der milden Temperaturen beste Voraussetzungen vor. Für Segler und Surfer brechen noch einmal zwei Monate mit hervorragenden Bedingungen an, um mit Tempo über das Wasser zu gleiten, denn der Wind frischt auf.

Oktober – der Herbst zieht ein und färbt alles golden

Es wird kühler und die Natur legt ein buntes Gewand an: Das Laub der vielen Wälder färbt sich rot und gelb, auf dem Waldboden schimmert ein bunter Teppich und lädt zu Wanderungen ein. Manch ein milder Tag wartet noch, der sich auch für Ausflüge eignet. Die Hauptsaison ist beendet – es wird ruhiger. Viele der ausgedehnten Wälder sind zur Pilzsuche bestens geeignet. Die ersten Herbststürme ziehen über der Seenplatte auf.

November – der Nebel legt sich übers Land

Feucht und kühl ist der November – die regnerische Jahreszeit beginnt. Es kann ungemütlich und windig werden. Regelmäßig zieht Nebel in Feld, Flur und über den Seen auf. Wer Wanderungen in mystischer Atmosphäre und rustikaleres Wetter mag, findet die passende Kulisse und Witterung vor.

Dezember – Winterruhe in der Seenplatte

Die kalte und dunkle Jahreszeit bricht vollends an, die Temperaturen nähern sich dem Nullpunkt. Ein kalter Wind kann über die Seenplatte pfeifen. Die Natur hält Winterruhe. Aber: Für Aufhellung und Abwechslung sorgen Weihnachts- und Martinimärkte.

WETTER IN WAREN (MÜRITZ)

Hauptsaison: Mai–Nov. · Nebensaison: Jan.–April, Dez.

	JAN.	FEB.	MÄRZ	APRIL	MAI	JUNI	JULI	AUG.	SEPT.	OKT.	NOV.	DEZ.
Tagestemperaturen	2°	2°	6°	10°	16°	20°	21°	21°	18°	13°	7°	3°
Nachttemperaturen	-3°	-3°	1°	3°	7°	11°	13°	13°	10°	6°	1°	-1°
Sonnenschein Stunden/Tag	2	2	4	6	8	9	8	7	6	4	2	1
Niederschlag Tage/Monat	9	8	8	8	9	9	10	9	9	9	9	10

AKTIV & DRAUSSEN

*DEINE URLAUBSREGION ERLEBEN

Mit Kanu, Tret- und Motorbooten oder beim Stand-up-Paddling mit Board können die Seen erkundet werden

Ob Wandern, Paddeln, Reiten, Tauchen oder Radeln: Die Mecklenburgische Seenplatte bietet mit ihrer Hügel- und Wasserlandschaft ein Komplettpaket für alle Freizeitaktivitäten. Spots zum Kiten, Windsurfen und Segeln durchziehen die Region. Die Seen, durch Flüsse, Kanäle und Wasserstraßen verbunden, sind ein Eldorado für Kanuwanderer. Natürlich kann die idyllische Seenlandschaft auch auf einem dichten Netz von Rad-, Reit- und Wanderwegen erradelt, erritten oder erwandert werden.

Stand-up-Paddling und Kanufahren

Wer Stand-up-Paddling (SUP) und Paddeln mit dem Kanu mag, findet in der Mecklenburgischen Seenplatte sehr viele geeignete Gewässer, weil es hier weder Stromschnellen noch allzu hohe Fließgeschwindigkeiten gibt. Ein zusätzliches Highlight: In den vielen Klarwasserseen kannst du vom Board einige Meter tief durch das klare Wasser in die Tiefe schauen. Viele Badestellen laden dazu ein, mit dem Kanu oder dem Board an- oder abzulegen. Bei Wind ist aber Vorsicht geboten, da beachtliche Wellen entstehen können. Wegen der vielen Kanäle sind auch diverse Touren über vernetzte Gewässer möglich. Verleihstationen gibt es zum Beispiel am Schweriner See, an der Müritz, am Mirower See, am Kummerower See oder am Fleesensee. **Insider-Tipp** Eine schöne SUP- oder Kanutour kannst du von Mirow über die Alte Fahrt ins Seerosenparadies unternehmen. Besonders schön ist der Abschnitt von Granzow zum Seerosenparadies und weiter zum Leppinsee.

Segeln

Ob auf der Müritz, dem Kummerower oder Plauer See – die Auswahl, um mit dem Segelboot in See zu stechen, ist riesig. Wer im Urlaub mal was Neues ausprobieren und zum ersten Mal die Segel setzen möchte, kann zum Beispiel bei der SeenLandAgentour (Basis Salem) am Kummerower See das Einmaleins des Segelns lernen. In Salem kannst du auch ein Boot (Segeljollen, Flying Cruiser, Polyvalk) leihen.

Viele Radrundtouren führen durch kleine Ortschaften, die es zu entdecken gilt

Die Wanderrouten sind meist einfach und auch für Familien gut zu bewältigen

Radfahren

Die Mecklenburgische Seenplatte mit ihren exzellenten Radwegen, der ausführlichen Beschilderung und den vielen verträumten Landstraßen ist ein Traum für Radler. Ob Rennradfahrer, Mountainbiker oder Tourenradfahrer, ob mit Picknickkorb oder Stoppuhr unterwegs – es ist für jeden eine passende Tour dabei. Vor allem die großen Radwege wie die Runde um die Müritz sind hervorragend ausgebaut – allerdings auch belebter. Wer Ruhe und gemäßigte Bergetappen mag, kann in der Mecklenburgischen Schweiz ordentlich in die Pedale treten. Ein Komplettpaket mit Hügeln, Fernsichten und tollen Badestellen bietet beispielsweise die Runde um den Kummerower See. In der Gemeinschaft mit anderen Radbegeisterten kann man bei der Mecklenburger-Seen-Runde mit Start in Neubrandenburg an seine Grenzen gehen (mecklenburger-seen-runde.de). Wer mit wenig Kraft sanft dahingleiten möchte, kann mit einem E-Bike losradeln – das Netz der Fahrradverleihe, die diese Modelle anbieten, ist engmaschig.

Wandern

Ob Moorstege, Panoramawege, Uferwege um die herrlichen Seen oder Feldwege übers weite Land: In der Seenplatte gibt es für jeden Wanderschuh die passende Tour. Im Hügelland findet sich manch ordentlicher Anstieg, in flachen Regionen kannst du ohne Gefälle wandern. Wer besonders weit ausschreiten will: Die Fernwanderwege in der Region, der Müritz-Nationalparkweg oder der Burgenwanderweg von Burg Stargard – Penzlin, laden zu Touren in der XXL-Variante ein.

Angeln

Wer keinen Fischereischein besitzt, kann in Mecklenburg-Vorpommern mit einem Touristenfischereischein angeln. Dieser gilt 28 Tage und kann mehrfach verlängert werden. Was Anfänger über Rechtsgrundlagen, Ordnung beim Angeln, Ausübung der Fischerei und Umgang mit gefangenen Fischen wissen müssen, darüber informiert eine Broschüre. Den Fischereischein gibt es in vielen Angelläden und Touristeninformationen. Du benötigst neben dem Fischerei- oder Touristenfischereischein eine Angelkarte für das jeweilige Gewässer – in der Regel vom Eigentümer oder Pächter des Gewässers (wie Fischereiunternehmen, Landesanglerverband Mecklenburg-Vorpommern oder örtlicher Anglerverein). Eine Übersicht gibt das Gewässerverzeichnis des

MARCO POLO OUTDOOR-KNIGGE

Sei freundlich und hilfsbereit
Ein Lächeln und ein freundlicher Gruß kosten nichts. Wenn andere in Schwierigkeiten sind, biete ihnen deine Hilfe an, sei es bei der Orientierung, mit einem Pflaster oder dem Fahrradwerkzeug.

Lass dir Zeit
Lass Hektik und Stress zu Hause, wenn du in die Natur reist. Spüre ihren Rhythmus, lass dir Zeit und nimm die Landschaft mit allen Sinnen wahr.

Bleib auf festen Wegen
Auch wenn Abstecher ins Wilde locken, diese Welt gehört den Tieren und Pflanzen – sei ein guter Gast und bleib auf deinem Pfad.

Sei leise
Das tut dir und allen um dich herum gut: einfach mal das Handy stumm schalten und leise sprechen. Plötzlich sind die Geräusche der Natur ganz nah und du kommst selbst zur Ruhe.

Bleib wachsam
Rüste dich gut aus und hab immer ein Auge auf Wetter und Gelände. Sonst bringst du nicht nur dich selbst in Gefahr, sondern auch die Retter, die dir im Notfall zu Hilfe eilen.

Nimm nur Erinnerungen mit
Widersteh der Verlockung, Pflanzen, Steine oder sogar Tiere einzufangen und mitzunehmen. Sie gehören hierher, also nimm nur ein Foto für deine Erinnerungen mit.

Hinterlasse nur Fußspuren
Ob Taschentuch, Brottüte oder Bananenschale – hinterlasse keine Abfälle. Das, was andere liegengelassen haben, kannst du mitnehmen und im nächsten Mülleimer entsorgen. So lässt du die Natur sauberer zurück, als du sie vorgefunden hast.

Mach dich schlau
Neben „Benimmregeln" gibt es auch Gesetze, an die du dich halten musst, etwa in Naturschutzgebieten. Bereite dich auf deinen Trip vor, so lernst du auch etwas über die Menschen, die an deinem Reiseziel leben.

Stehende Gewässer, Flüsse und Kanäle – und sauberes Wasser: Die Mecklenburgische Seenplatte ist ein Angelparadies

Vor allem die großen Seen bieten ordentlich Wind zum Segeln und Surfen

Landesamtes *(lallf.de/fischerei/informationsmaterial)*. Die Angelerlaubnis kann auch online beim zuständigen Landesamt gekauft werden *(erlaubnis.angeln-mv.de)*. **Insider-Tipp** Der Landesanglerverband Mecklenburg-Vorpommern bietet Gastangelkarten an, mit denen viele Gewässerabschnitte beangelt werden können. Die Gastangelkarten können auf *aks.lav-mv.de/verkauf.php* online bestellt werden.

Tauchen

Zum Abtauchen bestens geeignet sind die sauberen, oft glasklaren und fischreichen Gewässer der Region wie der Plauer oder Tollensesee. Die Feldberger Seen sind bei Tauchern sehr beliebt, denn hier gibt es besonders tiefe Gewässer. Mehr als 50 Meter geht es im Breiten Luzin in die Tiefe. Im Tauchcenter Feldberg (tauchcenter-feldberg.de) kann das nötige Equipment ausgeliehen werden. Hier werden auch Kurse für Anfänger und Profis angeboten.

Kite- und Windsurfen

Am Ufer des Kölpinsees oder der Ost-Müritz sieht man häufig bunte Drachen am Himmel und Segel über das Wasser flitzen. Beide Seen sind wegen des flachen Wassers exzellent geeignet zum Kite- und Windsurfen. Bei Boek reicht die Flachwasserzone rund 600 Meter in die Müritz und ist rund einen Meter tief. Es gibt aber auch viele andere beliebte Spots wie den Plauer, den Fleesen-, den Mirower und den Priepertsee. Ohne Wind kann mit einer Seilbahn wie in Neubrandenburg auf dem Reitbahnsee übers Wasser geglitten werden. Wenn du über keine eigene Ausrüstung verfügst, gibt es viele Wassersport-Center, um Equipment auszuleihen und Tipps von den Profis zu holen. Surfkurse für Anfänger gibt es zum Beispiel bei Surf-Hecht oder am Südostufer der Müritz.

Reiten

„Das höchste Glück der Erde liegt auf dem Rücken der Pferde", heißt ein geflügelter Spruch – und auch in der Mecklenburgischen Seenplatte kannst du natürlich weit ausreiten. Es gibt viele bekannte Gestüte wie zum Beispiel in Redefin (landgestuet-redefin.de), wo einmal im Jahr die Pferdetage veranstaltet werden. Ein Schnupperkurs für Reitanfänger, Ponys für Kinder und Leihpferde werden unter anderem beim Malchower Reiterhof (malchower-reiterhof.de) angeboten. Eine Übersicht mit vielen Pferdehöfen und Gestüten findest du auf mecklenburgische-seenplatte.de/aktivurlaub/reiten.

5 PERFEKTE TAGE
*VIEL ERLEBEN IN KURZER ZEIT
Schwaan
mühlen
Neukloster
Bützow
Warin
Warnow
Güstrow
Bad Kleinen
Schweriner See
Brüel
Sternberg
Krakow am See
Schwerin
ca. 2 Std.
Goldberg
Crivitz
Lübz
Plau am
now
Parchim
TAG 5: Schlussetappe mit Altstadtflair
Ein Tag in Schwerin
Meyenburg
Putlitz
Stepenitz
Karstädt
Pritzwalk
Dömitz
Lenzen (Elbe)
Perleberg
Schnackenburg
ersachsen
Branc

TAG 4: Balanceakt am Vogelparadies
Eine Radtour von Malchin zum Vogelparadies am Kummerower See
Loitz
Jarmen
Gützkow
Demmin
Peene
Kummerower See
Malchin
Reuterstadt Stavenhagen
Malchiner See
ecklenburg-Vorpommern
ca. 40 Min.
TAG 1: Erfrischender Auftakt
Rumtollen am Tollensesee und flanieren in Neubrandenburg
Friedland
Neubrandenburg
Penzlin
Tollensesee
Burg Stargard
Waren (Müritz)
lchow
ca. 15 Min.
ca. 30 Min.
Woldegk
TAG 3: Hinaus in die Natur – Abenteuer im Nationalpark
Mit dem Rad von Waren in das urwüchsige Seenland des Müritz-Nationalparks
Neustrelitz
Mirow
Wesenberg
Wittstock/Dosse
Dosse
TAG 2: Vom Schlossgarten auf das Hausboot
Bummel durch Neustrelitz und Fahrt mit dem Hausboot zum Woblitzsee

Die Stadtmauer in Neubrandenburg ist ein besonders beeindruckendes Bauwerk der Backsteingotik

Du möchtest in kurzer Zeit möglichst viele Orte entdecken und Aktivitäten unternehmen, die das Flair der Mecklenburgischen Seenplatte ausmachen? Dann sind 5 perfekte Tage genau das Richtige für dich. Hier findest du die Lieblingsorte des Autors und was er dort am liebsten selbst unternimmt.

TAG 1: ERFRISCHENDER AUFTAKT

Am Tollensesee in Neubrandenburg

- **Erst mal ankommen im Urlaub:** Nach einer Stärkung im Turmcafé in luftiger Höhe im Kulturhochhaus machst du einen Stopp im Augustabad. Das Wasser erfrischt und perlt: Der Urlaub und eine kleine Tour zum Aussichtsturm auf der Behmshöhe können beginnen. → S. 164
- **Wer möchte, radelt weiter am Ufer des Tollensesees entlang:** Es geht ordentlich auf und ab, du rastest an einem der vielen Picknickplätze, es warten herrliche Aussichten. Nach zwei Stunden erreichst du Nonnenhof und setzt mit dem Linienschiff Rethra nach Gatsch-Eck über. → S. 165
- **Auf dem Rückweg nach Neubrandenburg** geht es noch einmal hoch zum Belvedere mit toller Aussicht über die Stadt. → S. 163
- **Der Tag klingt mit einem Bummel durch Neubrandenburg** mit seiner prächtigen Stadtmauer aus: In einer der vielen Gaststätten in der Innenstadt kannst du zu Abend essen und vom Steg am Badehaus den Sonnenuntergang genießen. → S. 173

TAG 2: VOM SCHLOSSGARTEN AUF DAS HAUSBOOT

In Neustrelitz zum Woblitzsee

- **Vor einem Stadtrundgang, bei dem du die grüne Seite von Neustrelitz entdeckst,** gehst du im Familiencafé Anna & Otto am Marktplatz ausgiebig frühstücken. Dann locken die Prachtbauten der Stadt, der Schlossgarten und die Schlosskoppel, ein sehr schöner Park am Zierker See. → S. 188
- **Danach wartet eine Tour mit dem Hausboot.** Vorher kannst du dich in der Luisenstube stärken – unbedingt den Rollbraten probieren. Und dann heißt es: reichlich Proviant einkaufen und das

Neubrandenburg
Den Tollensesee vor der Tür, Wellness unterm Dach: Im Hotel Bornmühle kannst du wunderbar ausspannen (bornmuehle.de, €€).

Neustrelitz & Feldberger Seen
• Sanft schaukeln die Wellen der Feldberger Seen das Hausboot wie eine Wiege. Die schwimmenden Ferienhäuser gibt es z.B. bei Tom Sawyer Tours (tomsawyer-tours.de, €€€).

Mecklenburgische Schweiz
• Im Campingpark Sommersdorf am Kummerower See kannst du auch ohne Zelt oder Wohnmobil im Grünen schlafen, in sogenannten Season Campers (camping-sommersdorf.de, €€).
• Übernachten wie die alten Gutsherren: Im Schloss & Gut Ulrichshusen schläfst du mit herrschaftlichem Flair (ulrichshusen.de, €€€).

Von Güstrow bis Plau am See
Bei Zislow am Plauer See gibt es im Naturcamping Zwei Seen ein kleines Schlaffass-Dorf. Viele Fässer haben eine eigene Terrasse direkt am See (schlaffass-am-see.de, €).

Boot beziehen. Nach einer Runde durch den Hafen und einem Abstecher zur Mole geht es hinaus auf den Zierker See. Durch den Kammerkanal im Süden des Zierker Sees schippert man das Hausboot zum Woblitzsee. Die Sonne wärmt, die Wellen plätschern. In einer schönen Bucht gehst du vor Anker, kannst die Angel auswerfen und verbringst die Nacht auf dem Boot. Am Morgen geht es dann nach dem Frühstück in der Morgensonne in aller Frühe zurück nach Neustrelitz. → S. 191

Eine Landbrücke trennt den Feisnecksee am Stadtrand von Waren von der Binnenmüritz

TAG 3: HINAUS IN DIE NATUR – ABENTEUER IM NATIONALPARK

Rund um Waren (Müritz)

• **Vor deiner Entdeckungstour durch die Seenlandschaft macht ein großer Kaffee in der Mecklenburger Backstube am Marktplatz wach.** Nach einer Runde durch die Innenstadt mit ihren prächtigen Kirchen geht es zum Fahrradverleih und dann hinaus in ein besonders schönes Stück Natur: Von Waren (Müritz) radelst du zwischen Binnenmüritz und Feisnecksee nach Süden. → S. 128, 134
• **Nach dem Feisnecksee wartet eine Abkühlung in der Müritz** an der Badestelle Ecktannen. In der Schutzzone tickt die Zeit ganz langsam: keine Autos, kein Stress. Am Aussichtspunkt Schnakenburg breitet sich die Müritz weit aus. Mittags gibt es im Müritzhof in der Idylle zur Kürbissuppe ein Sanddorn-Radler. Am Ufer des Feisnecksees entlang führt der Weg zurück nach Waren. → S. 128, 134
• **Und jetzt noch zum schönsten Sonnenuntergangsplatz der Gegend:** Am Abend geht die Sonne bei einem Spaziergang an der Binnenmüritz feuerrot unter, am Ostufer lässt sich das Schauspiel exzellent beobachten. Wer jetzt noch Lust hat einzukehren: Im urigen Ratskeller Brauereigasthof gibt's Typisches aus der Region, auch Sülze mit Bratkartoffeln. → S. 145

TAG 4: BALANCEAKT AM VOGELPARADIES

Am Kummerower See

- **Weiter geht es über Malchin Richtung Kummerower See.** Die Radtour führt zu einem der schönsten Picknickplätze der Region: Oberhalb von Salem hast du einen tollen Blick auf den See. Gönn dir einen Stopp an der Aalbude beim Vogelparadies am Großen Rosin, bevor du nach Verchen radelst. → S. 100
- **Der flache Strand bei Verchen eignet sich hervorragend zum Stand-up-Paddling.** Ein Board kannst du bei der Kanustation ausleihen. Die Weite des Sees sorgt für Urlaubs- und Strandfeeling. Das Ufer im Süden ist ein schmaler Streifen. → S. 108
- **Ein Sonnenuntergang geht noch:** Eine bessere Stelle als den Hafen in Gravelotte findest du kaum. Wer einkehren möchte: Schön sitzt es sich auf der Terrasse des Hotels Gravelotte, der Brathering mit Bratkartoffeln schmeckt hier besonders gut. Dann senkt sich langsam die Nacht über den See. → S. 108

TAG 5: SCHLUSSETAPPE MIT ALTSTADTFLAIR

In und um Schwerin

- **Starte mit Schwerins Glanz und Gloria:** Vom Zentrum geht's zum Marstall, traumhaft auf einer Landzunge in unmittelbarer Nachbarschaft zum Schweriner Schloss gelegen. Nach einem Abstecher zur Schlossinsel läufst du über den Alten Garten zurück ins Zentrum. Eine Fahrt mit der Petermännchen-Fähre über den Pfaffenteich darf nicht fehlen. → S. 42
- **Altstadtbummel oder Fahrradtour:** Jetzt kannst du weiter durch die Altstadt bummeln, regionale Köstlichkeiten findest du z.B. beim Laden des Hofs Denissen am Marienplatz. Oder du schnappst dir ein Rad und fährst zum Ziegelsee, Schwerins grüner Oase. → S. 50
- **Und jetzt noch eine Soljanka,** ein Suppenklassiker der DDR-Küche. Das Restaurant Lukas serviert eine mit Fischstücken. Karpfen, Hecht und Zander sind typisch für die Region. → S. 62

Bei einem Bummel durch die Schweriner Altstadt kann man sich wunderbar treiben lassen

SOUVENIRS & MITBRINGSEL

Honig & Marmelade

Mecklenburg-Vorpommern ist das Land, in dem Honig und Marmelade reichlich fließen: In den kleinen Verkaufsständen am Straßenrand bieten die Einheimischen überall Marmelade oder Honig aus der Region und eigener Produktion an. Beide Köstlichkeiten sind lange haltbar und du kannst noch lange danach den Urlaub schmecken.

Kunsthandwerk

Viele Töpfer und Kunsthandwerker haben ihre Ateliers in der Mecklenburgischen Seenplatte und bieten ihre Werke auf Märkten an. Vom Frühjahr bis zum Herbst gibt es viele liebevoll geflochtene, gebrannte und bemalte lokale Produkte auf Kunsthandwerks- und Töpfermärkten, im Winter auf Weihnachtsmärkten. Zu den besonders empfehlenswerten Kunstmärkten gehört auch der in Mirow (kunstmarkt-mirow.de).

Sanddorn

Der Sanddorn hat schon seit Langem die Mecklenburgische Seenplatte erobert. Er ist nicht nur sehr gesund und wird wegen des hohen Vitamingehalts auch die „Zitrone des Nordens" genannt, sondern schmeckt auch sehr gut. Du bekommst die orangefarbenen Beeren in vielen Geschäften, die regionale Produkte anbieten, als Öl, Saft, Tee, Likör, Marmelade oder Kosmetik. Eines der größten Anbaugebiete liegt bei Ludwigslust.

Geräucherte Spezialitäten

Geräucherte Spezialitäten vom Kloppschinken bis zum Aal sind eine Delikatesse und lohnen sich unbedingt zu probieren. Die duftenden Köstlichkeiten halten sich durch das Räuchern lange und sollten bei der Rückreise nicht im Gepäck fehlen. Vor allem Fisch gibt es in der wasserreichen Region überall zu kaufen.

DIY-Souvenirs

Im Slawendorf in Neustrelitz am Zierker See gibt es eine Menge zu entdecken – und du kannst dein Souvenir sogar selbst herstellen. Besucher können hier Kerzen aus Bienenwachs ziehen, Körbe flechten, filzen, weben, Schwerter schnitzen oder schöne Andenken aus Speckstein anfertigen (slawendorf-neustrelitz.de).

Müritz-Gin

Für den bekannten Müritz-Gin wird Wacholder verwendet, der im Müritz-Nationalpark geerntet wird. Auch Sanddorn kommt bei der Komposition des Geschmacks zum Einsatz.

DIE REGIONEN IM ÜBERBLICK

*HIER IST FÜR JEDEN WAS DABEI

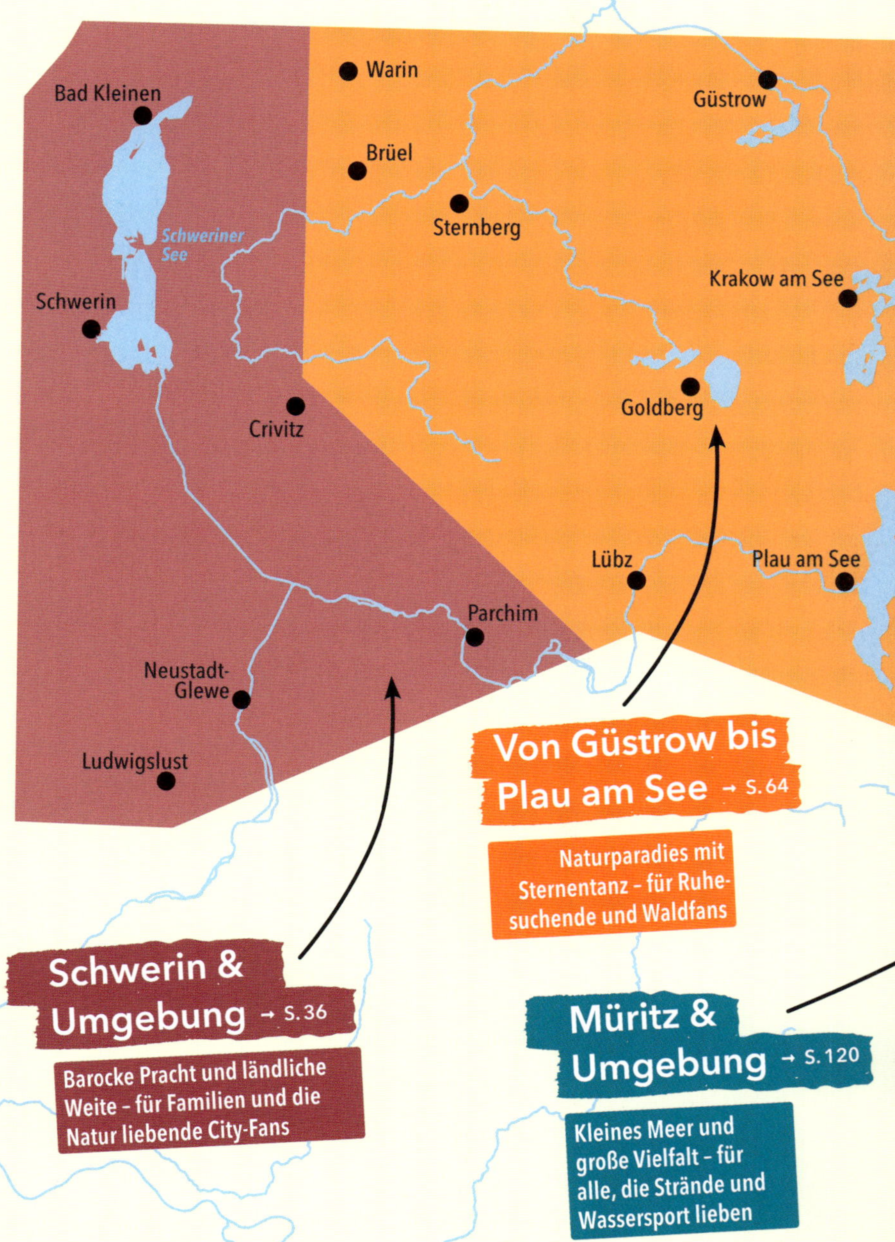

Von Güstrow bis Plau am See → S. 64

Naturparadies mit Sternentanz – für Ruhesuchende und Waldfans

Schwerin & Umgebung → S. 36

Barocke Pracht und ländliche Weite – für Familien und die Natur liebende City-Fans

Müritz & Umgebung → S. 120

Kleines Meer und große Vielfalt – für alle, die Strände und Wassersport lieben

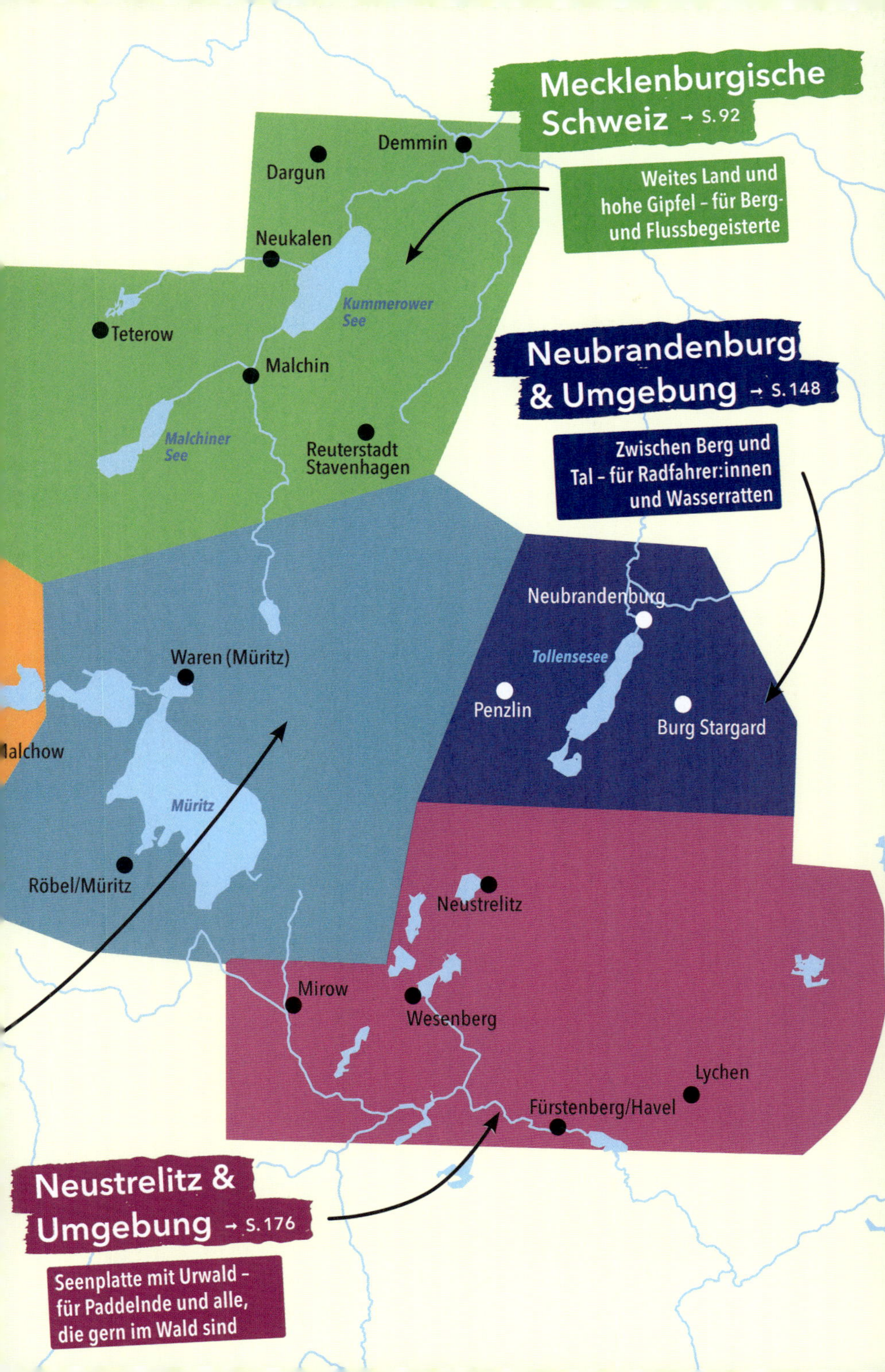

Mecklenburgische Schweiz → S. 92
Weites Land und hohe Gipfel – für Berg- und Flussbegeisterte
Demmin
Dargun
Neukalen
Kummerower See
Teterow
Malchin
Malchiner See
Reuterstadt Stavenhagen
Neubrandenburg & Umgebung → S. 148
Zwischen Berg und Tal – für Radfahrer:innen und Wasserratten
Neubrandenburg
Tollensesee
Penzlin
Burg Stargard
Waren (Müritz)
Malchow
Müritz
Röbel/Müritz
Neustrelitz
Mirow
Wesenberg
Lychen
Fürstenberg/Havel
Neustrelitz & Umgebung → S. 176
Seenplatte mit Urwald – für Paddelnde und alle, die gern im Wald sind

Einen Rundgang um das Schweriner Residenzschloss durch Schlossgarten und Marstall-Halbinsel musst du machen!

Schwerin & Umgebung

BAROCKE PRACHT UND LÄNDLICHE WEITE

In und um Schwerin wartet ein Kontrastprogramm: Um die Landeshauptstadt mit Prachtbauten und Parks breitet sich eine wald- und wasserreiche Landschaft aus. Der Schweriner See sorgt für maritimes Flair neben der pulsierenden Stadt mit ihren Gassen, dem Dom und dem Schloss, das auch als Neuschwanstein des Nordens bezeichnet wird. Die weite, stille Landschaft südlich von Schwerin kann gut mit dem Fahrrad erobert werden, genauso wie die Teichlewitz gleich nebenan – eine glitzernde, funkelnde Wasserlandschaft mit vielen Fischteichen. Für Abwechslung zwischen Stadt und Land ist gesorgt: In den Landstädten Parchim, Ludwigslust, Grabow und Neustadt-Glewe locken viele Einkehrmöglichkeiten und historische Gebäude.

AUF EINEN BLICK

*SCHWERIN & UMGEBUNG

MARCO POLO OUTDOOR-HIGHLIGHTS ★

★ Auf der Blauen Acht um den Schweriner See
Eine Radtour vor herrlicher Kulisse – der Sprung ins kühle Nass ist garantiert → S. 40

★ Glanz, Grün und Gloria in der Schweriner Altstadt
Eine Stadt wie eine Filmkulisse und die vielleicht billigste Kreuzfahrt der Welt → S. 42

★ Zu den Riesen im Wald bei Basthorst
Ein Tannenwald, ein Buchenwald, zwei Mammutbäume – und auch das Baden kommt nicht zu kurz → S. 44

★ Wanderung durch die Sagenwelt der Lewitz
Ein mystischer Streifzug zu den Legenden der Region südöstlich von Schwerin → S. 46

★ Stippvisite im mecklenburgischen Versailles
Ein berühmter Gartenkünstler hat sich im Schlosspark Ludwigslust verwirklicht → S. 48

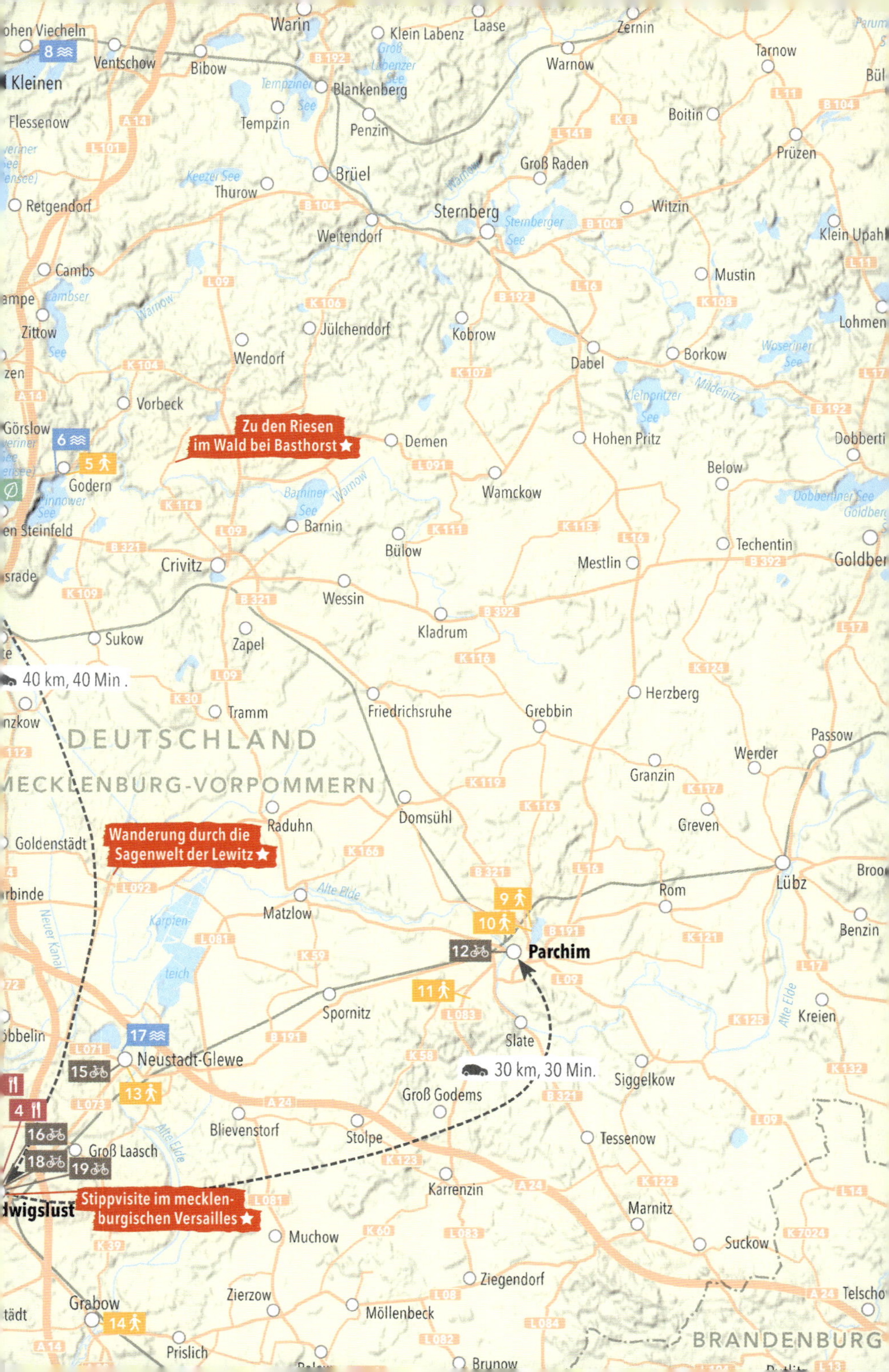

Warin
Klein Labenz
Laase
Zernin
Hohen Viecheln
8
Ventschow
Bibow
Warnow
Tarnow
Kleinen
Groß Labenzer See
Tempziner See
Blankenberg
Flessenow
Tempzin
Penzin
Boitin
Prüzen
Brüel
Groß Raden
Keezer See
Thurow
Retgendorf
Sternberg
Sternberger See
Witzin
Weitendorf
Klein Upahl
Cambs
Cambser See
Mustin
Zittow
Jülchendorf
Kobrow
Lohmen
Wendorf
Dabel
Borkow
Woseriner See
Mildenitz
Kleinpritzer See
Vorbeck
Görslow
6
Zu den Riesen im Wald bei Basthorst
Demen
Hohen Pritz
Dobbertin
5
Godern
Pinnower See
Wamckow
Below
Dobbertiner See
Barniner See
Barnin
Steinfeld
Bülow
Techentin
Crivitz
Mestlin
Goldberg
Wessin
Kladrum
Sukow
Zapel
40 km, 40 Min.
Tramm
Friedrichsruhe
Herzberg
Grebbin
DEUTSCHLAND
MECKLENBURG-VORPOMMERN
Passow
Werder
Granzin
Raduhn
Domsühl
Greven
Goldenstädt
Wanderung durch die Sagenwelt der Lewitz
Lübz
Matzlow
Alte Elde
Rom
Benzin
9
10
Karpfenteich
Neuer Kanal
12
Parchim
11
Spornitz
Kreien
Slate
17
Neustadt-Glewe
15
30 km, 30 Min.
Siggelkow
4
13
Groß Godems
16
Blievenstorf
Stolpe
Tessenow
Groß Laasch
18
19
Karrenzin
Ludwigslust
Stippvisite im mecklenburgischen Versailles
Marnitz
Muchow
Suckow
Ziegendorf
Grabow
Zierzow
Möllenbeck
Telschow
14
Prislich
Brunow
BRANDENBURG

OUTDOOR-HIGHLIGHTS

*DIE BESTEN ERLEBNISSE DRAUSSEN

Auf der Blauen Acht um den Schweriner See ★

Keine Frage: Die Blaue Acht, die 65 Kilometer lange Runde um den Schweriner Innen- und Außensee, ist eine Radtour mit Vollausstattung. Bei der Landpartie durch das Herz Mecklenburgs formieren sich der viertgrößte See Deutschlands, prächtige Wälder, die Schweriner Prachtbauten und die Landschaft zu einer herrlichen Kulisse.

Von den Schweriner Prachtbauten hinaus ins Landidyll

Vom steil ansteigenden Ostufer des Außensees hat man einen besonders guten Blick: Wie eine große blaue Lagune ruht der Schweriner See in der Sonne. In der Ferne funkelt die Silhouette des 99 000 Einwohner zählenden Schwerin, der kleinsten Landeshauptstadt Deutschlands. Die Spitzen des prächtigen Schlosses und des Doms ragen in den Himmel. Segelboote cruisen auf und Seevögel kreisen über dem rund 21 Kilometer langen und bis zu sechs Kilometer breiten Gewässer. Das Wasserrevier, das aus Außensee und Innensee besteht, ist mit seinen vielen Naturschutzgebieten nicht nur ein wichtiger Lebensraum für Tiere, sondern verfügt über ein vielfältiges Freizeitangebot. Die perfekte Möglichkeit, den See und seine Sehenswürdigkeiten zu entdecken, ist die Radtour Blaue Acht, eine Art lokale Route 66 für Radfahrer. Auf 65 Kilometern umrundet sie den kompletten See, der wegen einer Verengung die Form der Ziffer Acht hat. An dieser Stelle verbindet der Paulsdamm Ost- und Westufer des Sees und ermöglicht so ein Abkürzen der Strecke.

Jetzt gibt's ganz viel Weite und tolle Badestopps

Bereits beim Start in Schwerins prächtigem Zentrum gibt es viele Prachtbauten zu sehen, dann geht es hinaus in die mecklenburgische Weite. Immer im Mittelpunkt: der See mit seinen vielen Gesichtern, unzähligen Buchten, Biotopen und Stränden mit Meer-Feeling (Zippendorfer Strand, Reppiner Burg, Hohen Viecheln). Dazu locken sehenswerte Orte wie Hohen Viecheln (mit einer imposanten Dorfkirche) oder Schloss Wiligrad. **Insider-Tipp** Probiere unbedingt den Kuchen im Gartencafé des ehemaligen Residenzschlosses am Steilufer.

Abkürzen erlaubt!

Der Südteil der Route ist als T10, der Nordteil als T09 ausgeschildert. Die Strecke ist einfach zu finden, es geht fast immer am Seeufer oder in der Nähe des Ufers entlang. Die Tour kann in zwei Tagestouren aufgeteilt oder abgekürzt werden: Man kann zum Beispiel ab Bad Kleinen oder Lübstorf mit der Bahn nach Schwerin zurückfahren oder über den Paulsdamm die Seeseite wechseln und auf dem kürzesten Weg zurück nach Schwerin radeln.

Die Tour im Überblick

Mittelschwere Radrundtour um den Schweriner See, ca. 65 km (abkürzbar), 6 Std.

Mit dem Zug bis Schwerin Hbf. und über die Wismarsche Straße zum Startpunkt am Altstädtischen Marktplatz | Mehrere Parkhäuser zentral an der Altstadt

Im Frühjahr zur Rhododendronblüte oder im Herbst

Proviant, Badesachen, Tourenrad, Leihräder mit und ohne E-Antrieb gibt's bei schwerintaxi.de/fahrräder.html

53.628942, 11.414881 (Marktplatz)

✓ DOWNLOAD GPX-Track

Auf der Radtour Blaue Acht um den Schweriner See (li.) streifst du Naturschutzgebiete, Buchten und schöne Strände und entdeckst viele tolle Orte wie die Reppiner Burg (o.)

Glanz, Grün und Gloria in der Schweriner Altstadt ★

Prunkvolle Bauten, Natur und Wasser: Schwerin ist reich mit Sehenswürdigkeiten gesegnet. Die historische Altstadt verfügt jedoch nicht nur über prächtige Bauten wie den Dom, das Rathaus und die Bummelmeilen, sondern auch über Grünzonen wie auf der Marstall-Halbinsel oder am Pfaffenteich. Hier wartet die vielleicht günstigste Kreuzfahrt der Welt auf dich.

Eine Stadt wie eine Filmkulisse

Kein Wunder, dass Schwerins Altstadt bisweilen wie eine Filmkulisse wirkt. Die Geschichte der 99 000-Einwohner-Stadt und ihres historischen Zentrums reicht weit zurück: Im 10. Jahrhundert errichten Slawenfürsten eine Burg auf der heutigen Schlossinsel. Im Jahr 1160 wird die Wehranlage durch den Sachsenherzog Heinrich den Löwen erobert und die Stadt Schwerin gegründet. Ein Bischofssitz wird in die neue Siedlung verlegt und 1171 ein erster Dombau eingeweiht. Um das gewaltige Gotteshaus und den prächtigen Altstädtischen Markt mit Rathaus im Tudorstil entstand in den folgenden Jahrhunderten das Zentrum. Für eine Stadttour sollte man viel Zeit einplanen: zum Entdecken und Genießen.

Für den besten Ausblick geht's auf den Dom

Dieser Ausblick muss einfach sein: 220 Stufen geht es im 117,5 Meter hohen Turm des Schweriner Doms aufwärts, dann breiten sich die Landeshauptstadt und ihre Seenlandschaft bis zum Horizont aus. Ein höherer Kirchturm als dieser ist in ganz Mecklenburg nicht zu finden. Das gewaltige Meisterwerk der Backsteingotik, das älteste

Bauwerk der Stadt Schwerin, ist täglich geöffnet und der Blick von der Aussichtsplattform bietet das gewisse Extra im Schweriner Zentrum.

Eine Mini-Kreuzfahrt und noch mehr schöne Ausblicke warten

Die Tour führt weiter über die Mecklenburger Straße, die zentrale Einkaufsmeile der Stadt, zum Pfaffenteich. **Insider-Tipp** Gönn dir auf dem kleinen See die vielleicht günstigste Kreuzfahrt der Welt – mit der Petermännchen-Fähre. Danach geht's zur Marstall-Halbinsel mit den schönen Flanierwegen, die direkt am Wasser entlangführen. Von hier aus hast du einen herrlichen Blick auf das berühmte Schweriner Schloss. Über den Alten Garten mit seinen Prachtbauten – hier befinden sich das Mecklenburgische Staatstheater und das Staatliche Museum Schwerin – und die Schloßstraße führt die Tour zurück zum quirligen Altstädtischen Markt.

Die Tour im Überblick

Kurze, einfache Stadttour zwischen Dom und Pfaffenteich, ca. 3 km, 1 Std.

Mit dem Zug bis Schwerin Hbf. und über die Wismarsche Straße zum Startpunkt am Löwendenkmal auf dem Altstädtischen Markt | Mehrere Parkhäuser zentral an der Altstadt

An Tagen mit guter Fernsicht, am besten am frühen Vormittag. Dom-Öffnungszeiten unter kirche-mv.de/schwerin-domgemeinde, Fahrzeiten der Fähre unter nahverkehr-schwerin.de (Sonderfahrten)

Bequeme Schuhe, Fernglas

53.628942, 11.414881 (Marktplatz)

DOWNLOAD GPX-Track

Auf einer Tour durch Schwerin (li.) kommst du aus dem Staunen nicht mehr raus – und gleitest später über den Pfaffenteich (re.)

Zu den Riesen im Wald bei Basthorst ★

Die Mammutbäume bei Basthorst sind ebenso groß wie exotisch: 45 Meter reckt sich einer der beiden Riesen in die Höhe. Das Duo ist die größte Attraktion bei dieser Wanderung bei Basthorst – aber auch die anderen Wegbegleiter sind erlesen: Unterwegs warten ein Schlosspark, ein grüner Tunnel und ein prächtiger Tannenwald.

Ein Hauch Kalifornien im mecklenburgischen Wald

Plötzlich liegt ein Hauch Kalifornien in der Waldluft: Zwei Riesenmammutbäume – im Volksmund Adam und Eva genannt – recken sich im Kölpiner Forst bei Basthorst in den Himmel. Ein besonderes Gefühl stellt sich am Fuße der Riesen ein. 45 Meter ist einer der Bäume groß, der Stammumfang seines Gefährten beträgt mehr als fünf Meter. Die Rinde fasst sich exotisch an: Der hellbraune Stamm wird von einer weichen und elastischen Hülle geschützt. Das berühmte Baumduo war 1880 durch den damaligen Gutsförster Heinrich Hagge angepflanzt worden. Zu dieser Zeit waren Versuchspflanzungen nichtheimischer Waldbäume groß in Mode. Eine Besonderheit: Die Kölpiner Riesenmammutbäume gehören zu den wenigen alten Exemplaren, die direkt im Wald gepflanzt worden sind. Riesenmammutbäume sind die größten Bäume der Welt, wachsen über 100 Meter hoch und werden mehr als 1500 Jahre alt. Mit 143 Jahren ist das Kölpiner Duo gegenüber den ältesten Exemplaren in ihrer angestammten Heimat USA noch sehr jung.

Durch einen grünen Tunnel zu zwei Mammutbäumen

Auf dem Weg zu den Mammutbäumen erwartet dich ein Tunnelblick der besonderen Art: Ein grünes Gewölbe aus Kastanien, Obstbäumen, Büschen und Sträuchern hat sich auf einer Freifläche, die sich südlich von Basthorst in der Landschaft ausstreckt, über dem Weg gebildet. Insekten brummen, während es Schritt für Schritt den Mammutbäumen entgegengeht.

Und nun: baden und schlemmen

Nach der Begegnung mit den exotischen Giganten warten die nächsten Prachtexemplare. Der Weg führt durch einen kleinen Tannenwald, Moos bedeckt den Boden, Tropfen funkeln in der Sonne, bevor es durch einen prächtige Buchenwald zum Glambecksee geht. Baden erlaubt! Nach der Abkühlung beginnt im Park des Schlosses Basthorst ein würdiger Schlussabschnitt des Rundwegs. In dem kleinen gleichnamigen Dorf gibt es noch ein Sahnehäubchen im wahrsten Sinne: Es gibt im Grünen an der frischen Luft heißen Kaffee und selbst gebackenen Kuchen mit Schlagsahne.

Die Tour im Überblick

Einfacher Rundweg zwischen Exoten, Schlosspark und Tannenwald, 6,5 km, ca. 1,5 Std.

Vom Bahnhof Crivitz mit dem Rufbus 842 bis Basthorst | Mit dem Auto über Kladow zum Parkplatz in Basthorst

Ganzjährig, am schönsten Ende Mai bis Mitte Juni (wenn die Kastanien blühen)

Feste Schuhe, Proviant, Badesachen

53.636580, 11.626205 (Parkplatz), 53.635268, 11.653894 (Mammutbäume)

DOWNLOAD GPX-Track

Riesenmammutbäume (li.) sind bei uns eigentlich nicht heimisch. Auf dem Rundweg bei Basthorst (u.) kannst du gleich zwei noch recht junge Exemplare (o.) bestaunen

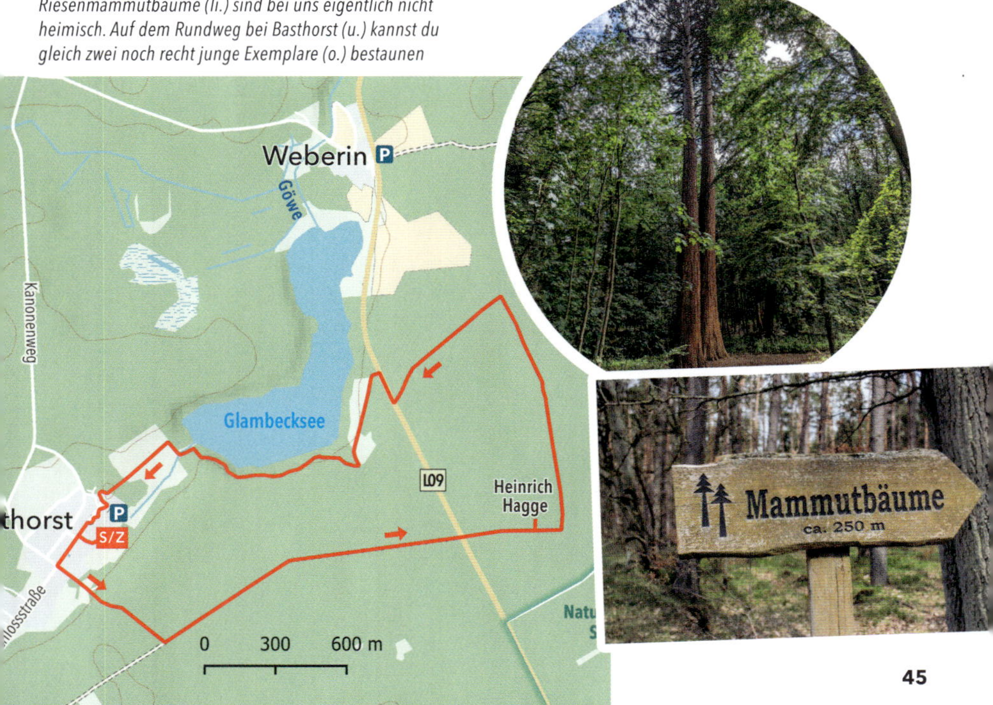

Wanderung durch die Sagenwelt der Lewitz ★

Viel Natur und ein ordentlicher Schuss Mystik: Ein Rundgang auf dem Walderlebnispfad Sagenhafte Lewitz bei Friedrichsmoor führt nicht nur durch die schöne Waldlewitz, sondern ist auch ein Streifzug durch die Sagenwelt der Region südöstlich von Schwerin. Unterwegs warten Skulpturen, Geschichten und Wissenswertes über die Natur.

Eine Tour zu Feen, Drachen & Monstern

Kann ein Köhler in einer Eiche wohnen? In der Sagenwelt der Lewitz ist das möglich. Der arme Kohlenbrenner bekommt sogar hohen Besuch vom Herzog Friedrich, der ein begeisterter Jäger war und durch die Wälder streifte. Gleich nach dem Start des Rundkurses am Jagdschloss Friedrichsmoor wartet die Geschichte vom armen Köhler, der früher Holzkohle herstellte, und der Begegnung mit seinem Herrscher, die zur Namensgebung des Ortes führte, auf die Besucher. Dann wanderst du am breiten Graben entlang unter knorrigen Bäumen auf einer schönen Allee zu den nächsten Stationen. An einer grasbewachsenen Hütte, die für eine Rast bereitsteht, geht es über eine Holzbrücke auf das nächste Teilstück, das durch einen schönen Wald führt. Buchen recken sich in den Himmel, am Wegesrand ruht so manch ein kleiner Tümpel. Natürlich darf ein Drache nicht fehlen bei den Figuren der Sagenwelt – er wartet wie viele andere kunstvoll gestaltete Skulpturen unterwegs. Passend zur jeweiligen Sage gibt es Infos zu Landschaftsgeschichte, Forstwirtschaft und Naturkunde. Für Kinder gibt's Entdeckerstationen, und Künstler haben Holzskulpturen zu Themen der Sagen geschaffen.

Insider-Tipp Mit dem Smartphone können die Sagen auch via QR-Code auf den Tafeln als Hörspiel abgerufen werden.

Sagenhafte Entdeckungen inmitten von Wiesen und Wald

Die Lewitz gilt als die größte zusammenhängende Wiesenlandschaft Deutschlands, verfügt aber auch über ein ausgedehntes Waldgebiet. In Friedrichsmoor, im Zentrum der sogenannten Wald-Lewitz, tauchst du auf dem Sagen- und Walderlebnispfad tief in die mystische Welt der Fabelwesen ein. Auch der bekannte Räuber Röpke ist dabei, der einst in der Nähe von Sukow sein Unwesen getrieben haben soll. Übrigens: Es gibt auch einen zwölf Kilometer langen Radweg, der ebenfalls in Friedrichsmoor beginnt und mit dem weitere Stationen auf dem Erlebnispfad Sagenhafte Lewitz erkundet werden können.

Die Tour im Überblick

Unterhaltsamer, einfacher Waldspaziergang am Jagdschloss Friedrichsmoor, 4,6 km, ca. 1,5 Std.

Vom Bahnhof Neustadt-Glewe mit dem Rufbus 815 bis Friedrichsmoor | Mit dem Auto zum Wanderparkplatz neben dem Jagdschloss Friedrichsmoor

Im Herbst, ab September beginnt die Brunftsaison der Hirsche. Vielerorts ist das Röhren der Tiere zumindest zu hören

Bequeme Schuhe und Verpflegung für ein Picknick, Smartphone

53.460759, 11.571485 (Start)

✔ DOWNLOAD GPX-Track

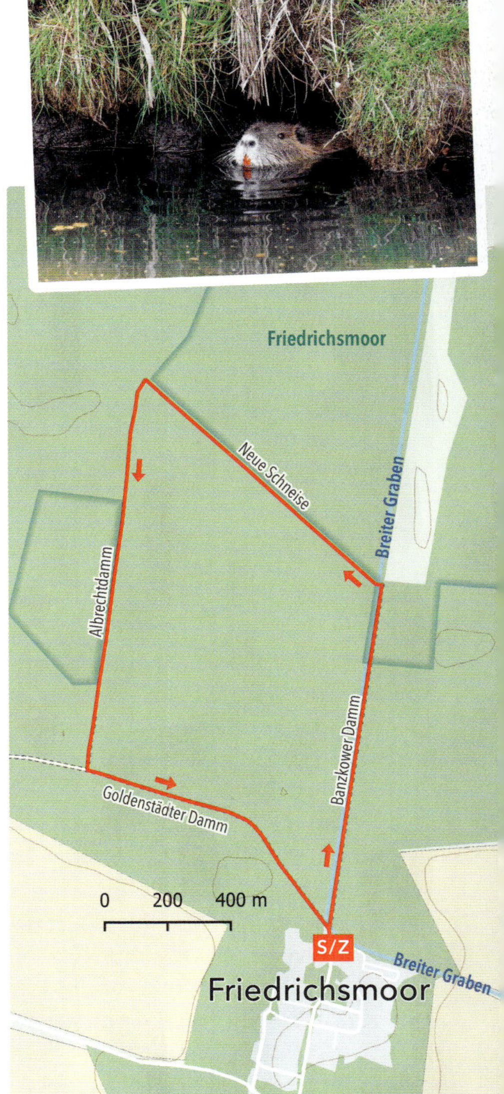

„Der Köhler in der Eiche", „Sagenhafter Spuk" … auf dem Walderlebnispfad Sagenhafte Lewitz erlebst du die Sagenwelt des Landschaftsschutzgebiets Lewitz als Hörspiel

Stippvisite im mecklenburgischen Versailles ★

Eine rustikale, von Meisterhand geformte Ruine, Teiche, Wiesen und prächtige Bäume: Der Schlosspark in Ludwigslust ist nicht nur der größte seiner Art in Mecklenburg-Vorpommern, sondern auch einer der schönsten. Auf 127 Hektar versammeln sich Kunstwerke vieler Epochen und großer Gartenkünstler.

In Meister Lennés Gartenkunstwerk

Als man 1735 ein kleines Jagdschloss in Klenow (heute Ludwigslust) fertigstellte, dürfte kaum jemand daran gedacht haben, dass daraus einmal einer der reizvollsten Landschaftsparks Norddeutschlands entstehen würde. Mit der Zeit aber wuchs sich das Ensemble zu einem Prunkstück aus. Das 1776 fertiggestellte neue Schloss mit seiner kostbaren Sandsteinfassade thronte in einem weitläufigen Gartenkunstwerk. Kleinode wie die Hofdamenallee oder das Schweizerhaus entstanden. Der ursprüngliche Barockgarten wurde im 19. Jahrhundert vom berühmten Gartenarchitekten Peter Joseph Lenné im Stil eines englischen Landschaftsparks umgestaltet. Dabei wurden keine Mühen gescheut: Das Wasser für die große Kaskade am Schlossplatz und viele weitere Wasserspiele wurde durch den aufwendigen Bau des 28 Kilometer langen Ludwigsluster Kanals zugeleitet – im 18. Jahrhundert eine beachtliche Ingenieursleistung. Nicht von ungefähr wird Schloss Ludwigslust heute auch als mecklenburgisches Versailles bezeichnet.

Lustwandeln zwischen Teichen und Grotten

Der Spaziergang durch den Landschaftsgarten beginnt am besten am barocken Platz vor dem Schloss: Ein breiter Wasserfall rauscht, beobachtet von Flussgöttern, die sich über den Kaskaden niedergelassen haben. Wenige Schritte weiter taucht man hinter dem Schloss in die Parklandschaft ein – Teiche, Brücken, Bäume, exotisch anmutende Architektur und Sichtachsen. Eines der ältesten erhaltenen Gartendenkmäler, die Grotte, ist im Stil einer mittelalterlichen Burgruine gebaut. **Insider-Tipp** Die als künstliche Ruine angelegte Grotte ist als Hintergrund ein schönes Bildmotiv. Auf dem Weg zum Schweizerhaus wartet von der Hofdamenallee ein grandioser Blick auf das Schloss. Das im Stil eines britischen Cottages errichtete Schweizerhaus war Sommersitz der Herzogin Luise. Mit einer weißen Fachwerkfassade wird es von stattlichen Bäumen umrahmt. Am Louisen-Mausoleum mit ägyptischen Elementen umweht dich ein Hauch der Pharaonen. Tatsächlich wurde hier auch die 1808 verstorbene Herzogin bestattet. Nach einem kurzen Abstecher zum Ludwigsluster Kanal geht es zurück zum Schloss.

Die Tour im Überblick

Abwechslungsreicher Spaziergang um Schloss Ludwigslust, 3,5 km, ca. 1 Std.

Mit dem Zug nach Ludwigslust und zu Fuß zum Park (ca. 1,5 km) | Mit dem Auto über die A14 nach Ludwigslust und zum Parkplatz Friedrich-Naumann-Allee

Ganzjährig, von Frühjahr bis Herbst gibt's spezielle Parkführungen. Im Mai blühen die weißen Buschwindröschen, im Juni duftet die Stadt Ludwigslust nach Linden

Smartphone: Für Kinder gibt's in der Entdeckerrouten-App (gratis auf Android und IOS) eine Tour durch den Park

53.324469, 11.488502 (Start)

DOWNLOAD GPX-Track

Schloss Ludwigslust (li.) liegt in einem Gartenkunstwerk. Der Kaskade (re.) begegnest du am Anfang der Parkrunde

MEHR ERLEBEN

*WEITERE ABENTEUER & AUSFLÜGE

Bei einer Radtour um den Ziegelsee kannst du die historische Altstadt Schwerins und die Natur rund herum entdecken

Mehr entdecken in Schwerin und Umgebung: Die Landeshauptstadt überrascht mit viel Grün, romantischen Plätzen und herrlichen Stränden. Aber die ganze Region ist voller Lieblingsorte. Um Parchim kannst du nach Herzenslust wandern und radeln, in Ludwigslust verbinden sich wieder Natur und Kultur.

IN SCHWERIN

Eintauchen ins Grün am Ziegelsee

1 Einfache Radrundtour um den Ziegelsee bei Schwerin, ca. 19 km, 1,5 Std.

Vom prächtigen Zentrum mit wenigen Pedaltritten in eine grüne Oase: Der Rundkurs um den Ziegelsee (der in Ziegelinnen- und Ziegelaußensee unterteilt wird) verbindet einen Besuch im historischen Zentrum Schwerins mit einer Tour durch die ländliche Idylle der Landeshauptstadt. Nach dem Start an der Schlossbrücke geht es über die Werderstraße und Güstrower Straße nach Schelfwerder. Auf der Halbinsel warten viel Wald und herrliche Ausblicke auf den Schweriner See, den langen Graben, die Stör-Wasserstraße sowie den Ziegelsee. Insider-Tipp An der Badestelle bei Wickendorf kannst du deine Seele und die Waden baumeln lassen und ins frische Nass springen. Dann geht es am teilweise hügeligen Westufer des Ziegelsees mit stattlichen Bäumen und schönen Fernsichten und am Westufer des Pfaffenteiches vorbei zurück in Richtung Zentrum. Wer den Ziegelsee lieber erpaddeln als umrunden will, bekommt am Südufer beim Bootsverleih Schwerin führerscheinfreie Boote und SUPs.

Ab Schwerin Hbf. über die Wismarsche und Schloßstraße zur Schlossbrücke | Parkhäuser an der Altstadt | bootsverleih-schwerin.de, €€ Im Sommer zum Baden Badesachen, Leihräder über schwerintaxi.de/fahrräder.html, €€ (für 24 Std.) 53.625514, 11.417271 (Start)

Meer-Feeling am Schweriner See

2 Am Sandstrand mit historischer Strandpromenade in Zippendorf

Lang und breit, mit einer sanften Rundung erstreckt sich der Zippendorfer Strand am Südwest-

Bei gutem Wetter ist der Zippendorfer Strand gut besucht – auf dem rund 100 Meter langen Sandstrand finden aber alle das passende Plätzchen

Weiteres Highlight im Schweriner Kletterwald? Man sieht die Tiere im Zoo nebenan

ufer des Schweriner Innensees. Wenn die Wellen auf den hellen Sand plätschern, entsteht Ostsee-Feeling am viertgrößten See Deutschlands. Wer den Trubel mag, ist im größten Freibad der Landeshauptstadt, das auch fußläufig gut erreichbar ist, gut aufgehoben. Die historische Strandpromenade lädt zum Flanieren ein, Restaurant und Café sind auch vorhanden. Für einen Stand-up-Paddel-Ausflug kannst du dir ein Board ausleihen. Die SUP-Profis bieten auch Kurse für Anfänger an.

Ab Schwerin Hbf. mit Straßenbahn 1 bis Berliner Platz und von dort ca. 900 m laufen | Mit dem Auto zum Parkplatz am Freibad Zippendorfer Strand ⏲ Zwischen Ende Mai und Anfang September ⚙ SUP-Verleih bei supschwerin.de, €€€ (für 24 Std. und länger) 53.602000, 11.453217 (Strandparkplatz)

Auf Waldsafari in luftiger Höhe

3 Im Schweriner Kletterwald, ca. 2,5 Std.

Aus der Affenperspektive auf exotische Tiere schauen: Im Kletterwald Schwerin kannst du aus luftiger Höhe die Zebras und Nashörner im Schweriner Zoo direkt nebenan beobachten. Denn es geht bei der „Waldsafari" in neun Parcours mit mehr als 80 Elementen hoch hinaus. Einsteiger können ihre ersten Kletterversuche unternehmen und Profis bis in 14 Meter Höhe abheben. Für zusätzlichen Nervenkitzel sorgen eine 120 Meter lange Seilbahn quer durch den schönen Mischwald und ein freier Fall aus 13 Metern Höhe. Es gibt außerdem ein Wald-Café mit selbst gebackenem Kuchen.

Ab Schwerin Marienplatz mit Straßenbahn 2 bis Haltestelle Zoo und von dort ca. 900 m laufen | Mit dem Auto zum Parkplatz am Zoo ⏲ April bis Oktober ⚙ schweriner-kletterwald.de, €€ (Kombi-Ticket mit Zoo erhältlich) 53.603845, 11.443906 (Parkplatz Zoo)

Tierische Begegnungen

4 Im Zoologischen Garten Schwerin, ca. 6 Std.

Früher waren Pommersche Landschafe oder die Thüringer Waldziege hier heimisch – inzwischen ist ihre Existenz bedroht. Im Schweriner Zoo haben sie mit anderen Nutztieren, deren Art gefährdet ist, in einem Bauernhofnachbau eine Heimat gefunden. Es quiekt und blökt auf dem Gehöft und du lernst viel über bedrohte Arten und ihren Schutz. Und das

Der Turm der Pinnower Kirche aus dem 14. Jh. wurde als Wehrturm errichtet

Bedrohte heimische Nutztiere können es sich im Schweriner Zoo gut gehen lassen

hautnah: Es gibt einen Streichelbereich, wo sich die Tiere von Besuchern füttern und kraulen lassen. In direkter Nachbarschaft leben aber auch Exoten wie die Nordamerikanischen Präriehunde, die hier ihre unterirdischen Gänge buddeln.

Ab Schwerin Marienplatz mit Straßenbahn 2 bis Zoo und von dort ca. 900 m laufen | Mit dem Auto zum Parkplatz am Zoo *Ganzjährig* *zoo-schwerin.de, am besten vorab Ticket online kaufen, €€ (Kombi-Ticket mit Kletterwald erhältlich, €€€)*
53.603845, 11.443906 (Parkplatz Zoo)

RUND UM SCHWERIN

Wandern mit Inselblick

5 **Mittelschwere Wanderung um den Pinnower See, ca. 10 km, 3 Std.**

Steile Ufer, großartige Ausblicke und herrliche Badestellen: Die Wanderung rund um den Pinnower See bietet viele reizvolle Orte. Nach dem Start am Parkplatz oberhalb des Strandbads in Godern führt die Tour über eine Nebenstraße nach Pinnow mit seiner Dorfkirche (einem frühgotischen Backsteinbau). Hier verläuft ein Teilstück auf einem Naturlehrpfad. Hin und wieder muss ein Hügel „bezwungen" werden: Das Gebiet befindet sich an der Schnittstelle eines Endmoränenzuges und eines Sanders, einer Schotterfläche der letzten Eiszeit. Anschließend geht es am Seeufer nach Raben-Steinfeld. Verpass nicht, eine der 34 sogenannten Raben Steinfelder Eichen anzuschauen: Ein Prachtexemplar befindet sich hinter dem Autobahntunnel auf der rechten Seite. Der stärkste dieser Bäume hat einen stolzen Umfang von mehr als sieben Metern. Immer am Ufer entlang und durch herrliche Waldstücke wanderst du zurück nach Godern. Hier, vom Nordufer, hat man einen schönen Ausblick auf den See mit seinen beiden kleinen malerischen Inseln.

Ab Schwerin Hbf. mit Bus 124 bis Godern | Mit dem Auto nach Godern, Parkplatz oberhalb des Strandbades *Im Sommer und Herbst*
Badesachen, Proviant für ein Picknick
53.616675, 11.539199 (Strandbad Godern)
Download GPX-Track

Die Lieblingsbadewanne der Schweriner: der Pinnower See mit seinen zwei Inseln Flakenwerder und Fischerwerder

Auf dem Wasser und am Ufer: Am Lankower See kommst du auf deine Kosten

Baden, chillen, Bötchen fahren

6 Im Strandbad Godern am Pinnower See

Hinein in eine der Lieblingsbadewannen der Schweriner: Der Pinnower See lockt nicht nur zum Planschen und Schwimmen, hier gibt's auch Spielgeräte inklusive Rutsche für die Kleinen, Liegewiese, Imbiss-Kiosk und Bootsverleih. Leih dir ein Boot und schipper zu einer der Inseln rüber! Oberhalb des Bades befindet sich ein kleiner Rastplatz mit Blick auf den See. Hier beginnt auch ein Naturlehrpfad, der sich über die Hügel oberhalb des Dorfes schlängelt (2 km, 1 Std.). Prächtige Bäume und Feldsteine säumen den Weg, es gibt Aussichtsplätze mit schönem Blick über das Land. **Insider-Tipp** Morgens kannst du am Seeufer schöne Sonnenaufgänge genießen.

Ab Schwerin Hbf. mit Bus 124 bis Godern | Mit dem Auto zur Badestelle Godern, Parkplatz vorhanden Im Sommer Badesachen, Bootsverleih am Kiosk 53.616675, 11.539199 (Strandbad Godern) Download GPX-Track

Baden, paddeln und wandern, alles möglich im Freizeitparadies

7 Wassersport und Wandern am Südufer des Lankower Sees

Vom Aussichtspunkt auf einem der vielen Hügel, die sich direkt am Südufer des Lankower Sees in Schwerin erheben, hat man einen guten Überblick über das Freizeit- und Badeparadies. Neben dem kleinen Strand lädt eine ausladende Liegewiese zum Ausspannen ein. Es gibt einen Wasserspielplatz sowie Sport- und Spielgeräte, außerdem einen Boots- und Kajakverleih (Kayakomat). **Insider-Tipp** Am Westufer des Sees erheben sich die Lankower Berge: perfekt zum Wandern. Auf rund sechs Kilometern auf dem Weg um den See wartet viel Natur unweit des Zentrums der Landeshauptstadt. Unterwegs gibt es schöne Ausblicke und manch eine Bank steht bereit, um den Blick in die Ferne schweifen zu lassen. Übrigens: Auch am Nordufer des Lankower Sees gibt es eine Badestelle mit Spielgeräten.

Ab Schwerin, Platz der Freiheit, mit Bus 12 zur Kongresshalle und von dort ca. 900 m laufen | Mit dem Auto zur Badestelle am Südufer des Lankower Sees, Schwerin Im Sommer 53.633569, 11.381543 (Badestelle) Download GPX-Track

Einen der schillerndsten einheimischen Vögel gibt es auf dem Eisvogelpfad zu sehen

Am Strand in Hohen Viecheln gibt es mehrere Buchten und einen langen Steg

Baden und kurze Runde ins Gün

8 Am Badestrand Hohen Viecheln am Schweriner Außensee

Im Dorf Hohen Viecheln im Nordosten des Schweriner Außensees locken ein kleiner Sandstrand und eine große Wiese mit zwei Volleyballplätzen. **Insider-Tipp** Beim Fischimbiss 600 Meter Richtung Osten gibt's frischen Fisch aus der Region und du sitzt schön am Wasser. Eine kurze Wanderung auf dem Radweg in Richtung Bad Kleinen führt dich zu Wallensteingraben und Schwedenschanze, heute natürlich wirkende, wallartige und bewachsene Hügel (2,8 km, ca. 1 Std.). Für die Schwedenschanze ließ Herzog Adolf Friedrich im 17. Jahrhundert zum Schutz des Handelswegs von Wismar nach Schwerin eine Bastion aus Erdwällen mit Palisadenbewehrung anlegen. Heute hat man hier einen schönen Ausblick. Der Wallensteingraben, ein wildromantisch umwucherter Kanal, ist Schutzgewässer und Lebensraum für viele Vögel und Tiere.

Von Schwerin Hbf. mit der Bahn nach Bad Kleinen, von dort mit Bus 420 nach Hohen Viecheln | Mit dem Auto zur Badestelle Hohen Viecheln Sommer 53.780833, 11.508271 (Badestelle) Download GPX-Track

BEI PARCHIM

Auf dem Eisvogelpfad

9 Einfacher Rundweg an den Voigtsdorfer Teichen bei Parchim, ca. 1,1 km, 1 Std.

Er ist ein scheuer Star, aber mit etwas Glück lässt sich auf einer Wanderung auf dem Eisvogellehrpfad der berühmte Vogel beobachten. Auf dem 1100 Meter langen Weg an den Voigtsdorfer Teichen stehen die Chancen besonders gut. In dem Biotop nördlich von Parchim gibt es neben Infos über den „fliegenden Edelstein", wie der Vogel mit seinem blauschillernden Gefieder auch genannt wird, viel Wissenswertes über die verschiedenen Lebensräume in der Umgebung der Teiche. Zu den neun Stationen mit Erklärtafeln gehören auch Stopps bei einer Lärchensaatgutplantage und an einem Hutewald. Hier wurde im Mittelalter das

Direkt am See verläuft die malerische Runde um den Wockersee bei Parchim

Vieh der Bauern gehütet, das sich hier beispielsweise von Eicheln und Bucheckern ernährte.

Mit dem Auto von Parchim am Wockersee entlang nach Voigtsdorf *Frühjahr und Herbst* *Flyer: parchim.de (> Tourismus & Kultur > Aktiv & Natur > Wockersee & Wockertal)* *53.458673, 11.877705 (Start)* *Download GPX-Track*

Einmal um den Wockersee

10 Einfacher Rundweg bei Parchim, ca. 5 km, 1,5 Std.

In diesem Stück idyllischer Natur erholen sich auch die Parchimer gern: Der Wockersee grenzt im Norden an die Stadt. Die Tour startet am Freibad. Auf dem ersten Teilstück sprudelt am Westufer die Markower Quelle unter Bäumen aus dem Boden, eine herrliche Erfrischung an einem heißen Tag. Auch an der Markower Mühle gleich nebenan mit ihrem Teich läuft ein Entspannungsprogramm: Hier plätschert die Wocker, ein Nebenfluss der Elde. Vögel zwitschern und das Schilf, das den kleinen See umringt, raschelt im Wind. Unter stattlichen Bäumen geht es zum Ostufer. Am Badestrand Eichberg kannst du die Wanderung mit einem Picknick abrunden. **Insider-Tipp** Vom Eichberg aus hast du einen traumhaften Sonnenuntergangsblick. Immer am See entlang geht es zwei Kilometer zurück bis zum Startpunkt am Freibad.

Vom Bahnhof Parchim zu Fuß zum Freibad | Mit dem Auto zum Freibad Parchim, Voigtsdorfer Weg *Proviant* *Sommer* *53.436707, 11.853840 (Freibad)* *Download GPX-Track*

Zu Besuch an der Räuberhöhle

11 Mittelschwerer Rundweg im Wandergebiet Sonnenberg, ca. 9 km, 3 Std.

Der Platz ist klug gewählt: Auf einer 109 Meter hohen Erhebung hatte der Räuber Vieting in einer Höhle sein Lager. Ankömmlinge ließen sich schon von Weitem erspähen. Heute nähert man sich durch einen Buchenwald einer Blockhütte, die an der Vietingshöhle samt Infotafeln errichtet wurde. Die Wanderung durch das 116 Hektar große Naturschutzgebiet beginnt in Kiekindemark. Unter-

In einem finsteren Buchenwald hatte der Räuber Vieting sein Versteck

wegs begegnet einem eine 45 Meter hohe Douglasie mit einem Umfang von mehr als 4,5 Metern, der breite Stein, ein großer, ebenfalls sagenumwobener Findling, und noch einmal stattliche (bis zu 58 Meter hohe) Douglasien. Der Räuber Vieting wurde übrigens trotz seines guten Verstecks gefasst, vor Gericht gestellt und zum Tode verurteilt. *Vom Bahnhof Parchim mit dem Rufbus 807 nach Kiekindemark | Mit dem Auto über Ziegendorfer Chaussee, Abzweigung nach Stolpe bis Kiekindemark Frühling bis Herbst 53.403067, 11.808591 (Räuberhöhle) Download GPX-Track*

Raus aufs Land radeln

12 Einfache Radrundtour von Parchim durchs Wockertal, ca. 22 km, 2 Std.

Nach einer Runde durch die historische Innenstadt Parchims führt die Strecke am Ostufer des schönen Wockersees mit der Badestelle Eichberg entlang nach Norden. Am Teich der Markower Mühle rauschen die Blätter der Bäume, wenig entfernt plätschert die Markower Quelle. Dann Richtung Voigtsdorf radeln, dort rechts abbiegen Richtung Lancken. An den lauschigen Voigtsdorfer Teichen tauchst du ebenfalls tief in die Natur ein, hier verläuft auch ein

Auf dem Rundweg zur Räuberhöle kann man riesige Douglasien sehen

Eisvogellehrpfad. Vorbei an einer Kiesgrube und über die L16 geht es auf einem naturbelassenen Wegstück zum Fangelturm. Von diesem Backsteinturm aus dem 14. Jahrhundert hat man einen tollen Blick über die weite Landschaft. Über Lancken, Stralendorf und Darze geht es nun über das Westufer des Wockersees zurück ins Parchimer Stadtzentrum. *Mit der Bahn nach Parchim und 5 Min. zum Schuhmarkt | Mit dem Auto über die B321 zum Parkplatz am Fischerdamm Im Sommer Tourenrad 53.427273, 11.847752 (Start) Download GPX-Track*

BEI LUDWIGSLUST

Stadttour mit sprechenden Bänken

13 Einfache Stadttour mit Handy-App in Neustadt-Glewe, ca. 2 km, 1 Std.

Das 7000-Einwohner-Städtchen, zwischen Ludwigslust und Parchim an der Märchenstraße gelegen und als Tor zur Lewitz bekannt, kann ganz schön was vorweisen. Zum Beispiel die imposante

Die imposante Kastellburg ist eine Station der Tour Altstadtgeflüster in Neustadt-Glewe

Grabow ist mit Elde, Alter Elde und Mühlenbach ein beliebter Ausgangspunkt zum Paddeln

Kastellburg, ein Freibad, das zum beliebtestem Mecklenburg-Vorpommerns gewählt wurde und ein Schloss. Mit dem Handy kann man eine Stadtführung auf eigene Faust machen: „Altstadtgeflüster" der App „Entdeckerrouten" nimmt dich mit auf eine Tour von der Burg bis hinunter zur Müritz-Elde-Wasserstraße. An zehn Stationen erzählen die immer bereiten Stadtführer im Handy Wissenswertes und Unterhaltsames. **Insider-Tipp** Unterwegs triffst du auf „Sprechende Bänke". Einfach den auf den Bänken angebrachten QR-Code mit dem Handy scannen und den Märchen und Sagen lauschen.

Zu Fuß vom Bahnhof Neustadt-Glewe in 10 Min. zur Alten Burg | Parkplatz vorhanden *Ganzjährig, Burgfest im Frühsommer (neustadt-glewe.de)* *Smartphone, App „Entdeckerrouten"* *53.381466, 11.586131 (Alte Burg)* *Download GPX-Track*

Fluss und Stadt mit Küsschen

14 Einfache Stadttour durch Grabow, ca. 2 km, 1 Std.

Grabow kennt so manch einer wegen der beliebten Schaumküsse: Auch die ehemalige Pfeffernussfabrik, heute Museum Grabow, in der die legendären „Grabower Küsschen" entstanden, liegt auf dem Rundgang. Die Stadt hat aber sehr viel mehr zu bieten. Das historische Zentrum zum Beispiel: Grabow gilt als eine der schönsten Fachwerkstädte Mecklenburgs. Die nahezu geschlossene, farbenfrohe Fachwerkbebauung verleiht der historischen Innenstadt einen ganz besonderen Charme. Im Lauf der Jahrhunderte hat das Handwerk beeindruckende Spuren hinterlassen: Die Bolbrüggsche Mühle war einer der größten Mühlenkomplexe der Region. Fabrikgebäude aus dem 19. Jahrhundert und der Stadthafen an der Müritz-Elde-Wasserstraße erzählen aus der Blütezeit der „bunten Stadt an der Elde". **Insider-Tipp** In und rund um Grabow kannst du auch wunderbar paddeln. Für einen Perspektivwechsel sorgt zum Beispiel eine Tour auf dem beschaulichen Mühlenbach zur Hechtsforthschleuse.

Vom Bahnhof Grabow zu Fuß in 5 Min. zum Marktplatz | Mit dem Auto zum Parkplatz in der Marktstraße *Frühling bis Herbst* *Bootsverleih: kanu-grabow.de, €€* *53.278854, 11.562849 (Marktplatz)* *Download GPX-Track*

… die Teiche wurden um 1900 durch Flutung unbewirtschafteter Felder angelegt

Die Fischteiche in der Lewitz sind bei Radlern und der Vogelwelt gleichermaßen beliebt …

Eldorado für Radler und Vogelkundler

15 Einfache Rundtour mit dem Rad durch die Lewitz ab Neustadt-Glewe, ca. 27 km, 2 Std.

Hinter Friedrichsmoor geht es hoch hinaus: Eine Wasserlandschaft und Wiesen breiten sich aus, soweit man schauen kann. Und man kann ziemlich weit in die Ferne schauen vom Aussichtsturm mitten in der Teichlewitz. Der Stopp im EU-Vogelschutzgebiet – ein Eldorado für Ornithologen – ist einer der Höhepunkte auf der Tour, die durch stattliche Alleen und schöne Dörfer führt. Start ist an der Alten Burg in Neustadt, dann geht es am Neustädter See (mit Strandbad Barracuda Beach) vorbei nach Friedrichsmoor zum ehemaligen Jagdschloss der mecklenburgischen Herzöge. Hier beginnt auch der Walderlebnispfad Sagenhafte Lewitz. Du hältst dich auf der L092 rechts, dann rechts abbiegen zu den Fischteichen, wo Wolken und Fischreiher am Himmel ihre Runden drehen. Der Rundkurs führt nach einem Abstecher zum Aussichtsturm an der Dütschower Brücke an den Fischteichen entlang über die Lewitzschleuse und über Neuhof wieder zurück zur Alten Burg.

Vom Bahnhof Neustadt-Glewe zu Fuß 800 Meter zur Alten Burg | Parkplatz vorhanden

Im Sommer für Badestopps, im Oktober, um Zugvögel an den Fischteichen zu beobachten

Tourenrad, Feldstecher zur Vögelbeobachtung, Smartphone und App „Entdeckerrouten" (Lewitzrunde) 53.381466, 11.586131 (Alte Burg)

Download GPX-Track

Auf Entdeckungstour mit dem Raseneisenstein

16 Mittelschwere Radtour vom Schloss Ludwigslust ins Umland, ca. 53 km, 4 Std.

Der Raseneisenstein, ein braunschwarzes, poröses Gestein mit hohem Eisenanteil, wurde nicht nur zur Eisenerzgewinnung verarbeitet, sondern auch als Baustoff verwendet. Die Radtour auf den Spuren des Raseneisensteins führt durch die reizvolle, weite, ländliche Landschaft rund um Schloss Ludwigslust. Dabei begegnet man mehreren markanten Bauwerken, die aus dem Stein errichtet wurden – Wohnhäuser in Weselsdorf und Neu Lüblow, die Friedhofsmauer in Wöbbelin oder die künstliche Grotte im Ludwigsluster Schlosspark.

Nach dem Toben im Wasser kann man sich im Biergarten des Barracuda Beach stärken

Am Schloss Ludwigslust und dem prächtigen Park beginnt und endet die Tour, sehenswert ist auch die Burg in Neustadt-Glewe.

ℹ *Mit dem Zug bis Bahnhof Ludwigslust, die Tour startet am Schloss | Mit dem Auto über die A14 nach Ludwigslust, Parkplatz Friedrich-Naumann-Allee* ⏲ *Im Sommer* ⚙ *Tourenrad oder Mountainbike, Flyer zum Download unter mecklenburg-schwerin.de (> Aktivitäten > Radfahren > Ludwigslust & Umgebung > Radtouren in der Region > Rasenstein-Städte-Tour)* 📍 *53.324469, 11.488502 (Start)*

Exotisches Flair am Neustädter See

17 Badetag im Strandbad Barracuda Beach in Neustadt-Glewe

Feinster, weißer Sandstrand am Neustädter See, dazu sorgen Palmen für ein exotisches Flair: Kein Wunder, dass der Barracuda Beach bei der Abstimmung eines großen Radiosenders in Mecklenburg-Vorpommern zum beliebtesten Strand gewählt wurde. Ein Vorteil für kleinere Badegäste: Durch das flach abfallende Wasser gibt es einen sanften Einstieg. Auf Aktive warten die Sport-Arena mit Volleyball, Basketball und Soccer, außerdem Sprungturm und Wasserrutsche. Für einen Ausflug auf das Wasser steht ein Tretbootverleih bereit. **Insider-Tipp** Abends sorgen herrliche Sonnenuntergänge im Biergarten für eine besondere Beach-Atmosphäre.

ℹ *Vom Bahnhof Neustadt-Glewe zu Fuß 2 km zum Strandbad | Mit dem Auto über A14/A24 zum Neustädter See, Neustadt-Glewe* ⏲ *Im Sommer* ⚙ *Tretboot- und SUP-Verleih, barracuda-beach.de, €* 📍 *53.392475, 11.578472 (Strandbad)*

DURCH DIE REGION

Ganz nah durch Stadt und Land

18 Einfache Radtour auf dem Mecklenburgischen Seen-Radweg, Teilstück zwischen Ludwigslust, Neustadt-Glewe und Parchim, ca. 40 km, 3 Std.

Gut ausgebaut, gut ausgeschildert und sehr lang: Der Mecklenburgische Seen-Radweg ist mit 645 Kilometern (von Usedom bis Lüneburg) eine Quer-Verbindung durch Mecklenburg-Vorpommern. Auch die Städte Ludwigslust, Neustadt-Glewe und Parchim verbindet die Radtrasse, eine rund 40 Kilometer lange Route mit viel ländlichem Charme. Auf

Auf dem Residenzstädte-Rundweg bei Friedrichsmoor kannst du die Pedale fliegen lassen

Parchim ist ein lohnender Zwischenstopp auf dem Mecklenburgischen Seen-Radweg

dem Weg radelst du durch die herrliche Teichlewitz mit ihren funkelnden Fischteichen und kreuzt die Müritz-Elde-Wasserstraße. In Neustadt-Glewe lohnt ein Besuch des Barracuda Beach am Neustädter See zur Abkühlung. Auch Richtung Müritz kann man weiterfahren: Von Parchim verläuft der Weg durch das schöne Wockertal nach Lübz und von dort weiter nach Plau am See und Röbel (Müritz).

Mit der Bahn zum Bahnhof Ludwigslust | Mit dem Auto über die A14 zum Parkplatz am Bahnhof Im Sommer Tourenrad, Route und Infos unter mecklenburgische-seenplatte.de/radfernweg-mecklenburger-seen-radweg 53.335164, 11.494457 (Bahnhof Ludwigslust)

Von Residenz zu Residenz radeln

19 Mittelschwere Radtour auf dem Residenzstädte-Rundweg, Teilstück Ludwigslust–Schwerin, ca. 57 km, 4 Std.

Die Herzöge von Mecklenburg haben das heutige Bundesland „Meck-Pomm" über viele Jahrhunderte geprägt und breite Spuren hinterlassen – denen Radfahrer auf dem insgesamt 285 Kilometer langen Residenzstädte-Rundweg folgen können. Die Route verbindet zahlreiche Regierungspaläste, Sommersitze, Lust- und Jagdschlösschen des Adelsgeschlechts. Auf der großen Rundtour liegen unter anderem die Stationen Wismar, Neukloster, Bützow, Güstrow, Dobbertin und Neustadt-Glewe. Ein schönes Teilstück ist die Route zwischen Ludwigslust und der Landeshauptstadt Schwerin. Der Abschnitt führt vom prächtigen Ludwigslust nach Lüblow und durch die unendlich erscheinende Weite der Lewitz. Es folgen Friedrichsmoor mit seinem Jagdschloss und Plate mit einer Hubbrücke, bevor am Südufer des Schweriner Sees die Landeshauptstadt angesteuert wird. **Insider-Tipp** Im Sommer ist die Fahrt durch die Alleen besonders schön. Dann lohnt sich auch ein Stopp am Zippendorfer Strand am Schweriner See.

Mit der Bahn zum Bahnhof Ludwigslust | Mit dem Auto über die A14 zum Parkplatz am Bahnhof Im Sommer Tourenrad, Proviant, Badesachen, GPS-Daten und Infos unter auf-nach-mv.de/radwandern/radrundwege (Residenzstädte-Rundweg) 53.335164, 11.494457 (Bahnhof Ludwigslust)

DER SCHÖNSTE SONNENUNTERGANG

Abendrot an der Burg

20 Reppiner Burg am Südufer des Schweriner Sees

Es gibt in Schwerin viele ausgezeichnete Orte, um einen Sonnenuntergang zu beobachten: Am Südufer des Schweriner Innensees reihen sich die Plätze aneinander. An der Reppiner Burg, dem Zippendorfer Strand oder etwas weiter nördlich auf Adebors Näs kannst du das Abendrot genießen.

Reppiner Burg: von Schwerin Hbf. mit Straßenbahn 1 bis Stauffenbergstraße, dann Bus 6 bis Zum Reppin | Parkplatz am Freilichtmuseum Muess (ca. 1 km) 53.605194, 11.485934 (Reppiner Burg), 53.603309, 11.456707 (Zippendorfer Strand), 53.622351, 11.432490 (Adebors Näs)

LOKALE SPEZIALITÄTEN

*UND WO DU SIE PROBIEREN KANNST

Aus Asien eingeführt, diente Sanddorn vor allem als Windschutz und zur Befestigung der Küste. Aber er ist auch sehr gesund und wird in vielen Produkten verarbeitet

Von Sanddorn bis Fisch-Soljanka: In Schwerin kommen die Einflüsse der mecklenburgischen und pommerschen Küche zusammen. Fischgerichte mit Aal oder Zander oder der Mecklenburger Rippenbraten sind beliebt. Was du in der Region um Schwerin sonst noch probieren solltest, erfährst du hier.

Die Zitrone des Nordens

1 Sanddorn

Der Sanddorn gehört zu den beliebtesten mecklenburgischen Produkten und verfügt über einen hohen Vitamin-C-Gehalt. Die orange Frucht hat die Region erobert und sorgt bei Kuchen oder Eis für einen besonderen Geschmack. Man kann sie zu Saft, Likör, Öl oder Marmelade verarbeiten. Seit einigen Jahren gibt es aber ein mysteriöses Sanddornsterben.

Im Schloßcafé Ludwigslust *gibt es die besten Sanddorn-Eisbecher und Sanddorn-Torte | Schloßfreiheit, Ludwigslust, auf-nach-mv.de/reiseziele/a-ludwigsluster-schlosscafe, €*

Very british in Schwerin

2 Fish and Chips

Natürlich gibt es in einer küstennahen und fischreichen Region wie der Mecklenburgischen Seenplatte auch Fish and Chips. Das heimliche Nationalgericht der Briten besteht aus in Backteig frittiertem Fischfilet (Fish) und frittierten Kartoffelstäbchen (Chips). Super sind die Fish and Chips im Imbiss De Fischjung in Schwerin, wo es auch Küsten-Döner mit Räucherlachs oder Sprotten-Döner mit Bacon gibt.

Im Imbiss De Fischjung *in Schwerin wird hochwertig und kreativ gekocht | Buschstr. 13, Schwerin, de-fischjung.de, €*

Soljanka in der Seevariante

3 Fisch-Soljanka

Die Soljanka gehört zu den Suppenklassikern, es gibt auch eine schmackhafte Fischvariante. Diese Suppe wird mit grätenfreien Filets gekocht. Gerade die in Mecklenburg heimischen Fische wie Karpfen, Hecht oder Zander eignen sich hervorragend.

Im Restaurant Lukas *in Schwerin wird eine tomatierte Variante mit Fischstücken serviert | Großer Moor 5, Schwerin, restaurant-lukas.de, €*

Deftiges Frühstück aus Kartoffeln und Speck

4 Bauernfrühstück

Kartoffeln sind eine beliebte Beilage in Mecklenburg-Vorpommern. Für die Zubereitung des Bauernfrühstücks, das hier schon zu DDR-Zeiten gern verspeist wurde, sind neben Kartoffeln und Eiern auch Bauchspeck, Schinken oder Rauchfleisch sowie Zwiebeln, Lauch und Schnittlauch üblich. Garniert wird das Ganze gern mit sauren Gurken.

Im Restaurant Alter Dragoner *in Ludwigslust bekommst du beim großen Bauernfrühstück wie aus alten Zeiten Eier, gebraten mit Speck, Zwiebeln und Bratkartoffeln | Käthe-Kollwitz-Str. 1a, Ludwigslust, alter-dragoner.de, €€*

Hier findest du alles

5 Altstädtischer Markt in Schwerin

Ob Bio-Brot, Fischbrötchen oder Knacker: Auf dem Altstädtischen Markt in Schwerin herrscht einmal pro Woche buntes kulinarisches Treiben. Der Duft der Region liegt in der Luft, denn viele Erzeuger von der Bio-Gärtnerei bis zur Schlachterei verkaufen hier.

Am Markt | Mittwoch, ganzjährig, 9–15 Uhr | 53.628825, 11.414899

Jeden Mittwoch werden auf dem geschichtsträchtigen Altstädter Markt Waren und Kulinarisches verkauft, wie schon vor 500 Jahren

Der Krakower See ist reich an Buchten und Inseln – für alle, die Wassersport lieben, ein super Revier

Von Güstrow bis Plau am See

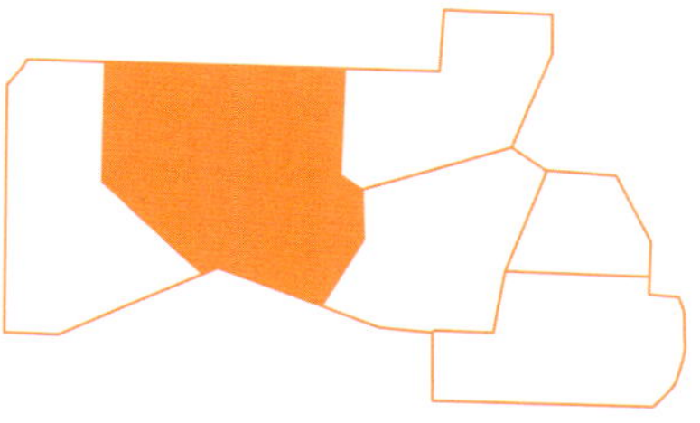

NATURPARADIES MIT STERNENGLANZ

Hier gibt's rund um die Uhr etwas zu entdecken: Wegen der dünnen Besiedlung und wenig Lichtverschmutzung strahlt nachts ein heller Sternenhimmel. Im Naturpark Nossentiner/Schwinzer Heide sind deshalb Sternenbeobachtungsplätze eingerichtet worden. In der Region rund um die Residenzstadt Güstrow warten neben der wald- und wasserreichen Landschaft viele historische Schätze – und funkelnde Klarwasserseen wie der Plauer oder Krakower See! Ein Paradies für Naturliebhaber mit Mooren, Mammutbäumen, rauschenden Durchbruchstälern und Heidelandschaften. Hier befindet sich auch das größte zusammenhängende Waldgebiet Mecklenburg-Vorpommerns. Mittendrin, eingebettet in die Natur, liegen malerische Landstädtchen wie Plau am See, Goldberg, Sternberg oder Malchow.

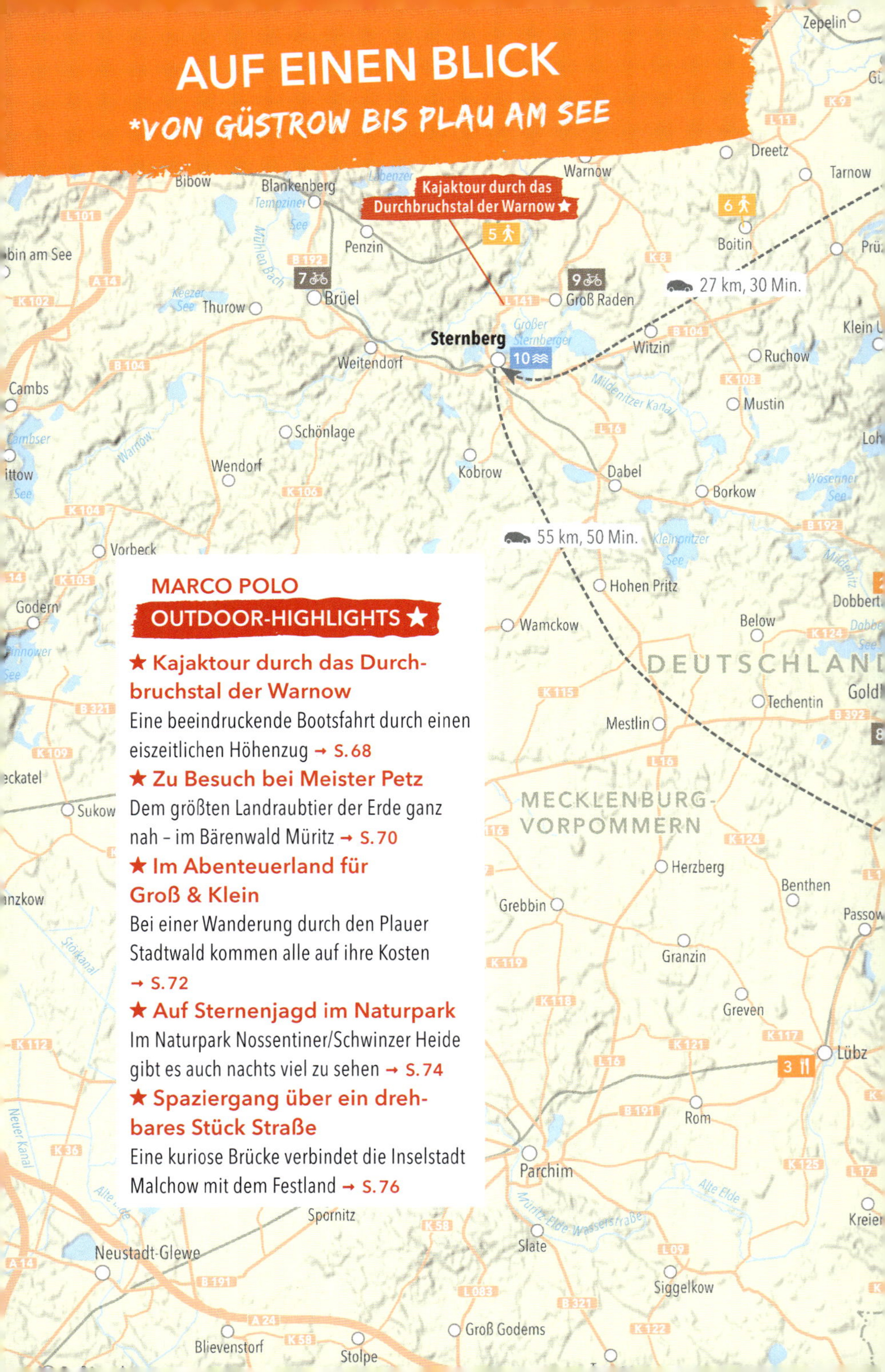
AUF EINEN BLICK
*VON GÜSTROW BIS PLAU AM SEE
Kajaktour durch das Durchbruchstal der Warnow ★
MARCO POLO
OUTDOOR-HIGHLIGHTS ★
★ Kajaktour durch das Durchbruchstal der Warnow
Eine beeindruckende Bootsfahrt durch einen eiszeitlichen Höhenzug → S. 68
★ Zu Besuch bei Meister Petz
Dem größten Landraubtier der Erde ganz nah – im Bärenwald Müritz → S. 70
★ Im Abenteuerland für Groß & Klein
Bei einer Wanderung durch den Plauer Stadtwald kommen alle auf ihre Kosten → S. 72
★ Auf Sternenjagd im Naturpark
Im Naturpark Nossentiner/Schwinzer Heide gibt es auch nachts viel zu sehen → S. 74
★ Spaziergang über ein drehbares Stück Straße
Eine kuriose Brücke verbindet die Inselstadt Malchow mit dem Festland → S. 76
27 km, 30 Min.
55 km, 50 Min.
Sternberg
Zepelin
Dreetz
Tarnow
Boitin
Warnow
Bibow
Blankenberg
Tempziner See
Penzin
Brüel
Thurow
Keezer See
Groß Raden
Großer Sternberger See
Witzin
Ruchow
Mustin
Weitendorf
Cambs
Schönlage
Wendorf
Kobrow
Dabel
Borkow
Mildenitzer Kanal
Vorbeck
Godern
Hohen Pritz
Kleinpritzer See
Wamckow
Below
Dobbert
DEUTSCHLAND
Techentin
Mestlin
Sukow
MECKLENBURG-VORPOMMERN
Herzberg
Benthen
Passow
Grebbin
Granzin
Greven
Lübz
Rom
Parchim
Alte Elde
Müritz-Elde-Wasserstraße
Slate
Spornitz
Neustadt-Glewe
Siggelkow
Groß Godems
Blievenstorf
Stolpe
Kreien
Neuer Kanal
Störkanal
Mühlen Bach
Woseriner See

Lüssow
Suckow
Glasewitz
Warnkenhagen
Thürkow
Bartelshagen
Alt Sührkow
Güstrow
Gremmelin
Wotrum
Teterower See
Klueß
Teterow
Hohen Mistorf
Gutow
Inselsee
Mühl Rosin
Vietgest
Lalendorf
Groß Wokern
Hoppenrade
Hohen Demzin
Zehna
Bristow
Nebel
Malchiner See
Langhagen
Schorssow
Kuchelmiß
Reimershagen
Dahmen
Krakower See
Krakow am See
Vollrathsruhe
Lupendorf
45 km, 45 Min.
Moltzow
Auf Sternenjagd im Naturpark
Hohen Wangelin
Wooster-Teerofen
Grabowhöfe
Neu Poserin
Vielist
Karow
Nossentiner Hütte
Jabel
Alt Schwerin
Silz
Fleesensee
Kölpinsee
Kuppentin
Plauerhagen
Elde
Göhren-Lebbin
Klink
Malchow
Barkow
Plauer See
Ein Meisterwerk der Technik bestaunen
Plau am See
Roez
Kritzow
Sietow
Im Abenteuerland für Groß & Klein
Zislow
Walow
Dresenow
Satow
Vietlübbe
Stuer
Röbel/Müritz
Ganzlin
Zu Besuch bei Meister Petz
Leizen
Dambeck
Solzow
BRANDENBURG

OUTDOOR-HIGHLIGHTS

*DIE BESTEN ERLEBNISSE DRAUSSEN

Kajaktour durch das Durchbruchstal der Warnow ★

Ein bisweilen wilder Fluss, Stille und eine großartige Naturkulisse: Eine Tour durch das Durchbruchstal der Warnow gehört zu den beeindruckendsten Erlebnissen in Mecklenburg-Vorpommern. Aber Vorsicht: Die Paddelexpedition zwischen Sternberger Burg und Eickhof erfordert einiges Geschick.

Wo die Natur noch herrlich wild ist

Wohl nirgendwo sonst ist die Mecklenburgische Seenplatte ursprünglicher und wilder als auf dem Teilstück der Warnow zwischen Sternberger Burg und Eickhof. Hier vereinen sich die Warnow und die Mildenitz und bahnen sich ihren Weg durch einen eiszeitlichen Höhenzug. Die Ufer ragen deshalb steil auf im Naturschutzgebiet Durchbruchstal der Warnow und Mildenitz. Hoch am Himmel ziehen Greifvögel ihre Kreise, Fischreiher fliegen durch das Tal, über das sich ein prächtiger Buchenwald spannt wie ein gewaltiger Baldachin.

Übung macht den Meister

Ausgangspunkt ist der Wasserrastplatz Sternberger Burg, gleich nebenan kann man die nötige Ausrüstung ausleihen. Aber Achtung: Die Tour erfordert einiges Geschick – für Neueinsteiger oder wenig geübte Paddler empfehlen sich eine Einweisung bei den „Profis" vom Kanu-Camp und ein paar Übungsmanöver am Wasserrastplatz. Im Durchbruchstal darf nicht mehr ausgestiegen werden, weil es sich um ein Naturschutzgebiet handelt. Der Vorteil, falls man kentern sollte: Der Fluss ist flach.

Los geht's: auf dem Wasser

Nach dem Start beginnt ein tolles Erlebnis: Wegen der Strömung treibt das Boot ohne Paddelschläge zügig voran, du gleitest durch die Natur und wirst eins mit dem Fluss – musst aber Kurs halten. Immer wieder liegen Bäume quer im Wasser, hängen Äste ins Flussbett. Aussteigerfeeling stellt sich ein und ein bisschen Entdeckergeist: So müssen Pioniere durch die Wildnis geglitten sein. Vogelgezwitscher vermischt sich mit dem Plätschern des Paddels, dessen Tropfen feine Linien auf der Wasseroberfläche ziehen. Wenn man ganz still ist, kann man den Sound der Stille hören, nein spüren. Irgendwo bei Klein Raden, als sich das Flussbett etwas weitet und die Warnow gemächlicher vor sich hin treibt, gibt der Eisvogel eine Sondervorstellung. Die bunten Vögel schwirren durch die Wildnis, streifen durch das Schilf und rasten auf einem der unzähligen umgestürzten Bäume. Klein Raden zieht vorüber, Bruchwald und eine wilde Landschaft. In Eickhof rauscht die Warnow wie ein wilder Gebirgsfluss in eine Fischtreppe – hier endet die Tour. Wenn du Boote vom Kanucamp Hennig ausleihst, gibt es einen Shuttle-Service für die Rücktour.

Die Tour im Überblick

Anspruchsvolle Kajaktour auf der Warnow zwischen Sternberger Burg und Eickdorf, ca. 8 km, 2,5 Std.

Mit dem Rufbus 849 vom Bahnhof Blankenberg | Mit dem Auto von Sternberg auf der L 141 knapp 10 Min. bis Sternberger Burg, Parkplatz vorhanden

Im Frühling ist die Tour besonders eindrucksvoll und der Wasserstand ist gut

Wechselsachen, Badesachen, Handtuch, Snacks, Verpflegung für ein Picknick, Kanu/Kajak (kanucamp-hennig.de, €€€, inklusive Shuttleservice für Rücktour)

53.736044, 11.836780 (Start)

✓ DOWNLOAD GPX-Track

Mitunter wird die Warnow recht wild, wenn sie sich ihren Weg durch das Durchbruchstal (li.) zwischen Sternberger Burg und Eickhof bahnt. Aber es gibt auch ruhige Passagen (o.)

Zu Besuch bei Meister Petz ★

Meister Petz steht im Mittelpunkt in Westeuropas größtem Bärenschutzzentrum. Bei Stuer am südlichen Ende des Plauer Sees warten beeindruckende Begegnungen mit dem größten Landraubtier der Erde. Aber anders als in einem Zoo leben die Bären im Bärenwald Müritz in weitläufigen Gehegen und haben Frieden und eine neue Heimat auf Lebenszeit gefunden.

Streifzug durchs Bären-Refugium

Es knackt und raschelt im Unterholz. Dann streift ein zwei Meter großer und mehr als 200 Kilogramm schwerer Koloss nur wenige Schritte entfernt durch den Wald. Aus nächster Nähe kann beobachtet werden, wie Meister Petz in aller Seelenruhe einen Baumstamm mit seinen riesigen Tatzen bearbeitet. Der große Unterschied zu einem Tierpark ist: Unter der Obhut der Tierschutzstiftung „Vier Pfoten" haben Bären, die aus Zoos, Zirkussen und privaten Haltungen gerettet wurden, ein neues Zuhause gefunden. Seit 2006 können die Bären in den weiträumigen Gehegen ihre Höhlen graben, im Teich baden gehen und natürliche Verhaltensweisen wiederentdecken. Auf 16 Hektar ist ein naturnaher Rückzugsort für die bärenstarken Raubtiere entstanden, die nicht mehr ausgewildert werden können. **Insider-Tipp** Verbinde einen Besuch im Bärenwald, der direkt an der Radroute „Rund um den Plauer See" liegt, mit einer Tour durch die sehenswerte Landschaft.

Dem größten Landraubtier der Erde ganz nah

Entengrütze bedeckt einen kleinen Kanal, prächtige Baumkronen rauschen über den Spazierwegen – die Welt der Braunbären ist waldig und weitläufig. Hier gibt es viel zu entdecken – und viel frische Luft inklusive. In einer nachgebauten Höhle dringt man tief in das Reich der braunen

Riesen ein. Wusstest du, dass sich Bären in freier Wildbahn zu fast 80 Prozent von Blättern, Wurzeln, Pilzen, Nüssen, Früchten und Beeren ernähren? Hier kannst du die Bären bei der Futtersuche beobachten. Zu den besonders empfehlenswerten Angeboten in der Hügellandschaft gehört der Naturentdeckerpfad. Viel Wissenswertes zum Wald, der Welt der Bären, wird vermittelt. Per Knopfdruck kann man Tierstimmen von Spechten, Eichhörnchen und Füchsen erraten. Auf Kinder warten ein Spielwald und ein Spielplatz. In Mützes Fischimbiss mit eigener Räucherei kann man nach der erlebnisreichen Wandertour seinen Bärenhunger stillen oder sich im Bio-Bistro mit frisch gekochten Gerichten, Butterbrezeln und Milchreis stärken. Auf dem Gelände laden auch mehrere Picknickplätze zu einer Pause ein.

Die Tour im Überblick

Einfache Rundtour im Bärenwald bei Stuer, ca. 2 km, 1 Std.

In der Hauptsaison ab Plau mit dem Plauer Rundbus (rundbus.de/de/fahrplan.html) bis Bärenwald Müritz | Mit dem Auto von Plau am See 15 Min. Richtung Stuer, der Eingang befindet sich zwischen Bad Stuer und Suckow | baerenwald-mueritz.de, €€, Familienkarte erhältlich

Von Feb. bis Sept. (sonst Winterruhe)
Proviant für ein Picknick
53.387270, 12.327468 (Eingang)

DOWNLOAD GPX-Track

Die Bären im Bärenwald Müritz (li.) wurden aus Gefangenschaft gerettet und können nicht mehr ausgewildert werden. Den Besuch kann man mit einer Tour um den Plauer See (re.) kombinieren

Im Abenteuerland für Groß & Klein ★

Wer im Plauer Stadtwald wandert, erlebt eine reizvolle Naturlandschaft, wandelt auf historischen Spuren, das Ganze mit einem Schuss Mystik. Auf dem Pfad der Zaubersteine gibt es Moore, verwunschene Seen, Reste einer slawischen Siedlung und knorrige Buchen zu sehen. Am Ufer des Plauer Sees wartet in Appelburg ein toller Strand und mit der Hubbrücke in Plau eine faszinierende technische Rarität.

Grüne Lunge: der Plauer Stadtwald

Ein wichtiger Lebensraum für Pflanzen und Tiere, Naherholungsgebiet und grüne Lunge: Plau am See verfügt mit dem Stadtwald, der direkt hinter den letzten Häuserzeilen beginnt, über ein Kleinod. Das 315 Hektar große Naturschutzgebiet kann auf mehreren Wegen durchwandert werden – unter anderem auf dem Pfad der Zaubersteine. Geschützt wird im Stadtwald der Lebensraum vieler Tiere und Pflanzen. Neben Eisvogel, Schwarzspecht, Hohltaube, Schellente oder Siebenschläfer haben hier auch viele Libellenarten – bis zu 30 verschiedene wurden schon gezählt – ihre Heimat gefunden. Denn im Lauf der Zeit haben hier mächtige Bäume Wurzeln geschlagen, sind Bruchwald und Moore entstanden – beispielsweise der Lökengrund. An Orten wie dem Ziegelsee im Nordwesten des Schutzgebietes hat sich die Natur ihr Terrain zurückerobert: Hier wurde früher Ton abgebaut. Erklärtafeln am Wegesrand versorgen mit vielen Infos zu Tieren und Pflanzen.

Über die Hubbrücke ab in die Natur

Der Wanderweg durch die grüne Lunge beginnt und endet an der Plauer Hubbrücke, die 1916 errichtet wurde. Das 13 Meter lange Bauwerk wird von Booten bei der Ausfahrt aus dem Plauer See in die Elde passiert. Mit einer Hubhöhe von bis zu 1,86 Metern ist sie die höchste Hubbrücke des Landesteils Mecklenburg. Von der technischen

Rarität geht es in die Natur: Vogelgezwitscher und das Rauschen der Blätter in den Baumkronen der Buchen lösen die mechanischen Geräusche der Brücke ab. Auf dem Weg liegen ein Kletterpark, eine bunt blühende Feuchtwiese, der Ziegelsee und das Hofstätter Moor – das über einen Holzsteg passiert wird. Rund um den Burgsee gibt es einen schönen Naturlehrpfad. Dann spazierst du an Schwarzerlen vorbei und auf den Spuren der Slawen: Sie hatten hier vor tausend Jahren eine Siedlung zwischen den Seen und Mooren errichtet. Ein Burgwall zeugt davon. In der Seeluster Bucht am Plauer See gibt es einen schönen Strand mit Spielgeräten. Am Ufer mit vielen schönen Ausblicken geht es zurück. **Insider-Tipp** Wer noch die Energie dazu hat, wandert weiter und besteigt den Turm der Kirche St. Marien. Hier kann man schön zurückblicken auf Stadtwald, See und das, was man geleistet hat.

Die Tour im Überblick

Einfache Wanderung im Plauer Stadtwald, ca. 11 km, 4 Std.

Vom Bahnhof Malchow mit dem Rufbus 77 nach Plau am See | Mit dem Auto von der A24 über die B103 in rund 20 Min. nach Plau am See | Start und Ziel: Hubbrücke in Plau

Täglich 9–18 Uhr – während der Betriebszeiten der Hubbrücke

Bequeme Schuhe für eine Wanderung, Badesachen, Handtuch, Snack und Verpflegung für ein Picknick

53.456680, 12.266487 (Hubbrücke), 53.458691, 12.267945 (Parkplatz)

DOWNLOAD GPX-Track

Auf der Spur der Zaubersteine entdeckst du die Wildnis des Plauer Stadtwalds (li.). Los geht die Wanderung an der historischen Hubbrücke (o.) in Plau am See

Auf Sternenjagd im Naturpark ★

Der Naturpark Nossentiner/Schwinzer Heide im Herzen Mecklenburg-Vorpommerns ist ein besonderes Refugium für Mensch und Natur. Auf Rad- und Wanderwegen gibt es in der wald- und seenreichen Hügellandschaft viel zu entdecken. Wegen geringer Lichtverschmutzung ist auch nachts viel zu sehen – am besonders hellen Sternenhimmel.

Im Revier für Sternengucker

Ausgedehnte Wälder, klare Seen, viel Weite, wenig Industrie und eine dünne Besiedlung mit nur neun Einwohnern pro Quadratkilometer (deutschlandweit 233): Kein Wunder, dass der Naturpark Nossentiner/Schwinzer Heide nicht nur ein exzellentes Gebiet zum Wandern und Radfahren ist, sondern dass hier auch die Sterne gut zu sehen sind. Denn: Die Lichtverschmutzung ist in der Region zwischen Goldberg, Krakow am See und Dobbin-Linstow außergewöhnlich niedrig. Von der Dunkelheit profitieren nicht nur Sternengucker, sondern auch nachtaktive Tiere wie beispielsweise Nachtfalter, Fledermäuse, Amphibien und Eulen. Die Naturparkverwaltung hat deshalb Plätze ausgewiesen, an denen man nicht nur tagsüber die vielfältige Natur, sondern auch nachts den Sternenhimmel sehr gut beobachten kann. Oft ist schon der Weg zum Sternenbeobachtungsplatz ein Highlight. Viele Rad- und Wanderwege durchziehen den Naturpark.

Den Nachthimmel bestaunen

Zugegeben: Der Name Hellberg passt nicht unbedingt zu einem Sternenbeobachtungsplatz, an dem es besonders dunkel sein muss. Aber auf dem Hellberg zwischen der Kleinstadt Goldberg und dem Kloster Dobbertin ist die Lichtverschmutzung nachts sehr gering. Deshalb wurde hier einer der zehn Sternenbeobachtungsplätze des Naturparks Nossentiner/Schwinzer Heide eingerichtet. **Insider-Tipp** Bevor du zum Sternegucken gehst, besuche unbedingt Lias Tongrube in der Nähe des

Parkplatzes – hier kannst du auf einem Lehrpfad durch eine ehemalige Tongrube wandern und Insektenfossilien finden. Vorbei an Streuobstwiesen geht es zum Beobachtungsplatz, an dem Liegen aufgestellt worden sind, damit bequem der grandiose Nachthimmel genossen werden kann. Die Dämmerung senkt sich über das Land: Die Sterne beginnen zu glimmen wie ein gewaltiges Gemälde. Am Firmament leuchtet beim Blick Richtung Süden und Osten die Milchstraße, Kleiner Bär, Großer Bär und Nordstern sind zu sehen. Die hellen Sterne Deneb im Sternbild Schwan, Wega in der Leier und Altair im Adler bilden im Sommer das markante Sommerdreieck. Auch bei Tag lohnt ein Besuch: Es gibt einen Aussichtsturm, von dessen Plattform man weit in die Heide und zum Goldberger See schauen kann.

Die Tour im Überblick

Sterne beobachten im Naturpark Nossentiner/Schwinzer Heide, ca. 2 km

Mit dem Auto von der B192 bei Dobbertin Richtung Krakow am See abfahren bis zum Parkplatz bei Hellberg

In einer klaren Sommernacht
Taschenlampe, Schlafsack, Fotoapparat mit lichtstarkem Objektiv und Stativ
53.614444, 12.106071 (Aussichtsturm und Sternbeobachtung), 53.616620, 12.113948 (Parken), 53.616158, 12.113314 (Tongrube)

DOWNLOAD GPX-Track

In der Nossentiner/Schwinzer Heide sind die Sterne besonders eindrucksvoll (li.), bei Hellberg (re.) ist die Sicht besonders gut

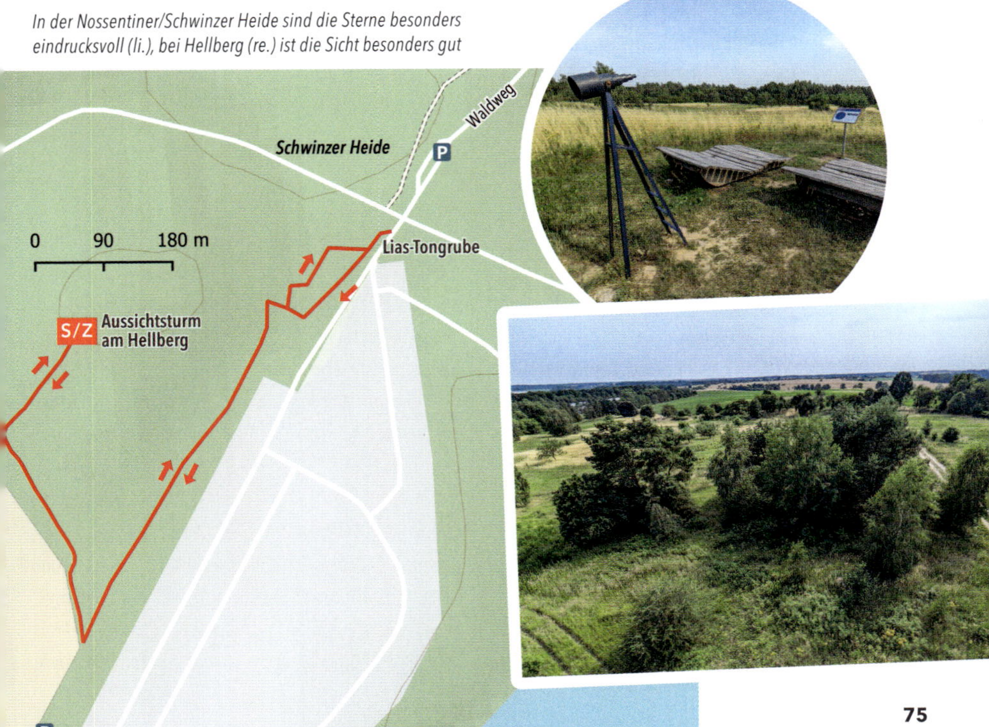

Ein Meisterwerk der Technik bestaunen ★

Die Drehbrücke im schönen Malchow ist nicht nur ein technisches Meisterwerk und Meilenstein für die Schifffahrt. Sie ist auch schnell zu einem Wahrzeichen der Stadt geworden. Und beliebtes Ausflugsziel: Wenn sich der Mechanismus in Gang setzt, versammeln sich Schaulustige an der engsten Stelle zwischen Plauer See und Müritz.

Malchows Wahrzeichen, die historische Drehbrücke

Im Jahr 2013 war es so weit: Die neue Drehbrücke in Malchow, eine Art drehbares Stück Straße, nahm ihren Betrieb auf. Das Bauwerk, das die Insel mit dem Festland verbindet, war komplett erneuert worden. Ein Meilenstein für die 6500 Einwohner zählende Stadt mit willkommenem Nebeneffekt: Ein Besuchermagnet ist entstanden. Der etwa 15 Meter lange Neubau dreht sich tagsüber stündlich, um den auf der Müritz-Elde-Wasserstraße fahrenden Schiffen die Durchfahrt zu gewähren. Etwa 20 000 Boote passieren jährlich die engste Stelle zwischen Plauer See und Müritz. Mit der neuen Brücke war eine Lösung für den Verkehr am Nadelöhr gefunden worden. Die bewegende Vorgeschichte: Seit 1863 gab es eine manuell betriebene, hölzerne Drehbrücke, die im Zuge der Industrialisierung durch eine Stahlkonstruktion abgelöst wurde. Im Zweiten Weltkrieg zerstört, wurde sie anschließend neu aufgebaut, zerfiel aber bis 1980 immer mehr. Nach zehnjähriger Stilllegung wurde wieder eine Drehbrücke eröffnet und diese ab 2012 erneuert.

Von der Neustadt über die Altstadtinsel zur Klosterkirche

Neben der Drehbrücke gibt es natürlich viel mehr zu entdecken in Malchow mit der Altstadtinsel, dem Kloster und der Neustadt. Die Stadt ist mit ihrer Insellage und dem grünen Umland als Luftkurort eingestuft. Der vier Kilometer lange Stadtspaziergang führt von der Brücke auf die Insel und über den Erddamm mit seiner schönen Lindenallee zur Klosterkirche. Der gewaltige Turm des Gotteshauses ist ein weiteres Wahrzeichen der Stadt. Von der Plattform haben Besucher in 55 Metern Höhe einen grandiosen Blick auf den Malchower See und die schöne Umgebung. Der Eingang des Turms befindet sich im Foyer des Orgelmuseums und ist zu den Öffnungszeiten des Museums begehbar. Nach einem Abstecher zum Engelschen Garten – einer Parkanlage neben dem Kloster mit prächtigen Eichen, Pappeln und Linden und einem tollen Blick auf Malchow – geht es zurück auf die Insel. **Insider-Tipp** Rund um die Drehbrücke gibt es mehrere Eisstände – gönn dir eine Erfrischung. Weitere Stationen sind der Stadthafen und das stattliche Rathaus am alten Markt.

Die Tour im Überblick

Einfache Stadttour in Malchow mit Drehbrücken-Besuch, ca. 4 km, 1,5 Std.

Mit der Bahn zum Bahnhof Malchow, dann 15 Min. zu Fuß bis zur Drehbrücke | Mit dem Auto zum Stadtparkplatz (ein kleinerer Parkplatz auch am Stadthafen)

April bis Sept., Öffnungszeiten der Drehbrücke (tagsüber 10 Min. vor der vollen Stunde) unter inselstadt-malchow.de

Bequeme Schuhe, Proviant fürs Picknick im Engelschen Garten

53.4743, 12.42746 (Drehbrücke), 53.478009, 12.422506 (Stadtparkplatz)

DOWNLOAD GPX-Track

Die Drehbrücke bei Malchow (li.) ist ein Kuriosum und verbindet die auf einer Insel gelegene Altstadt mit der Neustadt. Die Klosterkirche (o.) liegt auf der anderen Seeseite

MEHR ERLEBEN

*WEITERE ABENTEUER & AUSFLÜGE

Von Kriegen verschont, zeigt sich in Güstrow noch das mittelalterliche Stadtbild. Einen Überlick verschafft man sich vom Turm der Kirche St. Marien

Noch mehr entdecken von Güstrow bis Plau am See: durch die Idylle um Güstrow auf den Spuren des Künstlers Ernst Barlach, Wildwasser und Waldbaden mit tanzenden Steinen bei Sternberg. Und als Kontrastprogramm zum Grün heißt es auf dem Krakower, Malchower und Plauer See: Leinen los!

IN GÜSTROW

Von einem Prachtbau zum nächsten

1 Einfache Stadttour in Güstrow, ca. 2,4 km, 45–60 Min.

Güstrow zählt zu den prächtigsten Städten in Mecklenburg-Vorpommern. Ein Stadtrundgang ist Hopping von einem Prachtbau zum nächsten: Die wichtigsten Tourstationen sind der Dom mit seinem 44 Meter hohen Westturm und dem berühmten Kunstwerk „Der Schwebende" von Ernst Barlach, die Pfarrkirche St. Marien und das Schloss mit seinem prächtigen Garten. Diese Sehenswürdigkeiten ragen im wahrsten Sinne des Wortes heraus aus dem Stadtbild, das von der Residenz der Herzöge von Mecklenburg geprägt wurde. Der frühbarocke Schlossgarten lädt ebenfalls zum Flanieren ein. Die 30 000-Einwohner-Stadt ist mit viel Wasser und „Grün" gesegnet – beispielsweise entlang des Wallgrabens, der um das Zentrum fließt.

Mit der Bahn nach Güstrow, zu Fuß 15 Min. zum Marktplatz | Mit dem Auto über die B103/104 | Parkplatz nördl. der Altstadt Ganzjährig, Öffnungszeiten der Pfarrkirche St. Marien beachten, der Ausblick vom Turm ist es wert, Öffnungszeiten unter guestrow-tourismus.de 53.792992, 12.175821 (Marktplatz) Download GPX-Track

Auf den Spuren des Künstlers durch die Hügellandschaft

2 Mittelschwere Radtour rund um den Inselsee, ca. 29 km, 3 Std.

Der See funkelt, prächtige Bäume säumen das Ufer. In der Ferne thront die Schöninsel: Hier, am Ostufer des Güstrower Inselsees, hat der Bildhauer Ernst Barlach in der Zurückgezogenheit an seinen Kunstwerken gearbeitet. Im Atelierhaus am Heidberg befindet sich eine Dauerausstellung. Die Tour folgt den Spuren des großen Künstlers durch die herrli-

Ein Haus im Blau-Grünen – das hat sich auch der Künstler Ernst Barlach gedacht, als er am Güstrower Inselsee mit Schöninsel und schöner Altstadt Quartier bezog

che Hügellandschaft. Von der prächtigen Güstrower Altstadt mit dem Barlach-Museum (in der Gertrudenkapelle) geht es am Ostufer des Inselsees entlang. Ein Strand lockt, gleich nebenan befinden sich ein Bootsverleih und das Atelierhaus. **Insider-Tipp** Vom Aussichtspunkt Utkiek kannst du die Silhouette Güstrows sehen, genau wie den See, der nun ein ständiger Begleiter mit tollen Badestellen wird (unter anderem bei Bölkow am Südufer). Bei Gutow wartet ein schöner Rastplatz – dann rückt schon die Stadt mit Dom, Marienkirche und Schloss näher.

Mit der Bahn nach Güstrow | Mit dem Auto über die B103/104 | Parkplatz nördl. der Altstadt Im Sommer zum Baden Tourenrad, Badesachen und Proviant 53.799872, 12.173038 (Bahnhof), 53.774782, 12.210565 (Atelierhaus) Download GPX-Track

Petri Heil und Schiff ahoi!

3 Boots- und Angeltour auf dem Inselsee

Beim Bootsverleih Wanderer am Nordostufer können Kanus, Kajaks, SUPs und Tret- und Ruderboote ausgeliehen werden. Für Einsteiger gibt es Kanu-Schnupperkurse. Ein lohnendes Ziel ist die Schöninsel (nur per Boot erreichbar) mit Rundwanderweg, Rastplätzen und Aussichtsturm. Auch

Im Wildpark-MV entdeckst du Wölfe, Bären und Co fast wie in freier Wildbahn

im Wasser ist einiges los: Der Inselsee gilt als fischreiches Gewässer, in dem sich Hechte, Barsche und Welse tummeln. Mit dem Touristen-Fischereischein (plus Angelkarte) können auch Urlauber, die nicht im Besitz eines Fischereischeins sind, die Angel auswerfen. Die „Urlaubslizenz" gilt für 28 Tage und kann wie auch die Angelkarten in der Güstrow-Information gekauft werden.

Von Güstrow ZOB mit Bus 252 bis Inselsee | Mit dem Auto zum Parkplatz am Strandbad | wanderer-aktivtour.de, €€–€€€ Boote (und Fahrräder) können von Mai bis Sept. ab 10 Uhr ausgeliehen werden Angelausrüstung, Proviant, Badesachen 53.778560, 12.210495 (Bootsverleih)

Heimische Tiere entdecken

4 Tagesausflug in den Wildpark-MV

In den weitläufigen Gehegen des Wildparks leben Wölfe, Bären, Luchse, Eulen und viele einheimische Tiere. Es gibt ein Reich der Fische – hier kann man trockenen Fußes einen Fluss durchwandern. Wege führen über Kletterpfade und Brücken, durch Höhlen, Tunnel und Moore. Streichelzoo,

... der Warnow, die sich hier ein bis zu 30 Meter tiefes Bett gegraben hat

Auf naturbelassenen Wegen und über Holzbrücken wandert man im Durchbruchstal ...

abenteuerliche Spielplätze, begehbare Gehege – tierisch nahe Begegnungen sind hier garantiert. **Insider-Tipp** Die Erlebnis-Büdnerei beheimatet alte Haustierrassen und lässt dich in das frühere Leben eines Büdners eintauchen. Im Backhaus werden regelmäßig Brot und Kuchen frisch gebacken.

Von Güstrow Bahnhof mit Bus 250 bis Wildpark-MV | Mit dem Auto über die B103/104, ab Güstrow beschildert | wildpark-mv.de, €€ Tgl. geöffnet, auch an Feiertagen, beste Zeit: Frühling und Herbst 53.791191, 12.221910 (Wildpark)

RUND UM STERNBERG

Wildwasser mit Bergkulisse

5 Einfache Wanderung durch das Durchbruchstal der Warnow, ca. 4 km, 1,5 Std.

Während unten das Wildwasser rauscht, schlängelt sich ein schmaler Pfad zu den Resten einer mehr als 1000 Jahre alten Höhenburg hinauf. Die Hänge stürzen steil ins Tal. Schon kurz nach dem Start wartet ein imposantes Teilstück: Der Weg verläuft in bis zu 30 Metern Höhe über der Warnow, die sich kurz zuvor mit der Mildenitz vereinigt hat. Prächtiger Mischwald spannt sich hier übers Tal, wenig später geht es an Feuchtwiesen entlang, dann über eine Brücke ans andere Ufer und dort zurück. Das Naturschutzgebiet ist ein wichtiger Rückzugsort für viele Tiere: Der Biber hat sich angesiedelt. Wasser- und Greifvögel kreisen durch die Luft. Im Frühjahr bilden Buschwindröschen und Maiglöckchen einen zarten Blumenteppich auf dem Waldboden.

Von Sternberg Bahnhof mit dem Rufbus 849 bis Groß Görnow | Mit dem Auto zum Parkplatz Warnowtal bei Groß Görnow | mecklenburgische-seenplatte.de/wandertour-warnow-durchbruchstal-rundtour Im Frühjahr zur Blumenblüte 53.751749, 11.836047 (Start)

Waldbaden mit tanzenden Steinen

6 Einfache Wanderung bei Boitin, ca. 12 km, 4 Std.

Die Magie des Ortes ist heute noch zu spüren: Wenn die Sonne durch den Buchenwald blitzt, scheinen die Findlinge zu tanzen. Vier Steinkreise gibt es bei Boitin. Die Entstehungszeit lässt sich mit der älteren vorrömischen Eisenzeit (etwa 600–400 v. Chr.) gut

Der Bronzene Hirsch am Ufer des Groß Labenzer Sees gehört zum Mausoleum der Familie Wiedekind

Der Boitiner Steintanz ist eine prähistorische Kult- und Begräbnisstätte, die möglicherweise ursprünglich als Steinkalender angelegt worden war

bestimmen. Sonst gibt der Ort Rätsel auf. War er steinzeitliche Sternwarte, altgermanische Kultstätte oder Opferplatz? In jedem Fall kann man tief durchatmen und waldbaden. Der Rundkurs mit Start und Ziel in Boitin geht auf einem Feldweg durch hügelige Landschaft zum Steintanz, dann nach Lübzin mit seinem Schloss und kleinen See und zurück über eine asphaltierte Nebenstraße.

Von Güstrow mit Bus 273 bis Boitin | Mit dem Auto über die B104 und Tarnow Im Herbst ist das Farbspiel der Blätter schön Proviant 53.759488, 11.980219 (Start), 53.771898, 11.954925 (Steintanz) Download GPX-Track

Radrunde zum Bronzenen Hirsch

7 Einfache Radrundtour von Brüel nach Klein Görnow, ca. 26 km, 2 Std.

Vom Rathaus Brüel geht es über Wipersdorf und Penzin zum Bronzenen Hirsch. Die Tierstatue, Teil eines Mausoleums, thront bei Friedrichswalde etwas abseits am Ufer des Groß Labenzer Sees. Hinter Klein Görnow wartet ein Highlight: das berühmte Großsteingrab mit einer rund 8 Meter langen, 1,80 Meter hohen und bis zu 2,20 Meter breiten Kammer. Es geht weiter nach Groß Görnow – vom Aussichtsturm „Eiszeitliche Urlandschaft" breitet sich die Hügellandschaft vor dir aus. Auf dem Abschnitt über Sagsdorf bietet der Rote See bei Brüel eine willkommene Abkühlung.

Von Sternberg Bahnhof mit Bus 170, 175 nach Brüel | Mit dem Auto über die B104 und B192 Im Sommer zum Baden im Roten See, Strecke größtenteils bewaldet Tourenrad, Badesachen, Proviant für ein Picknick 53.738243, 11.714730 (Start), 53.767125, 11.762386 (Bronzener Hirsch), 53.761007, 11.811341 (Großsteingrab) Download GPX-Track

Zwischen Klosterdorf und Kranichrast

8 Einfache Radrundtour um den Dobbertiner See, ca. 25 km, 2 Std.

Auf den Langenhägener Seewiesen ist Spektakel: Vögel starten und landen auf dem Feuchtgebiet, die Luft ist erfüllt vom Gekreische. Von einer Beobachtungshütte hat man das Schauspiel bestens im Blick. Unweit ragt der Turm der Goldberger Backsteinkirche in den Himmel: der Start- und Zielort.

Die Klosterkirche Dobbertin kann leider nicht besichtigt werden, aber es gibt einen Klosterladen mit Café

Auf einer Halbinsel im Groß Radener See wurde eine slawische Siedlung nachgebaut

Vom Stadtzentrum geht es an der Badestelle am Goldberger See vorbei zum Klosterdorf Dobbertin. Schon von Weitem sind die 50 Meter hohen Doppeltürme der Klosterkirche am Ufer des Dobbertiner Sees zu sehen. Im weitläufigen Klosterpark kann man sich an einer schönen Badestelle abkühlen. Anschließend führt die Tour nach Zidderich und über ein kurzes Stück auf der B392 zum Vogelparadies und über Steinbeck zurück.

Von Sternberg mit Bus 183 nach Goldberg | Mit dem Auto über die B192 Von Sept. bis Nov. nächtigen auf den Langenhägener Seewiesen Tausende Kraniche Tourenrad, Proviant, Fernglas 53.590236, 12.088678 (Start), 53.580467, 12.022643 (Beobachtungshütte)

Download GPX-Track

Radtour durch die Geschichte

9 Einfache Radrundtour um das Slawendorf Groß Raden, ca. 20 km, 1,5 Std.

Eine abwechslungsreiche Tour zwischen Vergangenheit und Gegenwart durch Alleen und weites Land: Zu den Highlights auf der Runde rund um Groß Raden bei Sternberg gehört auch das Freilichtmuseum. Hier – am Start- und Zielpunkt – ist auf einer Halbinsel ein beeindruckendes Slawendorf nach historischem Vorbild aufgebaut worden. Hinter einem Graben und einer Palisade öffnet sich eine historische Welt aus Holz und Lehm. Bereits vor 1000 Jahren befand sich hier am Fuße eines großen Burgwalls eine Siedlung. In Groß Raden erzählt zudem ein Oldtimermuseum die Geschichte der Mobilität. Anschließend rollst du über stille Landstraßen durch ein verträumtes Stück Mecklenburg-Vorpommern. Auf der Tour warten Warnow, Diedrichshof und Lübzin, viel Weite und schöne Alleen. Abkühlen kannst du dich direkt vor dem Museum an einer Badestelle im Groß Radener See – hier gibt es auch einen Spielplatz.

Von Sternberg mit dem Rufbus 849 nach Groß Raden | Mit dem Auto über die L141 | freilichtmuseum-gross-raden.de, € Ganzjährig geöffnet, das Oldtimer-Museum (oldtimermuseum-grossraden.de) ist im Winter geschlossen Tourenrad, Badesachen, Proviant 53.735954, 11.871706 (Slawenmuseum)

In den reetgedeckten Bootshäusern am Krakower See kann man sich zum Teil auch einmieten

Stadtbummel mit Badestopp

10 Badetag im Strandbad mit Rundtour durch Sternberg, ca. 5 km, 1 Std.

Hier will man bleiben: Die Bäume auf der Liegewiese sorgen für Schatten an einem heißen Tag, der Steg führt hinaus auf den Großen Sternberger See, während die Wellen plätschern. Der Eintritt ist frei. Nebenan gibt es einen Bewegungspark. **Insider-Tipp** Der Badeausflug lässt sich gut mit einer Tour durch Sternberg kombinieren. Diese beginnt an der Stadtkirche St. Maria und St. Nikolaus, deren Turm das Stadtbild prägt. Zum Strand geht's durchs Mühlentor, das zur Stadtmauer gehört. Die Wallanlage ist Zeugnis der Historie: Von 1275 bis 1913 war Sternberg Landtagsstadt. Vom Strand führt die Promenade zur Halbinsel im Luckower See (hier den Sonnenuntergang ansehen) und zurück ins Zentrum.

Von Sternberg Bahnhof in 10 Min. zur Stadtkirche | Parkplatz nördlich der Altstadt Im Sommer Badesachen, am Strandbad können Boote gemietet werden 53.711942, 11.830689 (Stadtkirche), 53.716217, 11.833744 (Strandbad) Download GPX-Track

IN UND UM KRAKOW AM SEE

Kleinstadtflair und beste Seesicht

11 Einfache Wanderung am Krakower See, ca. 5,7 km, 1,5 Std.

Die See-Atmosphäre, viel Natur und mecklenburgisches Kleinstadtflair machen Krakow am Ufer des gleichnamigen Sees so besonders. Start und Ziel ist der Marktplatz. Über die Seepromenade geht es vorbei an reetgedeckten Bootshäusern zur historischen Badeanstalt. Dahinter recken sich die Halbinseln Ehmkwerder und Lehmwerder mit Kurwald, Himmelssteg, Badestellen und Ernst-Reuter-Blick weit in den Krakower See. Du flanierst an gewundenen Uferlinien entlang, Wald- und Seeluft hüllt dich ein, erfrischt Körper und Geist. Der Aussichtsturm Jörnberg wartet mit herrlicher Fernsicht: eine glitzernde Wasserwelt bis zum Horizont. Von hier kehrst du über die Seepromenade ins Zentrum zurück.

Von Güstrow mit Bus 250 nach Krakow am See | Parkplatz am Markt- oder Burgplatz Im Herbst wegen des bunten Baumkleides im Kurwald 53.652157, 12.269512 (Marktplatz), 53.660964, 12.272692 (Aussichtsturm)

Gefährdete Fisch- und Vogelarten und viele Insekten bevölkern das Naturschutzgebiet Nebel

Gebirgs-Feeling im Nebeltal

12 Einfache Wanderung durchs wilde Nebeltal mit Wassermühle Kuchelmiß, ca. 4,7 km, 1,5 Std.

Das Wasser tost durchs Flussbett wie im Gebirge, rauscht durch Stromschnellen. Ein kühler Hauch streicht durch den Wald. Eine Wanderung durch das Durchbruchstal der „Nebel" mit seinen steilen Ufern gehört sicher zu den imposantesten Naturerlebnissen der Region. Hier bricht sich der Fluss Nebel seinen Weg durch einen Höhenzug. Auf einem Naturlehrpfad und Kneippweg wanderst du zur Wassermühle Kuchelmiß von 1791 (mit Café und Museum). Hier gibt es eine Fischtreppe. Denn neben Bach- und Regenbogenforelle haben hier viele Fischarten und der Fischotter ein Zuhause gefunden. In der weiten Senke breiten sich auch Bruchwald, Feuchtwiesen und kleine Seen aus. In der herrlichen Natur wanderst du an der Verlobungsinsel und am Turmhügel einer mittelalterlichen Burg vorbei und unter stattlichen Bäumen entlang.

Von Krakow am See mit Bus 251 bis Wassermühle | Mit dem Auto zum Parkplatz Wassermühle Kuchelmiß | krakow-am-see.de/de/urlaubsthemen/naturwelt/naturschutzgebiete.php Im Sommer angenehm schattig 53.688255, 12.342075 (Parkplatz) Download GPX-Track

Fritz Reuter hat recht: Paradiesisch ist der Blick vom Aussichtsturm auf dem Jörnberg

Radeln in Fritz Reuters Paradies

13 Einfache Radrundtour auf dem Krakower Paradiesgartenweg, ca. 22 km, 1,5 Std.

Der Schriftsteller Fritz Reuter hat die Gegend rund um Krakow am See als Paradies bezeichnet, völlig zu Recht. Ruhige Badestellen, rauschende Baumriesen und malerische Inseln bilden eine Seenlandschaft, die man bei diesem Rundkurs durchstreift. Los geht es am Marktplatz, dann wartet vom Aussichtsturm auf der Halbinsel Jörnberg ein toller Blick auf das Wasserparadies. An der Kuchelmißer Chaussee rechts abbiegen nach Windfang. An Reuters Seeblick wölben sich dann Seen, Bäume und die Hügellandschaft bis zum Horizont – der perfekte Ort, um die Seele baumeln zu lassen. In Serrahn rauschen die Bäume an der schönen Badestelle, der Krakower See plätschert. Am herrlichen Paradiesgartenblick bei Neu-Zietlitz und an der Halbinsel Schwerin vorbei geht es zurück zum Marktplatz in Krakow am See.

Von Güstrow mit Bus 250 nach Krakow am See | Parkplatz am Markt- oder Burgplatz Im Som-

Mit 30 Metern Tiefe ist der Flache See gar nicht so flach, aber der Einstieg an der Badestelle bei Klocksin ist es

mer zum Baden ⚙ *Tourenrad, Badesachen, Proviant* 📍 *53.652157, 12.269512 (Marktplatz), 53.642994, 12.321202 (Paradiesgartenblick)* ✔ *Download GPX-Track*

Auf flachem Strand und Hügelland

14 Einfache Radrundtour um den Flachen See, ca. 15 km, 1 Std.

Beim Flachen See bei Klocksin ist der Name an der Badestelle Programm: Der Einstieg in das Wasser am schönen kleinen Strand mit Liegewiese ist sanft. Es kann nach Herzenslust geplanscht werden, während der Wind durch das Schilf fächelt und die Vögel zwitschern. Nebenan im Gutspark mit prächtigen Bäumen ist eine kleine Kapelle. Insider-Tipp Hier befindet sich ein Sternenbeobachtungspunkt mit Liegen. Wenn es dunkel wird, spannt sich der funkelnde Sternenhimmel übers Firmament. Eine Radtour um den langen, schmalen See, der in der Endmoränenlandschaft der Mecklenburgischen Schweiz liegt, führt zunächst am Ostufer Richtung Süden nach Neu Sapshagen, weitere Stationen auf dem Rundkurs sind die Dörfer Sophienhof, Lütgendorf und Blücherhof. Dort gibt es einen alten Gutshof mit einem sieben Hektar großen, sehenswerten Landschaftspark.

ℹ *Von Waren (Müritz) mit Bus 13 nach Klocksin | Mit dem Auto zur Badestelle am Flachen See, der sich auch für kleine Bootstouren eignet* ⏱ *Im Sommer zum Baden* ⚙ *Tourenrad, Badesachen, Proviant, Fernglas* 📍 *53.627912, 12.537990 (Badestelle)* ✔ *Download GPX-Track*

Strand mit Westernromantik

15 Badetag mit Rundwanderung am Derliener See, ca. 5 km, 1,5 Std.

An der Badestelle am Derliener See in der Nähe von Krakow am See erwarten dich Idylle, viel Natur und hin und wieder ein bisschen Westernromantik: Denn gleich nebenan befindet sich eine Hunde- und Pferdebadestelle. Hier sorgen die Vierbeiner für ein ganz besonderes Schauspiel, wenn sie sich abkühlen. Die Badestellen am Ostufer sind vom Gutshaus Alt Sammit nach 1,5 Kilometern schnell erreicht. Folgt man dem Westufer des Derliener Sees nach Süden, lässt sich aus dem Ausflug eine

Oh Captain, my Captain!, heißt es bei Malchow, auch wenn es nur per Badeboot zum Planschen geht

Rundtour machen. Üppige Natur gibt es an der Brücke zwischen Derliener See und Langsee. Westlich des Kemlower Sees geht es über den Galgenberg und am Eingang des Naturparks Nossentiner/Schwinzer Heide vorbei nach Alt Sammit zurück.

Von Krakow am See mit Bus 251 nach Alt Sammit | Mit dem Auto zum Gutshaus Sammit | schloss-alt-sammit.de Im frühen Herbst, nach Pilzen Ausschau halten Badesachen, Proviant 53.646212, 12.234548 (Gutshaus) Download GPX-Track

IN UND UM MALCHOW

Ohne Führerschein über die Seenplatte düsen

16 Bootsfahrt auf Malchower und Fleesensee

Leinen los und im Urlaub mal was Neues probieren: Auch als Einsteiger ohne Motorboot-Führerschein kannst du bei der Bootsvermietung Bootforfun auf der Insel in Malchow als Kapitän in See stechen. Mit einem Sport- oder Badeboot, das über Sonnenverdeck und Badeplattform mit Leiter verfügt, kannst du angeln oder die Natur entdecken. Mit dem Malchower und Fleesensee verfügt das Revier über tolle Seen. Auch der Plauer See, der siebtgrößte See Deutschlands, ist nicht weit entfernt.

Vom Bahnhof Malchow in 10 Min. zu Fuß zum Bootsverleih, Lange Str. 11 | Parkplatz am Stadthafen Malchow | bootforfun.de, €€€ Mai bis Okt. Badesachen, Proviant 53.474688, 12.428295 (Bootsverleih)

Mit Affenzahn auf der Sommerrodelbahn

17 Ausflug zur Rodelbahn und zum Affenwald Malchow

Sieben Steilkurven, sechs Schikanen, ein Höhenunterschied von 30 Metern: Auf der 800 Meter langen Rodelbahn in Malchow erwartet dich ein rasantes Abenteuer. Aufwärts geht es mit einem Schlepplift, rodeln dürfen Kinder ab drei Jahren. Das Tempo auf der Bahn ist mit einem Hebel steuerbar – nach der Fahrt weißt du, woher das geflügelte Wort vom Affenzahn kommt: In einem Naturgehege nebenan kannst du eine Berberaffen-Familie und Ouessantschafe besuchen, die kleinsten Schafe der Welt.

Von Malchow mit Bus 27 bis Krebssee | Mit dem Auto zum Parkplatz Karower Chaussee 6 | sommer

Am Ende der Waldgeister-Runde warten viele Badestellen am Plauer See

Vom Leuchttum kannst du den in Plau einlaufenden Schiffen zuwinken

rodelbahn-malchow.de, € (keine Kartenzahlung) April bis Okt., freitags geschl. 53.489811, 12.389839 (Parkplatz)

IN UND UM PLAU AM SEE

Waldgeister weisen den Weg

18 Einfache Wanderung bei Zislow zwischen Plauer und Großem Pätschsee, ca. 7 km, 2 Std.
Sagenumwoben sind die Baumgeister. Auf einem Pfad bei Zislow nehmen sie Gestalt an: Viele Bäume haben Gesichter, Äste werden zu Armen und Beinen. Vom Heimatmuseum geht es durchs Dorf zum Reich der Waldgeister, die den Weg weisen. Die Runde führt am Westufer des Großen Pätschsees durch prächtigen Wald und Hügellandschaft und am Ufer des Plauer Sees zurück. Auf dem Weg warten viele Badestellen und ein beeindruckender Blick über den See – vor allem bei Sonnenuntergang.
Von Plau am See mit dem Rundbus bis Zislow | Am Ortseingang rechts ein großer Parkplatz | erholungsort-zislow.de/tourismus Im Sommer zum Baden Badesachen, Proviant, Boots- und Fahrradverleih am Zislower Hafen 53.431061, 12.314201 (Start)

Seebad-Feeling am Leuchtturm

19 Einfache Stadtrunde in Plau am See mit Burg, Kanal und Leuchtturm, ca. 3 km, 1 Std.
Viel zu sehen gibt es auf der Runde durch die 6000-Einwohner-Stadt Plau am See. Los geht es auf dem Marktplatz mit seinem schönen Ensemble aus Fachwerkhäusern und der Pfarrkirche St. Marien – Besucher können die Aussicht vom Turm genießen. Nur wenige Schritte vom Marktplatz entfernt befindet sich die 1916 errichtete, stählerne Hubbrücke, die größte ihrer Art im Landesteil Mecklenburg. **Insider-Tipp** Mach von der Anlegestelle der Fahrgastdampfer nebenan eine Fahrt durch die Seenlandschaft. Am Ufer der Müritz-Elde-Wasserstraße, am Hafen, auf der langen Promenade mit Gaststätten und Bootsverleih bis zum Leuchtturm breitet sich Seebad-Atmosphäre aus. Die Aussicht von der Plattform ist prächtig. Nach einem Abstecher zum Burgturm mit Wallanlage geht's zurück zum Marktplatz.
Vom Bahnhof Plau am See zu Fuß 10 Min. zum Marktplatz | Mit dem Auto zum Parkplatz am Markt | Schiffahrt: plau-am-see.de/freizeit-aktiv/ausflugs ziele.html, €€–€€€ St. Marien und Kirchturm:

Auf der Elde startet man Richtung Hubbrücke, dann geht's weiter auf den Plauer See hinaus

Der Schau- und Lehrgarten in Wangelin zeigt die Vielfalt der heimischen Kräuter

tgl. von 9–18 Uhr geöffnet, Eintritt frei (Spende erwünscht), Leuchtturm: April bis Okt. 53.458179, 12.262833 (Marktplatz), 53.4608251, 12.276697 (Leuchtturm) Download GPX-Track

Leinen los zum Wasserwandern

20 Kanutour auf der Elde zum Plauer See, ca. 6 km, 2–3 Std.

Leinen los für ein Naturabenteuer, bei dem du tief eintauchst in das Reich der Wasservögel. Für eine Paddeltour ist der Plauer See hervorragend geeignet. Das Wassersportparadies kannst du sehr gut von der Basis des Plauer Kanuteams entdecken, die ein Stück landeinwärts am Ufer der Elde liegt. **Insider-Tipp** Von hier kann bei den Touren auf der Elde auch in Richtung Schwerin oder Dömitz gepaddelt werden. Eine zwei bis drei Stunden und sechs Kilometer lange Tour für Einsteiger führt von der Basis durch die Plauer Altstadt bis zum Plauer See und wieder zurück. Durch die geringe Strömung ist die Elde gut in beide Richtungen befahrbar. Zum Ausleih-Repertoire gehören Kajaks, Kanus und SUPs sowie auch die Verstaumöglichkeiten für Gepäck und Schwimmwesten – also alles, was nötig ist, damit es heißt: Leinen los!

Vom Bahnhof Plau am See in 15 Min. zu Fuß zum Plauer Kanuteam | Mit dem Auto zum Parkplatz, Lübzer Chaussee 17 B | kanuteam-plauamsee.de, € April bis Okt. Bade- und Wechselkleidung, Proviant 53.456402, 12.248918 (Start)

Spaziergang zwischen Schmetterlingen und Kräutern

21 Besuch des Wangeliner Gartens

Im Wangeliner Garten tauchst du tief in die Welt der Kräuter ein. Im Schmetterlingsgarten blühen Blumen und flirren bunte Falter durch die Luft, in der Erntezeit biegen sich die Äste der Obstbäume wegen der reifen Früchte. Es riecht betörend in diesem bunten Mix aus Zier-, Nutz- und pfiffigen Trickpflanzen. Bei der Tour warten außerdem viel Wissenswertes über Pflanzen, Kräuter und ihre oft heilsame Wirkung sowie ein Café und ein Gartenladen mit regionalen Produkten.

Mit dem Auto von Plau am See über die B103 Richtung Ganzlin, dann rechts Richtung Wangelin | wangeliner-garten.de, € April bis Okt. 53.396191, 12.181894 (Parkplatz)

DER SCHÖNSTE SONNENUNTERGANG

Romantische Abendstimmung

22 Am Strandbad am Ostufer des Inselsees

Sehr schöne Sonnenuntergänge kannst du am Ostufer des Güstrower Inselsees beobachten. Die Sonne versinkt dann in dem Gewässer – dabei kannst du über die Promenade schlendern.

Von Güstrow Bahnhof mit Bus 252 bis Inselsee | Mit dem Auto zum Strandhaus, Heidberg 5 *53.778382, 12.210271 (Strand)*

LOKALE SPEZIALITÄTEN
*UND WO DU SIE PROBIEREN KANNST

Früher ein Arme-Leute-Essen, ist Brathering mit Kartoffeln ein schnelles und gesundes Mittagsgericht, das bei einer Radtour nicht schwer im Magen liegt

Von der Kartoffel-Roulade bis Brathering und Lübzer Pilsner: In der seenreichen Region gibt es überall geräucherten Fisch. Was die Menschen von Güstrow bis Plau am See sonst noch gern essen und trinken, erfährst du hier.

Ein marinierter Klassiker

1 🍴 Brathering

Der Brathering steht weit oben auf der Liste der beliebtesten regionalen Gerichte – kein Wunder, das Meer ist nah und die Wege daher kurz. Der Fisch wird mehliert, gebraten und anschließend mit Essig, Wasser, Zucker, Zwiebelringen, Lorbeerblättern, Senf- und Pfefferkörnern mariniert, so nimmt der Hering seinen typischen Geschmack an. Bratheringe werden kalt mit Brot, Bratkartoffeln, Kartoffelpüree oder Pellkartoffeln serviert.

ℹ **Im Fischimbiss an der Hubbrücke in Plau am See** *gibt es dazu leckere Bratkartoffeln mit Remouladensauce | Große Burgstr. 3, Plau am See | imbiss-an-der-hubbrucke.business.site, €*

Pfiffige Kreation mit Erdapfel

2 🍴 Kartoffel-Rouladen

Die Roulade gibt es in vielen Varianten in der bürgerlichen deutschen Küche. Entweder wird ein Kartoffelteig mit herzhafter Füllung bestrichen, aufgerollt und gegart oder eine Unterlage aus mit Parmesan vorgebackenen Kartoffelscheiben.

ℹ **Im Gasthof Zwei Linden in Dobbertin** *sind die Kartoffel-Rouladen mit Hackfleisch und Sauerkraut gefüllt. Es gibt auch eine vegetarische Kreation mit Frischkäse und buntem Gemüse | Platz der Arbeit 1, Dobbertin | zwei-linden.com, €€*

Hopfentrank in vielen Variationen

3 🍴 Biere und Pilsner

Die Braukunst hat in der Mecklenburgischen Seenplatte eine lange Tradition: Vielerorts entstanden Brauereien, die den würzigen Trank aus Wasser, Malz und Hopfen brauen. Neben Pilsner werden auch Vollbiere, Böcke und Schwarzbiere gern getrunken. In der Lübzer Brauerei, eine der größten

Norddeutschlands, kannst du bei einer Führung in die Welt der Braukunst eintauchen und das Bier bei einer Verkostung trinken.

ℹ **In der mecklenburgischen Brauerei Lübz** *eine Führung mitmachen | Eisenbeissstr. 1, Lübz | luebzer.de, €€*

Ein knuspriges Erlebnis

4 Backfisch

Der Backfisch ist nicht nur sehr lecker, sondern steht geradezu für Urlaub im Norden: Er wird in einem Teigmantel gebacken oder frittiert und ist deshalb von einer knusprigen Panade umhüllt. Viele verschiedene Fischarten der Region werden als Backfisch zubereitet angeboten.

ℹ **Im kleinen Fischladen, Dat Hüdenhus, in Krakow am See** *bekommst du den Backfisch mit Remoulade und Salat im Brötchen | Goetheallee 11, Krakow am See | mueritzfischer.de/fischerhoefe/dat-huedenhus, €*

Hier findest du alles

5 Wochenmarkt in Güstrow

Die Früchte der Region entdecken am Fuße des Güstrower Doms: Auf dem Markt der Residenzstadt bieten viele Händler der Region ihre Produkte an.

ℹ *Markt 1, Güstrow | Di, Do (9–18 Uhr) und Sa (8–12 Uhr)*

Die Lübzer Brauerei besteht schon seit 1877 und ist einer der größten Arbeitgeber der Stadt

Vom Baumkronenpfad bei Ivenack blickst du über den uralten Eichenwald zum Ivenacker See

Mecklenburgische Schweiz

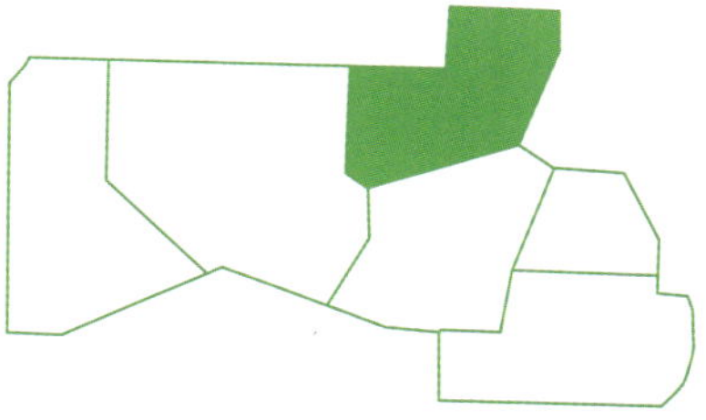

WEITES LAND UND HOHE GIPFEL

Eine herrliche Hügellandschaft, Wildnis, Vogel- und Wasserparadiese und uralte Bäume: In der Mecklenburgischen Schweiz haben sich viele Naturschätze angehäuft. In der ländlichen Weite wartet das Gegenteil des Großstadtlebens: Nur Dörfchen und wenige Landstädte wie Malchin, Teterow, Stavenhagen oder Dargun zerstreuen sich in der Natur. Wer durchpusten und Kraft tanken möchte, sollte sich viel Zeit in dem dünn besiedelten Landstrich rund um den Kummerower, Malchiner und Teterower See nehmen. Kein Wunder, dass hier die Ivenacker Eichen genug Zeit hatten, um zu knorrigen Baumriesen zu werden. Dazu gibt es den Klang der Wildnis wie im Peene-Durchbruchstal. Wo es viele Gipfel gibt, sind viele Aussichtspunkte: Das weite Land erstreckt sich wie ein bunter Teppich bis zum Horizont.

AUF EINEN BLICK

*MECKLENBURGISCHE SCHWEIZ

MARCO POLO

OUTDOOR-HIGHLIGHTS ★

★ Bei den Baumriesen am Ivenacker See

Uralte, riesige Eichen, ein Baumwipfelpad und Tiergarten, ein schöner Seerundweg – was will man mehr? → S. 96

★ Meck-Pomms schönste Aussicht erklimmen

Auf der Tour zum Röthelberg gibt es aber noch viel mehr zu entdecken → S. 98

★ Riesenbadewanne mit Meer-Atmosphäre

Eine Radtour um den Kummerower Sees führt einen zu malerischen und magischen Orten → S. 100

★ Paddeln auf dem Amazonas des Nordens

Eine Expedition von Verchen aus in das wilde Peenetal → S. 102

★ Wanderung in der Wildnis an der Ostpeene

Bei einer Wanderung durch das Durchbruchstal der Ostpeene bei Malchin hat der Alltag Pause → S. 104

Dargun
Demmin
Warrenzin
Altkalen
Kämmerich
Peene
Trittelwitz
Paddeln auf dem Amazonas des Nordens
Verchen
Schönfeld
Schorrentin
Lelkendorf
Warsow
Neukalen
Teterower Peene
Schlakendorf
Kummerower See
Meesiger
Borrentin
30 km, 30 Min.
Salem
Sommersdorf
Hohenbollentin
ohen Mistorf
22 km, 27 Min.
Wolkwitz
Gorschendorf
Kummerow
Lindenberg
Grammentin
DEUTSCHLAND
MECKLENBURG-VORPOMMERN
Malchin
Dahmer Kanal
Riesenbadewanne mit Meer-Atmosphäre
Ostpeene
Bei den Baumriesen am Ivenacker See
Augraben
Ivenack
26 km, 26 Min.
Gielow
edow
Gülzow
Reuterstadt Stavenhagen
Wanderung in der Wildnis an der Ostpeene
Liepen
Jürgenstorf
Ritzerow
Zettemin
Schwinkendorf
Faulenrost
Roseno
Kittendorf
Briggow
Tarno

OUTDOOR-HIGHLIGHTS

*DIE BESTEN ERLEBNISSE DRAUSSEN

Bei den Baumriesen am Ivenacker See ★

Den Ivenacker Eichen sieht man ihr Alter zum Glück an: Knorrig und mächtig stemmen sie sich in den Himmel. Vor rund 1000 Jahren schlugen die Riesen hier Wurzeln, sie gehören mit ihren gewaltigen Stammumfängen zu den stärksten Eichen Europas. Auf einem Baumwipfelpfad kannst du durch ihre Kronen wandeln und im Tiergarten unter anderem Wildpferde erleben.

Im Baumkronenpfad auf Augenhöhe mit den Ivenacker Eichen

Mächtig und stark ruhen sie seit rund 1000 Jahren in der Landschaft bei Ivenack: Die Ivenacker Eichen verströmen eine ganz besondere Aura. Kein Wunder, dass die Riesen im Jahr 2016 als erstes Nationales Naturmonument in Deutschland benannt wurden. Aber wie wurden die Eichen so groß? In den ersten Jahrhunderten wurde das Vieh zum Weiden in den sogenannten Hutewald getrieben, zu dem auch die Ivenacker Eichen gehören. Durch das Abfressen von Aufwuchs konnten sich einige Bäume besonders gut entwickeln. So findet man in dem Hutewaldgebiet mit 164 Hektar rund 240 Starkbäume, überwiegend Eichen. Die stärkste Eiche hat einen Umfang von mehr als elf Metern und eine Höhe von 35,5 Metern – sie ist damit die stärkste und älteste lebende Eiche Deutschlands, wahrscheinlich auch Mitteleuropas. Seit 2017 sind sie sozusagen ein begehbares Naturwunder: Dank eines 600 Meter langen Baumkronenpfads kann man den Riesen auf Augenhöhe begegnen. Von der Aussichtsplattform kannst du weit in die Mecklenburgische Schweiz und die Seenplatte schauen.

Ein Streifzug zu Wildpferden

Im weitläufigen Tiergarten mit seinen vielen Wegen rund um die Eichen herrscht buntes Treiben. Auf einer Wanderung wird vielerorts geschnaubt, gewiehert und gegrunzt: In dem Wildgehege leben alte Hausschweinrassen, Damwild und Wildpferde. Keine neumodische Idee, um Besucher anzulocken, sondern eine uralte Tradition: Als diese Eichen keimten, wurde das Gebiet durch den slawischen Stamm der Wilzen und später von Hirten des Zisterzienserklosters aus Ivenack als Waldweide genutzt. Weil sich Wild und Besucher im gleichen Gatter bewegen, entsteht der Eindruck, sich auf freier Wildbahn zu befinden. Nach einer Runde durch die riesigen Eichen führt die Route dann an einem schönen barocken Pavillon vorbei und am Westufer entlang um den beschaulichen Ivenacker See. Ein schöner Kulissenwechsel: Du wanderst durch ein Teilstück mit Weite und Wiesen. Schilf raschelt am Ufer und du kannst an einer Naturbadestelle am Südostufer ins Wasser springen. Außerdem warten viele Blicke auf den schönen See mit seiner kleinen Insel.

Die Tour im Überblick

Einfache Wanderung um den Ivenacker See, ca. 7,5 km, 2 Std.

Von Stavenhagen Bahnhof mit Bus 420 bis Ivenack | Mit dem Auto von Malchin über die B104 und B194 nach Basepohl, rechts abbiegen nach Ivenack | wald-mv.de/landingpage/baumkronenpfad, €€ (inklusive Tierpark)

April bis Okt.

Bequeme Schuhe, Badesachen, Proviant, Baumkronenpfad ist barrierefrei, Café und Imbiss am Tiergarten

53.716647, 12.951983 (Parkplatz)

✓ DOWNLOAD GPX-Track

Der Ivenacker Eichenwald (li.) ist ein Naturwunder, das du dir auf einem Baumkronenpfad (re.) erwandern kannst

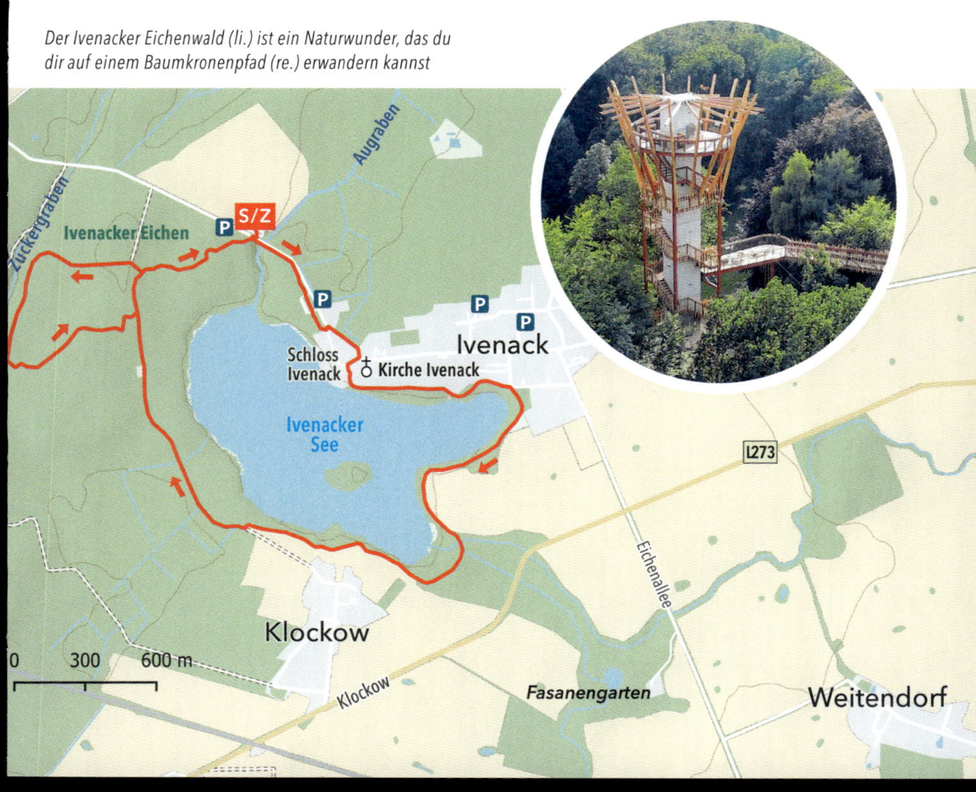

Meck-Pomms schönste Aussicht erklimmen ★

Die Schönheit der Mecklenburgischen Schweiz wird beim Blick vom Röthelberg bei Burg Schlitz besonders deutlich: Die Hügellandschaft verebbt in der Ferne, ein von Bäumen umrahmter See schmiegt sich malerisch ins Tal. Hier kann man sich ein Kunstwerk aus Natur und wundervollem Landschaftspark erwandern.

Von Burg Schlitz auf den Röthelberg

Die Landschaft, die Hans Graf von Schlitz vorgefunden hatte, als er diesen prächtigen Park plante, war bereits elegant durch die Eiszeit geformt. Mit feinem Pinsel gestaltete er ein Gesamtkunstwerk. Höhepunkt des Landschaftsparks: der rund 100 Meter hohe Röthelberg, von dessen Kuppe dich eine grandiose Fernsicht auf die Mecklenburgische Schweiz erwartet. Aber auch sonst hat das weitläufige Kleinod mit seinen Alleen, ehrwürdigen alten Bäumen, versteckten Teichen und 36 Denkmälern in Form von Obelisken, Grotten und Säulen sowie unzähligen beschaulichen Plätzen viel zu bieten. Kein Wunder, dass die Fertigstellung des nach englischem Vorbild gestalteten Parks mehr als 50 Jahre dauerte. Mit dem im Jahre 1905 von Walter Schott, dem bekannten deutschen Bildhauer und Medailleur, geschaffenen Nymphenbrunnen verfügt der Park neben vielen seltenen Pflanzen und Bäumen über ein weiteres Juwel. **Insider-Tipp** Ein Skulpturenweg von Burg Schlitz nach Görzhausen greift die Idee des Grafen auf: Hier erwartet dich Kunst der Gegenwart, die sich in die Natur einfügt.

Auf Entdeckungstour im Landschaftspark von Burg Schlitz

Die Wanderung beginnt am weißen, prächtigen Schloss Burg Schlitz. Von dort geht es hinunter ins Tal, wo in Karstorf der Straßensee mit einem Pavillon samt Badestelle lockt. Dann schlängelt sich

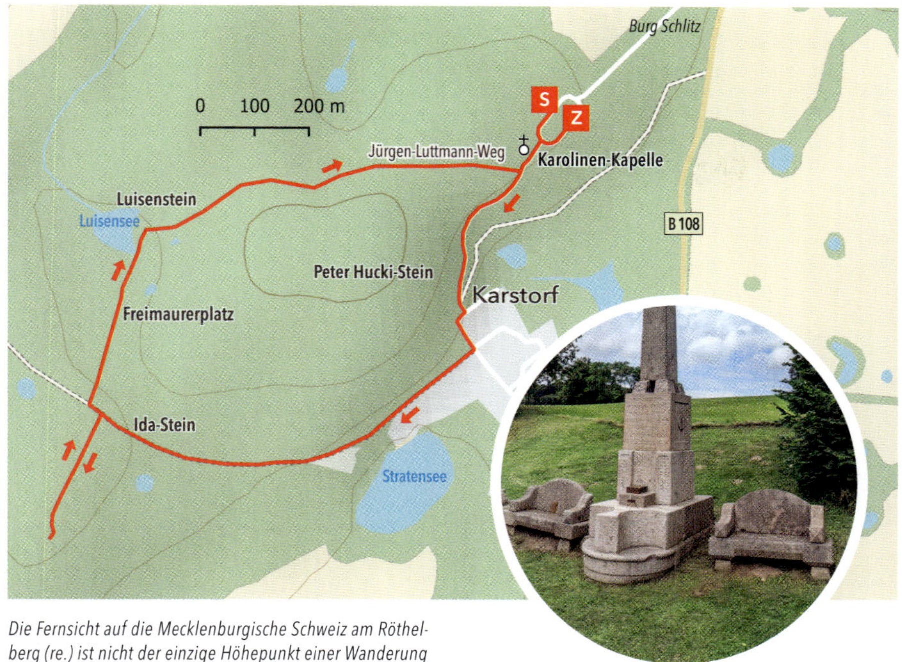

Die Fernsicht auf die Mecklenburgische Schweiz am Röthelberg (re.) ist nicht der einzige Höhepunkt einer Wanderung durch den Landschaftspark bei Burg Schlitz (li.)

der Weg durch Wald und Wiesen hinauf zum Röthelberg. Prächtige Eichen spannen sich über den Pfad, die Sonne schimmert durch das Blätterdach. Noch ein paar Schritte, dann breitet sich die Hügellandschaft der Mecklenburgischen Schweiz vor dir aus: ein Kunstwerk aus Feldern, Wäldern und Bauminseln. Ein blauer, leicht bewölkter Himmel und Sonnenschein vervollkommnen das monumentale Stillleben. Vom Röthelberg hast du sicher eine der schönsten Fernsichten in der Region. Auf dem Gipfel steht ein Picknickplatz für dich bereit – nun ist Genießen und Fernsehen angesagt. Auf dem Rückweg wanderst du durch eine malerische Obstbaumallee, ein paar Schritte weiter funkelt der Luisensee im Wald. Von dem Waldgewässer geht es über Nymphenbrunnen und Karolinenkapelle zurück zur Burg Schlitz.

Die Tour im Überblick

Einfache Wanderung im Landschaftspark bei Burg Schlitz, ca. 3 km, 1 Std.

Von Teterow Bahnhof mit Bus 231, 232 nach Burg Schlitz | Mit dem Auto von Teterow auf der B108 Richtung Waren, Parkplatz am Gasthof Zum Goldenen Frieden

Im Frühsommer, wenn das Land üppig grünt, ist die Aussicht besonders imposant
Bequeme Schuhe, Badesachen, Proviant für ein Picknick
53.700994, 12.542194 (Burg Schlitz), 53.695701, 12.526605 (Röthelberg), 53.702262, 12.521982 (Görzhausen)

DOWNLOAD GPX-Track

Riesenbadewanne mit Meer-Atmosphäre ★

Der Kummerower See erinnert wegen seiner ovalen Form an eine Riesenbadewanne: Groß und mächtig ruht Deutschlands achtgrößter See in der Landschaft. Und drum herum? Gibt es eine Schweiz, Westeuropas größtes Niedermoorgebiet, Traumstrände, Aussichtspunkte und hin und wieder eine ordentliche Brise Meer-Atmosphäre.

Das Vogelparadies am Kummerower See

Auf dem Kummerower See, der klar und mächtig in der Landschaft ruht, gleißt und glitzert die Morgensonne. Von den Hügeln der Mecklenburgischen Schweiz oberhalb des Dorfes Salem hat man einen hervorragenden Blick auf den viertgrößten See Mecklenburg-Vorpommerns. Weil das elf Kilometer lange und rund vier Kilometer breite Gewässer kaum Einbuchtungen hat, sorgen die langen Sichtachsen für Lichtspiele der Extraklasse. Am Nordwestufer beginnt eines der größten zusammenhängenden Niedermoorgebiete Mittel- und Westeuropas. Das Sumpfland bei Neukalen bevölkern riesige Vogelschwärme. Gemeinsam mit dem Malchiner See bildet der See das Herzstück des Naturparks Mecklenburgische Schweiz und Kummerower See und ist ein beliebtes Wassersportrevier. Mit dem Fahrrad können die Uferregionen bestens erkundet werden: Das Wegenetz ist gut ausgebaut, viele Schilder halten dich auf Kurs. Besonders reizvoll ist die große Runde um den See.

Zu den Vogelschwärmen im Niedermoorgebiet

Am Großen Rosin ist wieder mal großes Spektakel: Eine gewaltige Vogelschar kreischt und schwimmt auf der Wasserfläche. In den Ästen abgestorbener

Bäume hocken Vögel, die an Matrosen in der Takelage eines Segelschiffs erinnern. Der Platz auf dem Aussichtsturm ist einer der vielen magischen Orte bei einer Radtour um den Kummerower See. Nach dem Start in der Landstadt Malchin rollst du am Westufer am Rande der Mecklenburgischen Schweiz entlang. Kühe grasen auf den Wiesen am Wegesrand, Hügelketten recken sich in die Landschaft. Viele weitere Orte stehen auf dem Tourplan: Nach Große Rosin kommt Aalbude, wo du mit einer kleinen Fähre über die Peene setzt. **Insider-Tipp** In Verchen locken herrliche Strände. Am Ostufer hebt sich das Land. Vom Sattel kann man weit über den See schauen, über dem sich die Sonne in den Feierabend verabschiedet. Flammen scheinen über der Wasserfläche zu züngeln, im Abendrot geht es nach einer herrlichen Radtour zurück nach Malchin.

Die Tour im Überblick

Mittelschwere Radrundtour um den Kummerower See, ca. 50 km, 4 Std.

Mit der Regionalbahn nach Malchin, zu Fuß 10 Min. zum Marktplatz | Mit dem Auto über die B104 von Teterow nach Malchin, Parkplatz nördlich des Marktes

6. April bis 15. Okt. (Fährbetrieb bei Aalbude, €). Im Sommer zum Baden, im Herbst für die Zugvogelschwärme

Tourenrad, Badesachen, Proviant, Smartphone (GPS-Daten in Touren-App)

53.739481, 12.762674 (Start), 53.846897, 12.885016 (Große Rosin)

✓ DOWNLOAD GPX-Track

Vom Aussichtspunkt Große Rosin hat man den besten Blick über das Sumpfland bei Neukalen (li.), das ein wichtiges Vogelschutzgebiet (re.) ist

Paddeln auf dem Amazonas des Nordens ★

Ein Refugium für seltene Tierarten, eine wilde Wasserlandschaft und einfach schön: Das Peenetal, das auch Amazonas des Nordens genannt wird, trägt seinen großen Beinamen völlig zu Recht. In dem gewaltigen Reich aus Schilf und Wasser regieren Fischreiher und Biber. In Verchen kann man auf Expedition gehen und lospaddeln – und auf dem trägen Strom wunderbar entschleunigen.

In einem der größten Niedermoorgebiete auf der Peene

Am Wasserwanderplatz Aalbude beginnt ein ganz besonderes Stück Mecklenburg-Vorpommern: An der kleinen Fährstation fließt die Peene aus dem Kummerower See ab, strömt durch ihr breites Flussbett ganz langsam der Ostsee entgegen. Diese Trägheit ist die Keimzelle des Amazonas des Nordens mit seinen zahllosen Nebenarmen, Torfstichen und den urwaldähnlichen, üppigen Ufern. Denn: Das Gefälle des rund 85 Kilometer langen Stromes, der bei Anklam in den Ostseearm Peenestrom mündet, beträgt nur 24 Zentimeter. In der unberührten Flusslandschaft konnte sich auf einer Breite von 500 bis 700 Metern eines der größten Niedermoorgebiete Mittel- und Westeuropas entwickeln. Hier haben seltene Moorpflanzen und Schmetterlinge wie der Große Feuerfalter eine Heimat gefunden. Kein Wunder, dass der Urwald als Urlaubsgeheimtipp gilt. Von Verchen am Nordufer des achtgrößten deutschen Sees aus kannst du eine beeindruckende Paddeltour auf der Peene unternehmen.

Auf der Peene durch den Urwald

Irgendwo hinter der Aalbude stehen die Paddel und die Zeit still. Einfach treiben lassen in der Sonne, ganz langsam gleitet das Kanu in einem Nebenarm der Peene durch die Welt aus Schilf

Erst geht es mit dem Kanu hinaus auf den Kummerower See, dann hinein in die Wildnis der Peene, die von Aalbude aus mit vielen Seitenarmen durch schönste Landschaft mäandert

und Wasser. Die Sonne steht auf dem Fluss und auch das Boot, denn hier ist Stillstand angesagt. Mehr Entschleunigung geht kaum als im Naturpark Flusslandschaft Peenetal. Libellen surren, hin und wieder kreischt einer der vielen Vögel.

8 Kilometer lang ist die Tour von Verchen nach Trittelwitz und wegen des trägen, friedlichen Stroms auch für Einsteiger bestens geeignet. Und: Weil die Tour an der Kanustation am Nordufer des Kummerower Sees begonnen hat, erwartet dich ein Wechsel zwischen Weite und Wildnis, klarem Wasser und der schwer zu durchschauenden Peene. Nach dem ruhigen Auftakt beginnt der sportliche Teil: Wir nehmen Fahrt auf und paddeln dem Wasserwanderplatz Trittelwitz entgegen. Angler präsentieren einen kapitalen Hecht. Es gibt ein opulentes Picknick, bevor der Shuttleservice die Boote samt Besatzung wieder einsammelt.

Die Tour im Überblick

Einfache Paddeltour von Verchen durch das Peenetal, ca. 8 km, 3 Std.

Von Demmin mit Bus 301 nach Verchen | Mit dem Auto von Malchin über die B104 und B194 zur Kanustation Verchen | abenteuer-peenetal.com, €€€ (Boot inkl. Rücktransport von Trittelwitz, Start 9:30, Rückkehr ab 12:30 Uhr)

Mitte April bis Anfang Okt. (Bootsverleih geöffnet), Nebensaison ist ruhiger
Boot, Bade- und Wechselkleidung, Proviant für ein Picknick
53.849608, 12.900457 (Start)

DOWNLOAD GPX-Track

Wanderung in der Wildnis an der Ostpeene ★

Wie die Natur klingt? Am Hohen Timpen, Aussichtspunkt und Sehnsuchtsort, kannst du es hören, sehen und spüren. Hier bahnt sich die Ostpeene mit lautem Rauschen ihren Weg durch eine Hügelkette. Bei der Wanderung durch das Durchbruchstal bei Malchin verströmen Berg- und Geräuschkulisse eine ganz besondere Atmosphäre.

Im Durchbruchstal der Ostpeene

Der Platz ist gut gewählt, in mehrfacher Hinsicht: Die Ostpeene hat sich hier, am Hohen Timpen südlich von Malchin, ein besonders schönes Stück Mecklenburg-Vorpommern für ihren Durchbruch nach Norden ausgesucht. Hoher Timpen heißt auf Niederdeutsch Steilhang – ein passender Name, weil sich die Hügel am Bachbett hoch aufrichten. Vom Aussichtspunkt hast du die perfekte Sicht auf die ungezähmte Natur unten im Tal. Bevor der Fluss in den Kummerower See fließt, tost er durch sein steiniges Bett, Strudel glucksen. Kein Wunder, dass die Ostpeene auch zum Refugium für viele Pflanzen und Tiere geworden ist. Eisvogel, Gebirgsstelze und Wasseramsel haben hier ihren Lebensraum gefunden. In dem Naturschutzgebiet ist beispielsweise auch eine seltene Kalkbinsenwiese entstanden. **Insider-Tipp** Hier erwarten dich viele Blumen am Waldrand und ein überdachter Rastplatz, an dem du bei deiner Wanderung eine willkommene Pause machen kannst.

Wanderung am wilden Wasser

Unzählige Buchenblätter funkeln in der Sonne. Ein Schirm aus grünen, leuchtenden Farbtupfern spannt sich über das dunkle, kühle Bachbett. Und dieses sanfte Rauschen! Das Glucksen und Murmeln der Ostpeene, die sich hier durch den Hohen

Bei einer Wanderung durch das Naturschutzgebiet Ostpeene südlich von Malchin rauschen Fluss und Bäume um die Wette und du kannst dich am Grün richtig satt sehen

Timpen fräst, sorgt für eine ganz besondere Atmosphäre. Zeit zum Verweilen, Genießen, die Augen zu schließen und durchzupusten – der Alltag hat Pause, während das Wasser im wilden Flussbett zwischen den Steinen rauscht. Am Rastplatz vermischt sich dann dampfender heißer Kaffee mit dem würzigen Atem des Waldes und der Feuchtwiesen, die sich hier ausbreiten. 4,5 Kilometer lang ist die kurze Variante der Tour im Durchbruchstal der Ostpeene, eine Art Schnupperkurs im Grünen. Durch einen prächtigen Wald geht es vom Wanderplatz am Westufer des Flusses zum Hohen Timpen, dann weiter zu einem schönen Rastplatz und wieder zurück. Wer möchte, kann am Rastplatz weiter dem Fluss folgen, über eine Holzbrücke etwas nördlich ans andere Ufer übersetzen und über Pinnow und Demzin zum Ausgangspunkt zurückkehren.

Die Tour im Überblick

Einfache Wanderung zur Ostpeene am Hohen Timpen, ca. 4,5 km, 1,5 Std.

Mit dem Auto von Malchin auf der L 202 Richtung Demzin zum Waldparkplatz in der Benz | Hier gibt es eine detaillierte Übersichtskarte (längere Variante ca. 13 km, 4,5 Std.)

Sehr schön im Frühjahr, wenn das Durchbruchstal in zartes Grün gehüllt ist
Feste Schuhe, Proviant für ein Picknick, Mückenschutz
53.679043, 12.775824 (Start)

DOWNLOAD GPX-Track

MEHR ERLEBEN

*WEITERE ABENTEUER & AUSFLÜGE

Dargun hat mit einem Slawen- und Walderlebnispfad, Kloster, einer Schlossruine und dem Klostersee viel zu bieten

Noch mehr entdecken in der Mecklenburgischen Schweiz: Auf den Spuren eines alten Slawenvolks in Dargun. Auf einem Höhenweg und bei einer sprudelnden Quelle in Neukalen. Die schönsten Strände des Kummerower Sees bei Verchen. Die Weite der dünn besiedelten Hügellandschaft bei Teterow und architektonische Kleinode rund um Basedow. Viel Weite, Wildnis und Natur zum Krafttanken und Durchatmen warten auf dich.

IN UND UM DARGUN

Rätseln mit den Zirzipanen

1 Einfache Wanderung auf dem Slawenpfad in Dargun, ca. 1,5 km, 1 Std.

Was für ein Unterschied zu damals: Früher, als die Zirzipanen, ein Slawenstamm, nordwestlich der Kleinstadt Dargun im 8./9. Jahrhundert siedelten, herrschte reges Treiben. Eine trutzige Schutzburg wurde errichtet. Inzwischen ist Stille eingezogen zwischen den Erdwällen mitten im Wald, nur Vögel zwitschern. Auf dem „Slawenpfad" kann man nun mit spannenden Infotafeln und Illustrationen die Welt von damals lebendig werden lassen. Die mächtigen Wälle der Burganlage sind noch gut zu erkennen, auch wenn sie von stattlichen Bäumen überdacht werden. Ruhepunkte und zwei Spielanlagen gehören zum Erlebnispfad nordwestlich der 4400-Einwohner-Stadt. Wer die Texte an den Stationen aufmerksam liest, kann am Ende vielleicht das Lösungswort für ein Rätsel finden.

Von Demmin mit Bus 401 nach Dargun | Mit dem Auto über die B110 zum Parkplatz an der Pfarrkirche | Übersichtskarte am Eingang | slawenpfad-dargun.de Im Frühjahr Feste Schuhe, Proviant 53.905655, 12.839570 (Parkplatz)

Vom Klostersee ins weite Land

2 Einfache Radrundtour am Klostersee und der Schlossruine Dargun, ca. 13 km, 1,5 Std.

Stattlicher Wald, eine weite Flusslandschaft und eine beeindruckende Klosterruine: Die Tour rund ums Städtchen Dargun – der „doppelte" Rundkurs hat die Form der Ziffer 8 – hat eine Menge zu bieten. Start- und Knotenpunkt bilden die imposanten Mauern der Schlossruine mit Park und Aussichtsturm. Dann geht es durch den Wald am Westufer entlang des

Die Kloster- und Schlossanlage in Dargun kann während Führungen besichtigt werden und ist ein beliebter Veranstaltungsort für Musikevents

Klostersees, den Zisterzienser-Mönche im 12. Jahrhundert angelegt haben, zur schönen Badeanstalt mit Strand. Du radelst unter prächtigen Bäumen und am Fuß einer sanften Hügelkette entlang. Es gibt einen überdachten Rastplatz im Grünen, Steganlagen und viel Ruhe. Am Ende des Sees am Dörgeliner Damm zweimal links halten und zurück zur Schlossruine radeln. Dort Richtung Levin mit seiner Kirche orientieren, im Dorf rechts halten und hinter dem Landwirtschaftsbetrieb rechts abbiegen. Und: den herrlichen Blick über das weite Land genießen.
Von Demmin mit Bus 401 nach Dargun | Mit dem Auto über B110 und Klosterdamm zum Parkplatz an der Schlossruine · Im Sommer zum Baden · Tourenrad, Badesachen, Proviant für ein Picknick · 53.891485, 12.857805 (Parkplatz) · Download GPX-Track

Relaxen im Strandkorb

3 Baden im Strandbad Klostersee Dargun und Walderlebnispfad, ca. 4 km, 2 Std.

In die Sonne blinzeln, wenn das Nass die Füße kühlt, von der Badeinsel ins Wasser springen: Im Strandbad am Klostersee gibt's das komplette Paket, feinen Sand, Strandkörbe, Umkleiden, Imbiss und Spielplatz inklusive. Wer das Baden mit einem Spaziergang in der Natur verbinden will, kann auf dem Walderlebnispfad durch einen prächtigen Wald und über ein Moor wandern, ein Wildschwein-Labyrinth erkunden oder Fährten lesen üben.
Von Demmin mit Bus 401 nach Dargun | Mit dem Auto über B110 und Klosterdamm zum Parkplatz an der Schlossruinen, 10 Min. zum Bad | dargun.de/freizeit.html (Öffnungszeiten), Eintritt frei · Im Sommer zum Baden · 53.895365, 12.848409 (Bad) · Download GPX-Track

Im Strandbad am Klostersee in Dargun fühlt es sich an wie an der Ostsee

Mit der Draisine durchs Hügelland

4 Tagesausflug mit der Raddraisine von Dargun nach Salem, ca. 33 km, 6 Std.

Bequem und entspannt mit der Draisine durch die Mecklenburgische Schweiz fahren: Von Dargun nach Salem und zurück schlängelt sich die stillgelegte Bahnstrecke abseits bekannter Straßen durch das Land. In Salem wartet ein Picknickplatz mit einem herrlichen Blick über den Kummerower See. **Insider-Tipp** Zurück in Dargun lohnt sich ein Besuch der beeindruckenden Kloster- und Schlossanlage unweit der Draisinenstation.

Auf einer stillgelegten Bahnstrecke rollst du mit einer Draisine von Dargun nach Salem

Von Demmin mit Bus 401 nach Dargun | Mit dem Auto über B110 zum Draisinenbahnhof, Bahnhofstr. 1A, naturpark-draisine.de, €€€ (4 Pers. pro Draisine inkl., keine Kartenzahlung) April bis Nov. (Mo geschl.), Ausgabe 9–11 Uhr, Reservierung notwendig Proviant für ein Picknick 53.896915, 12.860408 (Start)

IN UND UM VERCHEN

Kleckerburgen bauen und den Schweiz-Blick genießen

5 Badetag mit einfacher Uferwanderung von Gravelotte nach Sommersdorf, ca. 9 km, 2,5 Std.

Der helle Strand bei Gravelotte erstreckt sich lang und breit am Nordostufer des Kummerower Sees. Durch den sanften Einsteig kann man weit ins Wasser laufen und den Blick über die Hügel der Mecklenburgischen Schweiz schweifen lassen. Der Strand ist ein Buddelparadies für Kinder: Hier können sie nach Herzenslust Kleckerburgen bauen. Bäumen spenden Schatten, eine große Liegewiese lädt ein zum Verweilen, es gibt einen kleinen Hafen und einen Hundebadestrand. Für eine Wanderung in Ufernähe empfiehlt sich ein Wanderweg Richtung Süden nach Sommersdorf (ca. 4,5 Kilometer einfach). **Insider-Tipp** Gönn dir zurück in Gravelotte auf dem Campingplatz nebenan ein Eis, während du zusiehst, wie die Sonne im Westen über dem See untergeht.

Mit dem Auto von Demmin über B194 bis Borrentin, dann über Meesiger zum Strand Gravelotte, Kummerower See Im Sommer zum Baden Badesachen, Proviant 53.824587, 12.911957 (Strand Gravelotte)

Sich wie am Gardasee fühlen

6 Badetag mit einfacher Uferwanderung von Verchen nach Gravelotte, ca. 8 km, 2 Std.

Das gegenüberliegende Ufer des Kummerower Sees im Süden ist nur ein winziger Streifen am Horizont. Gleich mehrere Strände und Liegewiesen locken bei Verchen auf den ausladenden Uferstreifen (auch ein Hundebadestrand) mit Kinderspiel- und Picknickplatz. Der flache Einstieg ist für Kinder bestens ge-

Während einer Uferwanderung von Gravelotte nach Sommersdorf hast du bei der Wahl der besten Badestelle die Qual

Durch Wiesen und Wälder führt der Höhenweg von Salem nach Gorschendorf

eignet. Eine schöne Uferwanderung führt auf dem Naturerlebnispfad „Verchener Seeberge" zum Hafen Gravelotte – von einem Holzturm wartet ein schöner Blick über See und Hügellandschaft, die sich hier mehr als 30 Meter hoch erhebt. **Insider-Tipp** In Verchen kannst du am Strand Boote ausleihen.

Von Demmin mit Bus 301 nach Verchen | Mit dem Auto von Malchin über die B104 und B194 nach Verchen, Kummerower See | Kanustation Verchen: abenteuer-peenetal.com, €€€ Im Sommer zum Baden Badesachen, Proviant 53.849271, 12.900942 (Strand Verchen) Download GPX-Track

IN UND UM NEUKALEN

Hoch hinaus auf dem Höhenweg von Salem und Gorschendorf

7 Mittelschwere Rundwanderung auf dem Höhenweg Salem, ca. 5,2 km, 2 Std.

Auf dem Weg, der sich von Salem auf den Ausläufern der Mecklenburgischen Schweiz entlangschlängelt, geht es hoch hinaus. Immer im Blick: die Hügellandschaft und der Kummerower See. Der Rundkurs startet am Dorfplatz in Salem. Von hier geht es rechts an einem kleinen Rastplatz vorbei (anschließend links halten) auf den Heesterberg zum Aussichtspunkt „Gorschendorf" mit herrlicher Fernsicht bis Malchin. Dann links ein Stück den Berg hinunter, rechts quer über die Wiesen an einem Zaun ins Tal. Dort rechts halten (Richtung Retzow/Linstow) und am Waldrand links abbiegen. Von hier führt der Höhenweg Richtung Gorschendorf. Entweder läufst du auf dem Höhenweg zurück oder von Gorschendorf am Fuß der Bergkette entlang.

Von Malchin mit Bus 401 nach Salem | Mit dem Auto von Malchin über Gorschendorf | In Salem gibt es auch einen Wasserwanderplatz Ganzjährig, schön zum Sonnenaufgang Feste Schuhe, Fernglas, Proviant 53.791004, 12.807138 (Start) Download GPX-Track

Auf zum Gipfel der Schweiz

8 Mittelschwere Rundwanderung von Pohnstorf auf den Hardtberg, ca. 9 km, 3,5 Std.

Die Tour führt dich auf den Hardtberg (124,5 m), den höchsten Punkt der Hügelkette. Beim Streifzug durch das Herz der Bergregion erkundest du ein stilles, idyllisches Mecklenburg. Schon kurz

Einfach laufen lassen: Von Gülitz nach Gorschendorf am Kummerower See geht es immer bergab

Weit geht der Blick vom Rastplatz bei Pohnstorf über wogende Getreidefelder

nach dem Start in Pohnstorf geht der Blick weit über das Land. Im Sommer schaust du auf ein wogendes, grünes und kornfarbenes Meer. Dann verschwindet der Weg in einem prächtigen Wald, der auf der ersten Hälfte der Tour für kühlen Schatten sorgt. Wenig später windet sich rechts ein Pfad hinauf zum Hardtberg. Es geht weiter unter Buchen zu einem Abstecher nach Hagensruhm mit seinem Denkmal zu Ehren des tapferen Hundes Hagen. Der Legende nach rettete er einem Jäger bei der Jagd nach einem übergroßen Wildschwein das Leben. Das nächste Etappenziel ist Hohen Mistorf. Von hier aus geht es zurück nach Pohnstorf. **Insider-Tipp** Kurz vor dem Ziel befindet sich ein Rastplatz mit schönem Blick bis zum Teterower See.

Von Teterow mit Bus 246 nach Pohnstorf | Mit dem Auto über Alt Sührkow zum Parkplatz in Pohnstorf *An einem Tag mit guter Sicht* *Feste Schuhe, Proviant für ein Picknick* *53.802131, 12.681704 (Parkplatz)* *Download GPX-Track*

Mit dem Rad durchs Zentralmassiv

9 Mittelschwere Radrundtour von Neukalen über Pohnstorf nach Salem, ca. 24 km, 2,5 Std.

Ein Hauch Irland kommt auf bei Gülitz: Grüne Hügel wölben sich vorm Lenker, im Tal schimmert der Kummerower See. Eine grandiose Abfahrt nach Gorschendorf steht bevor, eine der vielen schönen Passagen auf diesem Rundkurs. Zunächst rollst du durch ein weites Tal Richtung Schlakendorf und musst hinter Pohnstorf das „Zentralmassiv" der Mecklenburgischen Schweiz mit dem 124,5 m hohen Hardtberg bezwingen. Es holpert auf dem naturbelassenen Weg nach Hagensruhm. Aber herrliche Bäume sorgen für Schatten beim Radwandern. Ab Gülitz geht es dann auf gutem Asphalt und am Kummerower See entlang über Salem nach Neukalen zurück mit seinem schönen Marktplatz und der Pfarrkirche St. Johannes. Ständiger Begleiter auf der Schlussetappe: herrliche Blicke auf den Kummerower See wie am Rastplatz oberhalb von Salem.

Von Malchin mit Bus 401 nach Neukalen Markt | Mit dem Auto über die L20 nach Neukalen *Im Sommer zum Baden* *Tourenrad, Badesachen, Proviant für ein Picknick* *53.823594, 12.790673 (Parkplatz am Markt)* *Download GPX-Track*

Der Kummerower See ist ein super Segelrevier – bei einem Kurs lernst du die Grundlagen

Erfrischung finden an der Schnurstein-Quelle

10 Einfache Radrundtour von Neukalen über Lelkendorf nach Karnitz, ca. 20 km, 2 Std.

Die Quelle kommt wie gerufen: Das Wasser sprudelt klar und kühl, eine willkommene Erfrischung im Tal hinter Lelkendorf. Es gibt viel zu entdecken und zu genießen bei der Rundtour von Neukalen, die zunächst nach Lelkendorf auf einen Höhenzug führt. In Lelkendorf mit schönem Dorfkern und prächtigem Schloss erst zum Schloss abbiegen, dann Richtung Karnitz radeln. Natur hüllt dich ein an der kleinen Weggabelung an der Teterower Peene, die später in den Kummerower See mündet: Kuh- und Schafherden weiden, knorrige Erlen stehen Spalier, am Himmel kreisen Greifvögel. Es holpert zwar hier und da auf dem unbefestigten Weg, aber die Landschaft ist herrlich. **Insider-Tipp** In den Sommermonaten kannst du dich im Karnitzer Gartenlokal mit kreativen Gerichten aus lokalen Zutaten stärken (karnitzer-gartenlokal.de). Über Schlakendorf führt dich der Rundkurs dann wieder zurück nach Neukalen.

Von Malchin mit Bus 401 nach Neukalen Markt | Mit dem Auto über die L20 nach Neukalen Im Frühsommer, wenn das Land in voller Blüte steht Tourenrad 53.823594, 12.790673 (Parkplatz), 53.825410, 12.737562 (Schnursteinquelle) Download GPX-Track

Das Abc des Segelns lernen

11 Segelkurs in Salem auf dem Kummerower See

Du wolltest immer schon lernen, wie man die Segel setzt? In Salem am Ufer des Kummerower Sees bietet sich die perfekte Gelegenheit dazu: Bei einem Schnupperkurs für Anfänger (Kinder und Erwachsene) der Segelbasis Salem lernt man an drei Tagen die Grundlagen des Segelns mit Theorie und viel praktischer Übung. Man gleitet vor traumhafter Kulisse am Fuße der Mecklenburgischen Schweiz über das Wasser – mit wenig Bootsverkehr ein echter Geheimtipp fürs Segeln. Auf Wunsch buchbar: Frühstück, Halb- oder Vollpension. Übernachtung im familienfreundlichen Ferienland Salem oder auf dem Zeltplatz.

Am Gutshaus Pohnstorf können die Kids einen Alpaka-Führerschein machen

Von Malchin mit Bus 401 nach Salem | Mit dem Auto über Gorschendorf bis zur Segelbasis Salem auf dem Gelände des Ferienlandes Salem | segelbasis.de, €€€ Mai bis Sept.
Badesachen, feste Schuhe, Windjacke
53.794453, 12.811187 (Segelbasis)

Tierisch unterwegs

12 Alpakawanderung rund um das Gutshaus Pohnstorf, ca. 2 Std.

Gemeinsam mit Alpakas kann man vom Gutshaus Pohnstorf aus auf Tour über die Wiesen und Felder gehen. Die wolligen, aus Südamerika stammenden Kamele sind besonders ruhig und friedlich und werden wegen ihres Charakters auch bei der tiergestützten Therapie eingesetzt. Während der Wanderung (zwei Personen führen ein Tier) mit tollen Ausblicken gibt es jede Menge Infos über Alpakas allgemein und die Tierwelt der Region. Kinder können hier einen Alpaka-Führerschein machen. **Insider-Tipp** Am Ortsausgang Richtung Hohen Mistorf liegt ein Picknickplatz mit wundervoller Aussicht.

Von Teterow mit Bus 246 nach Pohnstorf | Mit dem Auto über Alt Sührkow zum Gutshaus Pohnstorf | alpakawandern.de, €€€ Juli und Aug.
Feste Schuhe 53.802103, 12.681754 (Start)

Die Stadt Teterow ist auch für die Motorradrennen auf dem Bergring bekannt

IN UND UM TETEROW

Wandern durch die Heidberge

13 Mittelschwere Rundwanderung in die Hügel um Teterow, ca. 13 km, 3,5 Std.

In Teterow liegt der geografische Mittelpunkt Mecklenburg-Vorpommerns. Bei dieser Tour streifst du die beiden Wandergebiete Hohes Holz und Teterower Heidberge mit prächtigen Wäldern und weiten Hügeln. Nach dem Start im historischen Stadtzentrum geht es Richtung Bergring, einer berühmten Naturcrossstrecke, dann rechts ab in die Heidberge. Frische Waldluft umweht dich, die Blätter der Bäume rauschen im Appelhäger Forst. Auf dem Weg über Mieckow zurück nach Teterow läufst du durch die herrliche Hügellandschaft der Mecklenburgischen Schweiz. **Insider-Tipp** Ein schöner Höhepunkt auf der Schlussetappe: der weite Blick ins Land und auf die Dächer Teterows vom 21 Meter hohen Aussichtsturm Ehrenmal Teterow. Teterow kann bei einem digitalen Stadtrundgang erkundet werden. An 13 Stationen scannt man dazu die QR-Codes auf den Erklärtafeln zu den Sehenswürdigkeiten.

Bauminseln ziehen vorbei, während man bei Appelhagen durchs Land radelt

Bei Wendischhagen entlohnt der Blick auf den Malchiner See für alle Mühen

Mit der Regionalbahn nach Teterow, 10 Min. zu Fuß zum Marktplatz | Mit dem Auto über die B104 oder B108, Parkplatz außerhalb der Altstadt *Frühling bis Herbst* Feste Schuhe, Proviant, Smartphone 53.774031, 12.575000 (Marktplatz), 53.773104, 12.571657 (Parkplatz) *Download GPX-Track*

Durch Bauminseln treiben lassen

14 Einfache Radrundtour um den Teterower See, ca. 25 km, 2 Std.

Bei Appelhagen schlängelt sich die kleine Landstraße durchs Land. Wenn Erntezeit ist, liegen der Geruch von gemähtem Getreide in der Luft und Strohballen auf den Feldern. Bauminseln ragen aus der Landschaft – ein typisches Bild für die Rundtour, die in Teterow beginnt und durch die Hügel der Mecklenburgischen Schweiz führt. Über Teschow geht es nach Alt Sührkow und dann Richtung Bukow. Im Vogelschutzgebiet Binsenbrink am Teterower See kreischen Vögel, die Ostpeene fließt gemächlich durchs Land, das sich Richtung Thürkow anhebt. Über Appelhagen und Heideschmiede radelst du auf der Landstraße an der Bergring-Crossstrecke vorbei zurück ins historische Zentrum Teterows.

Mit der Regionalbahn nach Teterow | Mit dem Auto über die B104 zum Parkplatz am Bahnhof *Frühling bis Herbst* *Tourenrad, Proviant* 53.768590, 12.578038 (Bahnhof) *Download GPX-Track*

Panoramatour mit dem Rad

15 Mittelschwere Radrundtour zwischen Teterower und Malchiner See, ca. 38 km, 3,5 Std.,

Das Panorama in Wendischhagen ist prächtig: Von einem Aussichtspunkt kann man weit in die Landschaft schauen. Die Dächer der Stadt Malchin leuchten, der Malchiner See schimmert, blauer Himmel und Wolken spannen sich über die herrliche Hügellandschaft – Halbzeitpause auf der Rundtour von Teterow quer durch die kleine Schweiz. Schon auf dem ersten Abschnitt musst du hinter Teschow auf dem Weg nach Hohen Mistorf ordentlich in die Pedale treten. Der Rundkurs fällt mit 210 Metern Höhenunterschied für norddeutsche Verhältnisse fast unter die Rubrik Bergtour. Der Lohn: Immer wieder gibt es herrliche Fernsichten. Von Hohen Mistorf geht es über Remplin (im Schlosspark befindet sich der älteste erhaltene Sternwartenbau Mecklen-

Die Barkasse Regulus nimmt Kurs auf die Burgwallinsel, wo eine kleine Wanderung wartet

Über Dahmer und Peenekanal gelangen Wasserwanderer vom Kummerower in den Malchiner See

burgs), Malchin, Basedow Höhe, Wendischhagen, Bristow und Glasow zum Startort Teterow.

Mit der Regionalbahn nach Teterow | Mit dem Auto über die B104 zum Parkplatz am Bahnhof *Frühling bis Herbst, Zeiten Sternwarte: sternwarte-remplin-ev.de/beobachtungen.htm* *Tourenrad, Proviant* 53.768590, 12.578038 (Bahnhof) *Download GPX-Track*

Mit der Barkasse ins Vogelparadies

16 Badetag im Naturbad Teterow mit Barkassenfahrt und einfacher Wanderung auf der Burgwallinsel, ca. 2,3 km, 1 Std.

Im Wasser abkühlen, am Strand Burgen bauen, Beach-Volleyball oder Tischtennis spielen: Das Naturbad am Teterower See mit schönem Strand bietet ein breites Angebot. Es gibt ein kleines Restaurant, Badestege und eine Plattform für Schwimmer. **Insider-Tipp** Mach einen Ausflug mit der Barkasse Regulus zur Burgwallinsel. Auf der Insel lohnt sich eine kleine Wanderung – das Eiland hat eine spannende Geschichte: Vom 9. bis 12. Jahrhundert siedelten hier Slawen. Auf der Insel befand sich eine größere Wehranlage – noch heute sind Wälle deutlich erkennbar. Vom Aussichtsturm hast du einen weiten Blick über den schönen See mit dem Vogelparadies Binsenbrink.

Vom Busbahnhof Teterow mit Bus 252 bis Teterow Grotte, zu Fuß 10 Min. zum Naturbad | Parkplätze vorhanden | teterow.de/leben/sport-freizeit/naturbad, € *Bad: in der Badesaison von Mai bis Sept. (mit Aufsicht), 5–21 Uhr, Barkasse: Ostern bis Sept., Di–So, stündl. ab 10:45 Uhr, Vogelparadies Binsenbrink: Herbst, wenn die Zugvögel Richtung Süden aufbrechen* *53.784567, 12.580745 (Naturbad)*

Paddelrevier mit Moor und Schweiz

17 Paddeltour auf Dahmer Kanal und Peene bei Malchin

Im Süden lockt der Malchiner, im Norden der Kummerower See, dazwischen breiten sich Feuchtwiesen entlang des Dahmer Kanals und der Peene aus. Der Wasserweg gilt unter Wasserwanderern als

Wenn sich Schloss Basedow im nahen Teich spiegelt, kannst du das perfekte Foto schießen

eines der schönsten Reviere für Kanutouren in der Region. Bei der Wasserfreizeit Bremer am Wasserwanderrastplatz Koesters Eck kannst du vom Kanu bis zum Hausboot alles leihen, was du für eine (Angel-)Tour brauchst. **Insider-Tipp** An der Peene unweit des Kummerower Sees lohnt sich ein Abstecher zum urigen Ausflugslokal Moorbauer.

Von Malchin Bahnhof in 10 Min. zu Fuß zu Wasserfreizeit Bremer, Am Kanal 2 | Mit dem Auto über die B104 nach Malchin | wasserfreizeit.com, €€ Mai bis Sept. Wechselkleidung 53.742994, 12.766215 (Parkplatz)

IN UND UM BASEDOW

Lustwandeln im Lenné-Park

18 Einfache Rundtour um Schloss Basedow, ca. 4,5 km, 1 Std.

Herrliche Ausblicke, knorrige Bäume, ein prächtiges Schloss: Der Landschaftspark, der sich rund um Basedow in die schwungvolle Hügellandschaft schmiegt, hat viel zu bieten. Start ist am imposanten Schloss mit seinen vielen Zinnen, Türmen und Terrakotta-Elementen und einem Teich. Von dort geht es Richtung Norden zu einem Großsteingrab, das der Star-Gartenarchtitekt Peter Joseph Lenné Mitte des 19. Jahrhunderts in den 200 Hektar großen Park eingebettet hat. Durch eine Symphonie aus prächtigen Bäumen, Wiesen und Bächen wandelst du nun zum Balkonweg (auf der anderen Seite der Wargentiner Allee). Insekten brummen in einer prächtigen Kastanienallee. Kühe grasen auf den sanft geschwungenen Bergrücken und im Tal liegt das herrliche Schlossensemble. An einem Obelisk vorbei geht es zurück nach Basedow, wo man sich mit einer Einkehr belohnen kann.

Vom Busbahnhof Malchin mit Bus 404 bis Basedow | Mit dem Auto über die L20 zum Schloss Basedow Im Herbst, wenn sich die Blätter der prächtigen Bäume an den Alleen bunt färben 53.698037, 12.679088 (Parkplatz) Download GPX-Track

Radeln auf dem Höhenweg

19 Einfache Radrundtour am Malchiner See, ca. 18 km, 1 Std.

Ein schöner Badestrand in Schorssow ist Start- und Endpunkt dieser Rundtour am Westufer des Malchiner Sees. Auf dem Höhenweg in den Hügeln der Mecklenburgischen Schweiz hat man immer wieder einen guten Blick auf den großen See,

Der Aussichtspunkt bei Wendischhagen ist einer der Höhepunkte der Tour um den Malchiner See

Das Schloss Ulrichshusen ist nicht nur während der Festspiele einen Besuch wert

der sich in eine Senke duckt. Neben der Fernsicht wartet der Rundkurs durch Felder, Wiesen und Wäldchen mit vielen Entdeckungen auf: Im Sommer leuchten die Mohnblumen, manch eine Schafherde weidet auf den Wiesen. In Bülow gibt es eine lauschige Uferstelle und in Schorssow die Ruinen einer Kirche. Über Bristow mit seiner schönen Renaissance-Kirche geht es dann Richtung Wendischhagen zum Vogelbeobachtungsturm am Malchiner See und über Bristow, Tessenow und Carlshof wieder zurück. Es riecht unterwegs nach Heu, Grillen zirpen, und in Schorssow kannst du dich dann abkühlen von der schönen Runde im Sattel. Und wer nach der Radtour noch nicht genug hat, kann anschließend einen Spaziergang um den Haussee mit seinem schönen Schloss machen.

Mit dem Auto über die B108, bei Ziddorf nach Schorssow abbiegen, Parkplatz am Badestrand vorhanden Im Sommer zum Baden Tourenrad, Proviant, Fernglas, Badesachen 53.680376, 12.564909 (Badestrand) Download GPX-Track

Wassermusik in Ulrichshusen

20 Einfache Radrundtour um den Ulrichshuser See, ca. 10 km, 1 Std.

Wenn im Sommer während der Festspiele Mecklenburg-Vorpommerns Virtuosen am Schloss aufspielen, kann man nur wenige Schritte entfernt beim Baden ein Konzert genießen. Die schöne Badestelle mit Rastplatz, Strand und Spielgeräten lädt natürlich immer zur Abkühlung ein. Ebenfalls immer inklusive: der Blick auf den See und das prächtige Schloss. **Insider-Tipp** Das Schlossensemble Ulrichshusen gehört zu den wertvollsten Baudenkmälern in Meck-Pomm. Unbedingt besuchen! Die Hügellandschaft um das Dorf Ulrichshusen südlich des Malchiner Sees ist bestens geeignet für eine Radtour. Eine Runde über Rambow, Lupendorf, Schwinkendorf (mit stattlicher Dorfkirche) und Gut Ulrichshusen lohnt sich: Immer wieder gibt es herrliche Fernsichten. Dann ziehen sich die Felder und Hügel bis zum Horizont.

Mit dem Auto über die B108, bei Moltzow Richtung Ulrichshusener See, großer Parkplatz am Schloss vorhanden Im Spätsommer, wenn das Getreide goldgelb ist Tourenrad, Proviant, Badesachen 53.627415, 12.626326 (Parkplatz) Download GPX-Track

DER SCHÖNSTE SONNENUNTERGANG

Wenn die Sonne den See glutrot färbt

21 Am Strand Sommersdorf am Kummerower See

Langsam versinkt die Sonne hinter der Mecklenburgischen Schweiz und taucht den Kummerower See in feuriges Rot: Am Ostufer des Sees am Strand in Sommersdorf kannst du herrliche Sonnenuntergänge beobachten.

Mit dem Auto von Malchin über Kummerow nach Sommersdorf, von dort zum Strand am Kummerower See *Ganzjährig*
53.798049, 12.875013 (Strand)

LOKALE SPEZIALITÄTEN

*UND WO DU SIE PROBIEREN KANNST

Wenn es draußen warm ist, der Hunger nach einer Wanderung aber groß, kann Sauerfleisch mit Gurken und Bratkartoffeln eine gute Alternative sein

Von Fischtopf bis Sauerfleisch und Obstkuchen: Das kulinarische Angebot ist so vielfältig wie die reizvolle Landschaft. Was die Menschen in der Mecklenburgischen Schweiz besonders gern essen, erfährst du hier.

Fischkreationen mit Gemüse

1 🍴 Fischtopf

Fischtöpfe sind auch in der wasserreichen Mecklenburger Seenplatte weit verbreitet: Den Geschmack bekommt das Gericht durch eine würzige Kombination aus Gemüse – beispielsweise Möhren, Zwiebeln, Sellerie, Petersilie – und natürlich Fisch. Im Lauf der Zeit sind viele regionale Kreationen entstanden, beispielsweise mit Räucherfisch und Kohl an der Müritz. Serviert wird er mal als Suppe, mal eher als Eintopf oder überbacken.

ℹ **Im urigen Ausflugslokal Moorbauer am Kummerower See** *gibt es die leckere Variante Sahne-Riesling-Fischtopf mit Fisch aus der Region | Dorfstr. 123, Malchin | moorbauer.com, €€*

Ein Klassiker mit würzigem Gelee

2 🍴 Sauerfleisch

Sauerfleisch steht seit Langem auf der regionalen Speisekarte: Für den Geschmack des Schweinefleisches sorgt ein würziges Gelee mit Gewürznelken, Lorbeer, Piment und Senfsaat. Das Gericht wird gern im Sommer serviert, da es kalt gegessen wird. Sauerfleisch kann in Gläsern lange gelagert werden.

ℹ **In der Zeltküche am Campingpark Sommersdorf** *gibt es Sauerfleisch aus dem nahe gelegenen Remplin, dazu Bratkartoffeln und Remouladensauce | Am Hafen 2, Kummerow | camping-sommersdorf.de, €*

Früchte treffen Streusel

3 🍴 Obstkuchen

Ob Hefeteig, Mürbeteig oder Rührteig, ob mit oder ohne Streusel: Das Backhandwerk hat eine lange Tradition in der Mecklenburgischen Seenplatte. Den Obstkuchen gibt es mit vielen verschiedenen Früchten in unterschiedlichsten Variationen.

In der Stadtbäckerei Kühl in Teterow *wird Oma Lilys Landkuchen nach altem Familienrezept mit saisonal wechselnden Früchten von der Kirsche bis zur Pflaume gebacken, oft mit Streuseln | Am Bornmühlenweg 2, Teterow, in einer Supermarkt-filiale | stadtbaeckerei-kuehl.de, €*

Filet vom Süßwasserriesen

4 Welsfilet

Der Europäische Wels oder Flusswels ist nicht nur der größte reine Süßwasserfisch Europas, sondern sein Fleisch ist auch sehr beliebt. Welsfilet kann auf viele verschiedene Arten zubereitet werden, in der Bratpfanne, klassisch oder als Schnitzel paniert, oder im Backofen, mit Käse gratiniert.

In der Gaststätte Zum Fischer Fritz in Faulenrost *gibt es Wels in vielen Varianten, z.B. Filet mit Stampfkartoffeln und Teriyaki-Kohl | Welshof Schliemann, Dorfstr. 3, Faulenrost | welshof.de, €€*

Hier findest du alles

5 Dorfladen Gessin

Frische Brötchen, Brot und Kuchen, Käse aus Kuh-, Schafs- und Ziegenmilch sowie Gemüse: Im Dorfladen in Gessin findest du ein breites Sortiment mit Produkten aus der Mecklenburgischen Schweiz. Bauern, Bäcker und Gärtner liefern täglich frische Ware – bei der Herstellung wird auf Nachhaltigkeit geachtet.

Gessin 7b, Gessin | Mo–Fr 14–18, Sa 8–12 und 15–18 Uhr | dorfladen-gessin.org | 53.697164, 12.712537

Gebacken wird gern in Mecklenburg-Vorpommern – und noch lieber Kuchen gegessen. Darf es ein Rhabarber-Streuselkuchen sein?

Der Blick vom Turm der St.-Marien-Kirche in Röbel auf Binnensee und Müritz ist atemberaubend – vor allem nach dem Aufstieg

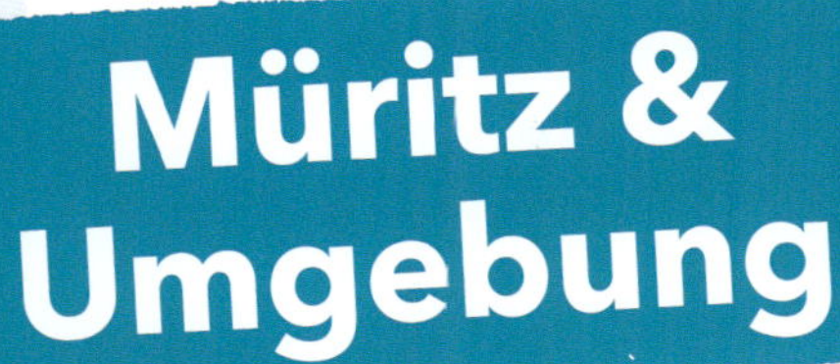

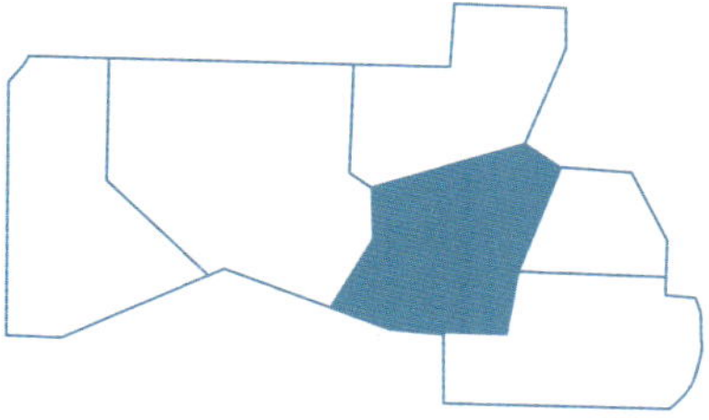

KLEINES MEER UND GROSSE VIELFALT

Der Seeadler kreist am Himmel und in den Mooren haben viele seltene Tierarten ein Refugium gefunden. Auf der Müritz in See stechen oder im Müritz-Nationalpark weit wandern: Auf und am Kleinen Meer, Deutschlands größtem Binnensee, breitet sich ein Freizeit- und Naturparadies aus. Bei Expeditionen warten viele Erlebnisse mit Tieren. Einen Abstecher wert sind der Käflingsbergturm mit einer tollen Fernsicht oder der Aussichtspunkt Schnakenburg am Ostufer. Die schönen Strände an der Müritz suchen ihresgleichen, wie in Klink oder Rechlin Nord. Im Flachwasser am Boeker Sender können Badegäste weit in die Müritz hinauslaufen. Weit ist auch die mecklenburgische Hügellandschaft, die zu Radtouren einlädt: Prächtige Dorfkirchen und viele kleine Entdeckungen säumen den Weg.

AUF EINEN BLICK
*MÜRITZ & UMGEBUNG
Spaziergang zu den Europäischen Bisons
Rendezvous mit einem Seeadler
Unterwegs mit dem Kanu auf der Binnenmüritz
Große Radtour ums kleine Meer
12 km, 15 Min.
23 km, 25 Min.
10 km, 30 Min.
Waren (Müritz)
Röbel/Müritz
Müritz
Fleesensee
Kölpinsee
Jabelscher See
Loppiner See
Tiefwarensee
Feisnecksee
Reeckkanal
Rederangsee
Torgelower See
Kleine Müritz
Massower See
Müritzarm
Mirower Kanal
Elde
Bergsee
Grabowhöfe
Vielist
Alt Schönau
Groß Gievitz
Torgelow am See
Jabel
Nossentiner Hütte
Silz
Neu Schloen
Karg
Malchow
Göhren-Lebbin
Klink
Penkow
Roez
Sietow
Lexow
Walow
Gotthun
Leizen
Dambeck
Fincken
Bollewick
Ludorf
Bütow
Solzow
Knüppeldamm
Vipperow
Rechlin
Kambs
Massow
Zepkow
Priborn
Evchensruh
Melz
B 108
L 205
L 20
K 4
B 192
L 206
A 19
K 5
L 24
K 8
K 16
L 241
B 198
K 11
K 32
K 31
K 18

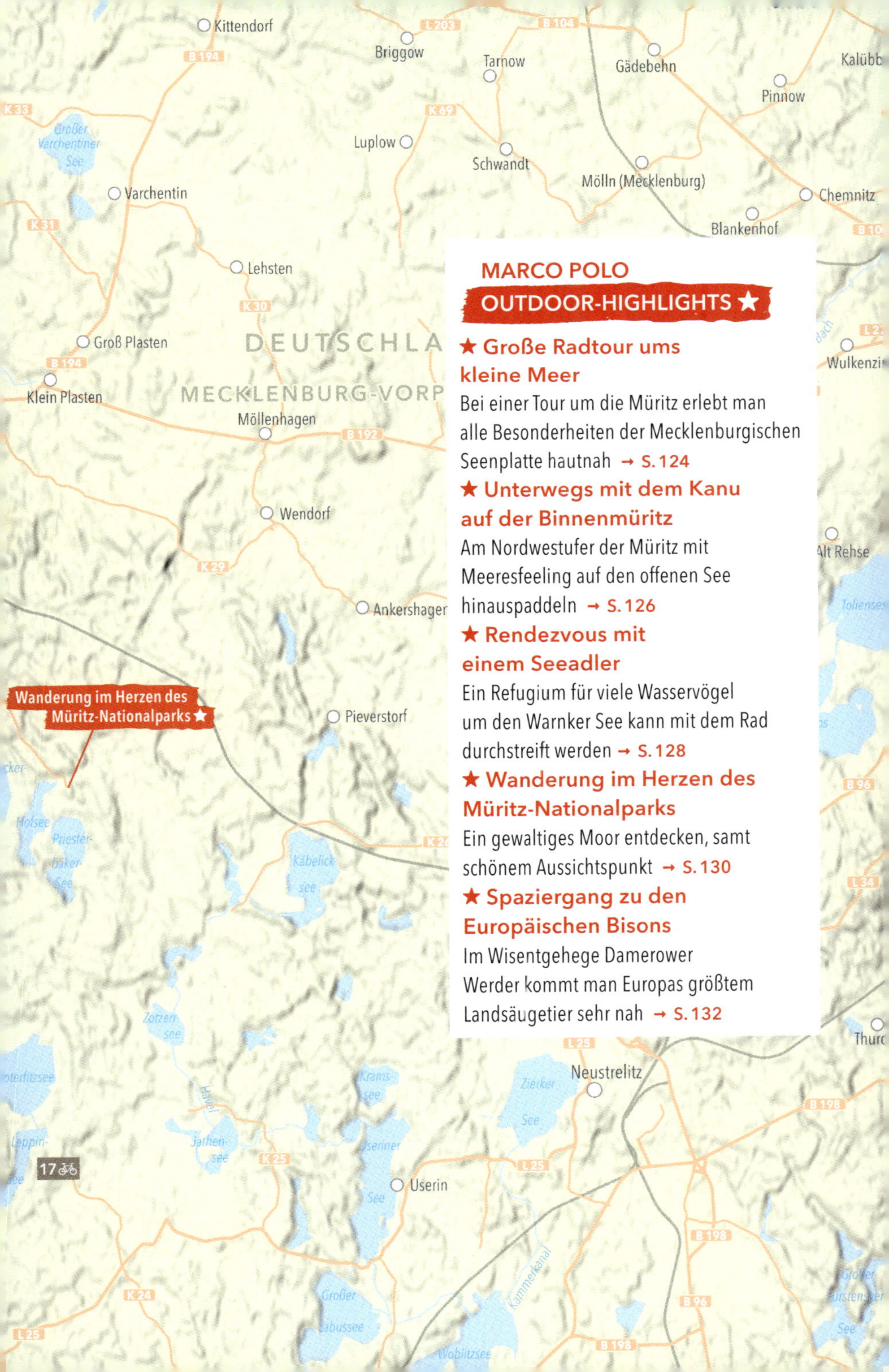
MARCO POLO
OUTDOOR-HIGHLIGHTS ★
★ Große Radtour ums kleine Meer
Bei einer Tour um die Müritz erlebt man alle Besonderheiten der Mecklenburgischen Seenplatte hautnah → S. 124
★ Unterwegs mit dem Kanu auf der Binnenmüritz
Am Nordwestufer der Müritz mit Meeresfeeling auf den offenen See hinauspaddeln → S. 126
★ Rendezvous mit einem Seeadler
Ein Refugium für viele Wasservögel um den Warnker See kann mit dem Rad durchstreift werden → S. 128
★ Wanderung im Herzen des Müritz-Nationalparks
Ein gewaltiges Moor entdecken, samt schönem Aussichtspunkt → S. 130
★ Spaziergang zu den Europäischen Bisons
Im Wisentgehege Damerower Werder kommt man Europas größtem Landsäugetier sehr nah → S. 132
Wanderung im Herzen des Müritz-Nationalparks ★
DEUTSCHLA
MECKLENBURG-VORP
Kittendorf
Briggow
Tarnow
Gädebehn
Pinnow
Luplow
Schwandt
Mölln (Mecklenburg)
Chemnitz
Blankenhof
Varchentin
Großer Varchentiner See
Lehsten
Groß Plasten
Klein Plasten
Möllenhagen
Wendorf
Ankershagen
Pieverstorf
Wulkenzi
Alt Rehse
Neustrelitz
Userin
Zierker See
Useriner See
Kramssee
Jäthensee
Zotzensee
Käbelicksee
Priesterbäker See
Holsee
Havel
Kammerkanal
Großer Labussee
Woblitzsee
Thurc
B 194
B 104
L 203
K 69
K 33
K 31
K 30
K 29
B 192
K 25
K 24
L 25
L 34
B 96
B 198
17

OUTDOOR-HIGHLIGHTS

*DIE BESTEN ERLEBNISSE DRAUSSEN

Große Radtour ums kleine Meer ★

Die Müritz, Deutschlands größter See, zeigt bei dieser Tour viele Gesichter. Bei der großen Runde ums kleine Meer pendelt man zwischen der Wildnis im Müritz-Nationalpark und der weiten Landschaft rund um Röbel. Immer lockt die funkelnde Müritz, und wenn man die Strecke abkürzen möchte, kann man mit einem Dampfer eine schöne Seefahrt machen.

Mit dem Rad durch den Müritz-Nationalpark

Es gibt viele exzellente Radwege rund um die 117 Quadratkilometer große Müritz. Der Rundkurs um das kleine Meer ist wie eine Grand Tour der Mecklenburgischen Seenplatte: eine 85 Kilometer lange Radwanderung, bei der sich Naturwunder, Aussichtspunkte, Hügel und Traumstrände aneinanderreihen. Die Region wird von einem engmaschigen, gut ausgeschilderten Radwegenetz durchzogen. Südlich von Waren sorgt die Müritz für ganz unterschiedliche Facetten. Am Ostufer erstreckt sich der Nationalpark: Hier gibt es viel Wald, Moore und Bruchwälder. Am Westufer ist es dagegen weitläufig und hell: Hier hast du herrliche Aussichtspunkte und kannst die Sonne genießen – wie auch auf den Decks der Linienschiffe. **Insider-Tipp** Mit einer Fahrt über die Müritz kannst du die Touren abkürzen und Radausflug und Seefahrt kombinieren. Die Busse des Regionalverbunds sind für den Radtransport ausgerüstet. Auch die Linienschiffe der Weißen Flotte nehmen Räder an Bord.

Auf geht's durch schattige Wälder und weite Landschaften

Nach dem Startschuss in Waren mit seinen vielen Sehenswürdigkeiten führt die Route am Stadthafen vorbei direkt in den Müritz-Nationalpark: Würzige

Waldluft umweht dich, auf schattigen Radwegen geht es über Boek und Rechlin der Südspitze des Sees entgegen. Am Westufer wartet eine ganz andere Kulisse. Weit schweift der Blick über Wiesen und Felder. Vor Röbel führt der Weg am Naturschutzgebiet Großer Schwerin vorbei: Vogelschwärme durchstreifen die Luft am gewaltigen Rast- und Brutplatz. Ein paar Kilometer hinter Sembzin am Nordwestufer wartet der nächste Aussichtspunkt: Schaumkronen kräuseln sich auf den Wellen. Ein Picknickplatz lockt zu einer Pause. In Klink sieht das kleine Meer dann plötzlich sehr groß aus. Das andere Ufer ist nur ein feiner Streifen, ganz in der Ferne, während die Wellen über den Sandstrand züngeln und die Strandkörbe in der Sonne ruhen. Klink könnte seinen Namen auch führen, weil man hier dem Alltagsstress die Klinke in die Hand gibt. Von hier geht es zurück ins Zentrum von Waren.

Die Tour im Überblick

Mittelschwere Radrundtour von Waren um die Müritz, ca. 85 km, 6 Std.

Mit der Regionalbahn zum Bahnhof Waren | Mit dem Auto von der A19 auf der B192 nach Waren | Start: Neuer Markt | Ausgeschilderter Müritz-Radrundweg (insg. 110 km), diese Tour kürzt etwas ab

Im Sommer zum Baden

Tourenrad, feste Schuhe, Badesachen, Handtuch, Proviant, Smartphone für den Routenplaner

53.514272, 12.689091 (Neuer Markt), 53.515133, 12.688225 (Parkplatz)

DOWNLOAD GPX-Track

Vom Nationalpark in die Weite zwischen Röbel (li.) und Klink (o.) führt die Tour um die Müritz, die per Schiff abgekürzt werden kann (u.)

Unterwegs mit dem Kanu auf der Binnenmüritz ★

Meeresatmosphäre, Flussidylle oder ein still ruhender See, über den du mit dem Kanu gleitest: Im Land der 1000 Seen findest du ein Wassersportrevier der unbegrenzten Möglichkeiten. Im Herzen liegt die Müritz wie eine riesige Seeperle. Vom Westufer der Binnenmüritz beispielsweise kannst du auf das kleine Meer paddeln.

Die Paddelparadiese im Wassersportrevier Müritz

Groß, weit und sehr schön: Im Müritz-Revier rund um Deutschlands größten See lockt eine riesige Auswahl toller Touren und Wassersport-Zentren. Die Tour-Variationen scheinen schier unendlich: Durch Wasserstraßen sind Paddelparadiese wie der Fleesensee oder der Kölpinsee mit der Müritz verbunden. Ein großer Vorteil: Die Gewässer der Mecklenburgischen Seenplatte sind, bis auf wenige Ausnahmen, keine Fließgewässer – es erschweren keine Strömungen und Wehre die Touren. Mittendrin in der Seenlandschaft funkelt wie eine große Perle das kleine Meer, das Liniendampfer durchqueren und schöne Häfen wie in Röbel oder Waren ansteuern. Beim Turn auf dem Wasser erwartet dich ein schöner Perspektivwechsel. Kein Wunder, dass es hier viele Wassersportprofis gibt, die dir mit Rat, Ausrüstung und Kursen helfen, in See zu stechen. Beim Funmüritz Wassersportcenter bei Waren beispielsweise kannst du Stand-up-Paddling oder Windsurfen lernen und Kanus ausleihen. Von hier kannst du auf der Müritz paddeln.

Mit dem Kanu übers Wasser gleiten zum Badestrand Klink

Die Seeperle schimmert, funkelt und schäumt. Wellen mit feinen Schaumkronen schlagen ans Boot, und du erlebst Wind, Weite und viel Licht. Schon kurz nach dem Start am Funmüritz Wassersportcenter gleitest du auf die Binnenmüritz. Die Silhouette der Stadt Waren funkelt am Nordufer. Der Alltag bleibt zurück, während du immer am Ufer entlang Kurs Richtung Klink hältst. Strandkörbe und der lange, helle Sandstrand zeigen dir: Es ist Zeit für einen Landgang, um sich die Beine zu vertreten und ins Wasser zu springen. Dann stichst du wieder in See. Kurs Nordnordost. Boote und ein Fischadler streichen vorüber, bevor du am Reeckkanal vorbeifährst, der Backbord liegt und in der Nebensaison, wenn es ruhiger ist, zu einem Abstecher einlädt. Mit ein paar Paddelschlägen befindest du dich auf der Wasserstraße in einer anderen Welt. In dem Nadelöhr, das Kölpinsee und Müritz verbindet, herrscht Windstille. Nach einem kurzen Abstecher zur großen Brücke über den Kanal geht es zurück. Noch einmal wartet beim Finale ein weiter Blick, bevor du in den Heimathafen zurückkehrst.

Die Tour im Überblick

Einfache Kanutour über die Müritz vom Zeltplatz Kamerun nach Klink, ca. 10 km, 3–4 Std.

Vom Busbahnhof Waren mit Stadtbus 3 bis Zeltplatz Kamerun | Mit dem Auto von Waren auf der B192 zum Funmüritz Wassersportcenter am Campingplatz Kamerun | fun-mueritz.de, €€

Nebensaison und vormittags ruhiger

Kanu, Wind- und wasserdichte Kleidung, wasserdichte Packsäcke, Schwimmweste, Kleidung zum Wechseln, Badesachen, Proviant

53.510461, 12.650608 (Funmüritz)

DOWNLOAD GPX-Track

Erst wenn man mit dem Paddelboot auf der Müritz unterwegs ist (li.) und Waren (o.) in weiter Ferne liegt, begreift man die wahre Größe dieses Sees

Rendezvous mit einem Seeadler ★

Ein wenig surreal sieht es aus, wenn sich Hunderte Enten auf dem Warnker See dicht an dicht drängen. Das ornithologische Wimmelbild gehört zu den vielen besonderen Eindrücken bei einer Tour im Vogelparadies am Ostufer der Müritz. Ein Ausflug mit dem Rad in den Nationalpark ist Balsam für Körper und Seele. Mit etwas Glück siehst du sogar einen Seeadler.

Unterwegs am Warnker See im Müritz-Nationalpark

Die wilde Kulisse scheint aus dem Film „In einem Land vor unserer Zeit" zu stammen: Ein Torso aus Bruchwald, Mooren, Wäldern und Wiesen reckt sich ungestört in die Landschaft. Die Natur schwingt hier in der Kern-, Entwicklungs- und Pflegezone des 322 Quadratkilometer großen Müritz-Nationalparks das Zepter. Kein Wunder, dass sich rund um den Warnker See und den Rederangsee ein Vogelparadies ausbreitet. Nur rund einen Kilometer von der Müritz entfernt finden viele Wasservögel – zum Beispiel Silber- und Graureiher – ein Refugium. Im Herbst versammeln sich Tausende Kraniche vor ihrem Flug in die Winterquartiere. **Insider-Tipp** Mit etwas Glück kannst du hier auch einen Seeadler sehen, die als Standvögel das ganze Jahr hier leben. Selbst wenn du keinen der Riesen mit einer Flügelspannweite von bis zu 2,40 Meter erspähst, ist der Abstecher eine Wellnesskur für Körper und Geist. Einen Fischadler kannst du in jedem Fall sehen: In Federow wird im Nationalparkzentrum per Webcam aus einem Fischadler-Horst übertragen.

Mit dem Rad ins Vogelparadies

Von Waren führt die Route am Stadthafen vorbei immer am See entlang über einen Badeplatz bei Ecktannen zum Aussichtspunkt Schnakenburg. Hier reckt sich dir die Müritz entgegen, es riecht nach Freiheit, das Schilf schwankt wild im Wind. Hinter dem See zieht dich das Teufelsmoor mit seinem Bruchwald und seiner Wildnis in seinen Bann. Dann leckt die Sonne über den Warnker See und flutet den Vogelbeobachtungsturm mit Wärme. Zeit für eine Pause und den Feldstecher. Eine bunt gemischte Vogelschar ruht auf der Wasserfläche, dann schießt ein Haubentaucher durchs Bild. Zu diesem Zeitpunkt, am Nachmittag, ist dein Erlebniskonto schon reich gefüllt, das Zeitkonto dagegen leert sich stetig: Zu viele Orte locken. Zum Beispiel der Müritzhof, ein kleiner Vorposten, der sich in die Landschaft schiebt und das südlichste Ziel der Tour markiert. Auf der Speisekarte steht richtiges Radfahreressen wie Kohlsuppe mit Hackfleisch. Zurück nach Waren geht es zwischen Moor- und Feisnecksee. Der Proviantbeutel ist leer, aber der Akku voll.

Die Tour im Überblick

Einfache Radrundtour um den Warnker See, ca. 25 km, 2,5 Std.

Mit der Regionalbahn zum Bahnhof Waren | Mit dem Auto von der A19 auf der B192 nach Waren | Start: Neuer Markt

Im Frühjahr und Herbst, wenn die Zugvögel rasten, ist die Vogelwelt besonders eindrucksvoll. Im Sommer zum Baden

Tourenrad, feste Schuhe, Badesachen, Proviant, Fernglas, Smartphone für die GPS-Daten

53.514272, 12.689091 (Neuer Markt), 53.515133, 12.688225 (Parkplatz)

DOWNLOAD GPX-Track

Der Warnker See im Müritz-Nationalpark ist ein wichtiger Rastplatz für Enten (li.), aber auch Seeadler (re.) kann man zu sehen bekommen

Wanderung im Herzen des Müritz-Nationalparks ★

Wildnis, Wiesen, Wald, Weite – und tolle Wanderwege: Die W-Fragen werden im Müritz-Nationalpark mit Bravour beantwortet. Ein Netz aus Pfaden und Wegen durchzieht die grüne Oase für Mensch und Tiere. Von Speck, einem Dorf im Herzen des Schutzgebiets, geht es bei dieser Rundtour hoch hinaus auf den Käflingsberg und zu einem gewaltigen Moor.

Tiere und Pflanzen im Zentrum des Müritz-Nationalparks entdecken

Die Wegweiser sind gut bestückt: Ein bunter Mix aus Natur- und Wandersymbolen am Wegesrand hält dich auf dem richtigen Kurs. Der Müritz-Nationalpark, Deutschlands größter Land-Nationalpark, der sich östlich der Müritz und eines Teils der Feldberger Seenlandschaft ausbreitet, ist nicht nur ein Naturparadies und Heimat vieler Tiere und Pflanzen, sondern auch für Wanderer exzellent erschlossen. An der Müritz warten zum Beispiel Touren zu einem Fischadlerhorst auf einem Strommast, zum Teufelsbruch mit zwei Vogelbeobachtungsplattformen am Warnker See, zu Binnendünen, Hauswiesen mit rastenden Kranichen oder zu einem tollen Aussichtspunkt mit Blick auf das kleine Meer. Damit du unkompliziert durch die autofreie Kernzone kommst, touren Busse der Nationalparklinie durch die Wildnis. Zum Beispiel nach Federow, wo im Nationalparkzentrum viele Führungen starten. Oder nach Speck, wo eine tolle Tour zum Käflingsberg und zum Mühlensee beginnt.

Die Runde zum Käflingsberg und zum Moor am Mühlensee

Die wilde Grünzone, die dich gerade noch gefangen hielt, liegt plötzlich wie ein riesiges Panoramabild vor dir: Wälder und Seen verebben in der

Ferne, wo das Land mit dem Horizont verschmilzt. Ein Graureiher zieht am Aussichtsturm auf dem 100 Meter hohen Käflingsberg vorüber: Von der Plattform hoch oben kannst du an klaren Tagen bis Neustrelitz und Neubrandenburg schauen. Auch deine Wanderroute, eine Tour der großen Gegensätze mit der Form einer Acht, ist vom Höhepunkt der Tour hervorragend zu sehen. Zu deinen Füßen glitzert der Priesterbäker See mit seinem Aussichtspunkt. Am Mühlensee, dem nördlichsten Punkt deiner Expedition, erstreckt sich ein gewaltiges Moor, in dem Baumstämme faulen und sumpfige Inselchen ruhen. Ein Schwan gleitet durch das Labyrinth und der würzige Atem des Waldes liegt in der Luft. In dem Dörfchen Speck thront eine riesige, knorrige Linde. Unterwegs warten natürlich viele kleine und größere Entdeckungen – von Seerosen bis zum Drachenbaum.

Die Tour im Überblick

Einfache Wanderung in der Kernzone des Nationalparks bei Speck, ca. 10 km, 2,5–3 Std.

Von Steinmole, Waren, mit der Nationalparklinie 9 nach Speck | Die Nationalparkzone ist für den Auto-Verkehr gesperrt | Wanderwege rund um Speck sind gut ausgeschildert (schwarzes Wildschwein Richtung Käflingsberg, roter Hirsch für Mühlensee-Runde)

Ganzjährig, sehr reizvoll im Herbst
Feste Schuhe, Proviant für ein Picknick
53.438358, 12.840201 (Start)

DOWNLOAD GPX-Track

Wie verzaubert: der Wald am Käflingsberg (li.) im Müritz-Nationalpark und das Moor am Mühlensee (re.)

Spaziergang zu den Europäischen Bisons ★

Groß und stark sind sie und werden bis zu einer Tonne schwer. Trotzdem brauchen Wisente einen sicheren Rückzugsort, um zu überleben. Im Wisentgehege Damerower Werder bei Jabel kommst du Europas größten Landsäugetieren, die schon fast ausgestorben waren, ganz nah. Auf der Halbinsel im Kölpinsee warten eine der weltweit größten Zuchtstationen und eine schöne Erlebniswelt im Wald auf dich.

Zu Besuch im Naturreservat auf dem Damerower Werder

Kaum zu glauben, dass diese von einem dichten Fell bedeckten Kolosse vor nicht langer Zeit fast ausgestorben waren. Nur wenige Tiere hatten weltweit überlebt. Majestätisch bewegen sich die Wisente, Europas größte Landsäugetiere, durch ihr Reservat auf dem Damerower Werder. Eine Herde – etwa 30 bis 35 Wisente – lebt ohne Einzäunung und unter natürlichen Bedingungen auf der 320 Hektar großen Halbinsel: Deshalb handelt es sich um ein Reservat. Ein anderer Teil der Tiere hält sich im Schaugatter auf. Ein ausgewachsener Bulle kann eine Tonne wiegen. Am Kölpinsee hat das europäische Bison seit 1957 einen Zufluchtsort gefunden. Damals verloren sich zwei Wisente in dem Reservat, das heute eine der größten Zuchtstationen weltweit ist. Etwa zehn Jungtiere erblicken hier jährlich das Licht der Welt. Im Mai und Juni können Geburten im Schaugatter miterlebt werden. Neben der Begegnung mit den imposanten Wisenten erwartet dich bei einem Spaziergang auf dem Damerower Werder ein spannendes Naturerlebnis.

Wisente und heimische Tiere hautnah erleben

Natürlich sind die Wisente die große Attraktion, aber es gibt auch sonst viel zu entdecken: Auch

Rehe, Hirsche, Füchse und Wildschweine tummeln sich hier in den Gehegen – dazu warten Attraktionen von A wie Ameisenhaus bis W wie Walderlebnispfad. Es gibt Kletternetze, einen Baumklettergarten, einen Fuchsberg mit Tunnel und Rutsche. An einem schönen Strand hast du einen weiten Blick auf den Kölpinsee – Baden ist hier allerdings verboten. In der weiteren Umgebung locken aber viele tolle Badestellen. An einem überdachten Rastplatz an einem kleinen Teich kannst du im Grünen picknicken. Interessante Holzskulpturen begleiten dich auf dem Wanderpfad. Dort wartet auch ein Schaugatter am Rotwildgehege – danach geht es wieder zurück zum Infocenter, wo es eine Ausstellung über die Wisente und ihre Zucht gibt.

Insider-Tipp Im Empfangsgebäude kannst du Aufnahmen aus einem Wanderfalkennest und Fotos aus dem Naturschutzgebiet betrachten.

Die Tour im Überblick

Abwechslungsreicher Spaziergang im Wisentgehege Damerower Werder bei Jabel, ca. 1,5 km, 1 Std.

Mit der Regionalbahn zum Bahnhof Jabel (ca. 3 km entfernt) | Mit dem Auto von Waren auf der L205 nach Jabel, kurz vorher rechts nach Damerow | Öffnungszeiten auf wald-mv.de/walderlebnis/ausflugsziele/wisentreservat-damerow, € (Eintritt frei bis 12 Jahre)

Schaufütterungen tgl. 11 und 15 Uhr
Feste Schuhe, Proviant
53.527622, 12.547436 (Parkplatz)

DOWNLOAD GPX-Track

Auf dem Damerower Werder kann man von Mai bis Juni mit Glück im Wisentgehege (li.) eine Geburt miterleben. Ein abwechslungsreicher Wanderpfad (o., u.) führt durchs Reservat

MEHR ERLEBEN

*WEITERE ABENTEUER & AUSFLÜGE

Der Feisnecksee ist für sein besonders klares Wasser bekannt, davon kannst du dich bei einer Wanderung überzeugen

Noch mehr entdecken in Müritz und Umgebung: Deutschlands größter See und der Müritz-Nationalpark prägen die Gegend. Ob Wandern oder Paddeln, viele Touren starten in Waren. Während es von Boek aus in den Nationalpark geht, ist Röbel, die bunte Stadt am kleinen Meer, selbst einen Besuch wert.

IN UND UM WAREN

Durch die Heide wandern, die Burgwallinsel immer im Blick

1 **Einfache Wanderung um den Feisnecksee, ca. 8 km, 2,5 Std.**

Schmetterlinge flirren durch die Luft, Käfer brummen, der Wind frischt auf und rauscht durch die Kiefern. Am Ostufer des Feisnecksees, einem Paradies für Falter und Insekten, kannst du in der Idylle herrlich ausspannen, in die Natur und das klare Wasser eintauchen. Start ist an der Jugendherberge Waren. Am Ufer Richtung Osten erwartet dich eine Naturbadestelle mit schönem Strand und Holzsteg im flachen Wasser. Am bisweilen schmalen Pfad durch die Heidelandschaft stehen Kiefern, Wacholderbüsche, Schilf und ein prächtiger Mischwald Spalier. Vom Westufer bietet eine Aussichtsplattform einen schönen Blick auf den See mit seiner Burgwallinsel, bevor es zurückgeht.

Vom Busbahnhof Waren mit Bus 3 bis Jugendherberge | Mit dem Auto von der B192 Richtung Müritz Nationalpark bis Jugendherberge | Wegmarke: gelber Schmetterling *Im Sommer zum Baden* *Feste Schuhe, Badesachen, Proviant für ein Picknick* *53.504523, 12.690759 (Jugendherberge)* *Download GPX-Track*

Strand-Feeling auf dem Uferweg

2 **Einfache Wanderung um den Bergsee bei Alt Gaarz, ca. 5,2 km, 1,5 Std.**

Ruhe, weite Landschaft, Hügel und herrliche Badestellen: Die Rundwanderung um den Bergsee bei Alt Gaarz bietet vor allem Abwechslung. Knorrige, alte Weiden und Ginster säumen den Uferweg. Dann reckt sich offenes Land ins Bild und im Wald umweht dich die würzige, frische Luft. Vom Parkplatz am Nordufer des lang gezogenen, schmalen Sees, an dem sich ein schöner Strand mit Steg

Ruhe und ganz viel Natur findest du bei einer Runde um den Bergsee bei Alt Gaarz. Dort trennt ihn nur eine schmale Landbrücke vom nördlich gelegenen Hofsee

Direkt bei Schloss Klink ist eine der schönsten Badestellen in der Müritz

und Liegewiese befindet, wanderst du am Ostufer nach Süden und hältst dich dann rechts und in der Nähe des Seeufers. Auf der beliebten Tour um den mit rund 60 Hektar Fläche größten See des Naturschutzgebiets Seen- und Bruchlandschaft südlich Alt Gaarz ist Entschleunigung vorprogrammiert. Am Bergsee, der zur Klocksiner Seenkette gehört, haben viele Tiere einen Rückzugsort gefunden – beispielsweise die Rotbauchunke.

Von Waren Bahnhof mit Bus 13 nach Alt Gaarz | Mit dem Auto von der B108 über Sommerstorf und Neu Gaarz | Wegmarke: diagonaler blauer Streifen auf Weiß Im Sommer zum Baden Feste Schuhe, Badesachen, Proviant für ein Picknick 53.582351, 12.506117 (Parkplatz) Download GPX-Track

Strandhopping auf der Landbrücke

3 Einfache Wanderung zwischen Müritz und Kölpinsee bei Schloss Klink, ca. 2,7 km, 45 Min.

Zwei Seen der Extraklasse, zwei tolle Badestellen: Die Auswahl an Erfrischungsmöglichkeiten ist exzellent beim Strandhopping in Klink. Soll es ein Traumstrand an der Müritz sein? Mit einer Mischung aus Fernsicht und Seeblick? Oder möchtest du dich doch lieber an der Badestelle am Kölpinsee (mit FKK- und Textilstrand) abkühlen? Bei einer kleinen Wanderung, die am Schloss in Klink beginnt, kannst du beim Strandhopping beides verbinden. Die Müritz und Meer-Feeling breiten sich unterhalb des Herrenhauses aus. Zum Kölpinsee hältst du dich von hier aus immer Richtung Westen und wanderst über einen Hügel durch Wiesen und Felder. Mohnblumen und weite Landschaft begleiten dich. Das Ostufer des Kölpinsees ist wegen seines flachen Einstiegs auch bei Surfern sehr beliebt. Die Badestelle liegt unter prächtigen Bäumen und man kann weit in die Ferne schauen: Nach Müritz und Plauer See ist der Kölpinsee der drittgrößte der Mecklenburger Oberseen. **Insider-Tipp** Morgens kann man von Klink aus den Sonnenaufgang beobachten, am Kölpinsee kannst du abends die Sonne toll untergehen sehen. Anschließend geht es zurück nach Klink.

Von Waren Bahnhof mit Bus 11 bis Klink | Mit dem Auto von Waren über die B192 bis Schloss Klink | Hundestrand nahe am Schloss Im Sommer zum Baden Proviant für ein Picknick, Badesachen 53.479000, 12.624472 (Parkplatz) Download GPX-Track

Badestelle am Torgelower See – der ideale Ort, um mit dem Rad zu pausieren

Das Hinterland der Müritz wird von prächtigen Alleen durchzogen wie hier bei Wendhof

Durch prächtige Alleen radeln

4 🚲 Einfache Radrundtour von Klink in die Region westl. der Müritz, ca. 35 km, 2,5 Std.

Dieser Rundkurs führt dich von Klink aus durch die schöne Region am Westufer der Müritz. Nach dem Start am Schloss in Klink erwarten dich auf dem Weg nach Sietow-Dorf – auf einem Teilstück des Müritz-Radwegs – tolle Ausblicke auf Deutschlands größten See. **Insider-Tipp** Besonders schön ist der Blick von der Schutzhütte Klink zwischen Klink und Sembzin. In Sietow-Dorf locken ein kleiner Hafen und ein Strand mit Liegewiese. Von hier führt die Tour über Zierzow, Hinrichsberg, Lexow, Kisserow und Penkow nach Göhren-Lebbin. Du rollst auf ruhigen Nebenstraßen durch das weite Hinterland der Müritz. In Göhren-Lebbin gibt es einen schönen Schlosspark. An Wendhof vorbei geht es nun durch prächtige Alleen und einen stattlichen Wald auf einer Radstraße in das Bauerndorf Grabenitz und zurück nach Klink. Immer wieder triffst du unterwegs auf schöne Rastplätze für ein Picknick.

Von Waren Bahnhof mit Bus 11 bis Klink | Mit dem Auto von Waren über die B192 bis Schloss Klink *Während der Rapsblüte im Frühsommer* *Tourenrad, Proviant für ein Picknick, Badesachen* *53.479000, 12.624472 (Parkplatz)* *Download GPX-Track*

Tour zu den Seen im Hügelland

5 🚲 Einfache Radrundtour auf der Torgelowrunde, ca. 28 km, 2 Std.

Die abwechslungsreiche Rundtour durch das Hügelland östlich von Waren führt dich durch herrliche Alleen, zu idyllischen Seen und zum Nationalparkzentrum in Federow. Start ist an der Anlegestelle Steinmole, in Richtung Malchin geht es auf einem straßenbegleitenden Radweg nach Rügeband nordöstlich von Waren und auf einer prächtigen Allee nach Torgelow am See. Am Ufer unterhalb des Schlosses, in dem sich ein Internatsgymnasium befindet, gibt es eine schöne Badestelle. Ein perfekter Ort, um aufzutanken für den nächsten Abschnitt: Du rollst durch die weite Landschaft nach Neu Schloen und Kargow mit dem nahe gelegenen Hofsee. Noch einmal abkühlen an

Auch auf dem Wasserweg kann man von Jabel über den Jabelschen und Kölpinsee in die Müritz und nach Waren gelangen

300 Meter weit kann man in den Fleesensee waten, der auch ein beliebtes Angelrevier ist

der Naturbadestelle, dann geht's zum Nationalparkzentrum Federow. Hier kannst du auch einkehren vor dem Schlussabschnitt nach Waren.
Von Waren Bahnhof zu Fuß in 15 Min. zur Anlegestelle Steinmole am Müritzeum | Parkplatz vorhanden *Im Sommer zum Baden, im Mai blühen die Rapsfelder* *Tourenrad, Proviant, Badesachen* *53.513639, 12.683389 (Parkplatz)* *Download GPX-Track*

Durch weites Land und eine schattige Etappe am Kölpinsee

6 Einfache Radrundtour zwischen Jabel und Waren, ca. 27 km, 2 Std.

Nach dem Start am Bahnhof Jabel erwarten dich leuchtende Felder und Wiesen, während du über ruhige Nebenstraßen durch die hügelige Landschaft nördlich von Waren nach Grabowhöfe rollst. Insider-Tipp Hier ist der Tiererlebnispark Müritz, in dem du Exoten wie Kängurus, Affen oder Papageien sehen kannst. Dann in Richtung Baumgarten nach einem Stück Kopfsteinpflaster rechts auf eine Asphaltstraße nach Vielist abbiegen. Anschließend auf einem straßenbegleitenden Radweg an der B108 Richtung Waren, rechts abbiegen nach Warenshof. Dann nach Waren West und Richtung Röbel halten und in Eldenholz rechts abbiegen Richtung Kölpinsee und Damerow. Kurz bevor eine exzellente Radstraße beginnt, links abbiegen, um eine schöne Badestelle zu entdecken. Oder du rollst weiter durch Wald und Flur nach Damerow mit einer tollen Badestelle am Jabelschen See. In Ufernähe geht es dann zurück zum Bahnhof Jabel.
Mit der Regionalbahn zum Bahnhof Jabel | Mit dem Auto von Waren auf der L205 nach Jabel, Bahnhof Jabel | tiererlebnispark-mueritz.de, €€ *Im Sommer zum Baden* *Tourenrad, Proviant für ein Picknick, Badesachen, Handtuch* *53.545119, 12.546727 (Bahnhof)* *Download GPX-Track*

Breiter Strand und breites Angebot

7 Badetag am Fleesensee

Das Wassersportparadies Fleesensee hat neben klarem Wasser eine Menge zu bieten. Natur- und Sandstrände, ein Hundestrand und Liegewiesen breiten sich am Südufer aus. Die Stehtiefe reicht vom Ufer bis 300 Meter ins Wasser – kein Wunder,

Im Herbst rasten bis zu 10 000 Kraniche im Naturschutzgebiet Großer Schwerin und Steinhorn

Radelnd quatschen, ohne auf die Straße achten zu müssen, geht nur mit einer Draisine

dass sich vor Ort eine Wassersportbasis mit breitem Angebot befindet. Dazu gibt es tolle Spielplätze, ein Volleyball- und Fußballfeld, öffentliche Toiletten und Picknickplätze. **Insider-Tipp** Bei der Seewirtschaft kannst du neben Wassertretern auch speziell ausgerüstete Angelboote leihen. Denn: Der Fleesensee ist bei Anglern sehr beliebt. Mit dem Touristen-Fischereischein (plus Angelkarte fürs Gewässer) kannst du auch ohne Fischereischein angeln.

Von Malchow mit Bus 15 nach Untergöhren | Mit dem Auto zum Strand Fleesensee (Strand von Ostern bis Okt. autofreie Zone, Parkplatz vorhanden) | wassersport-fleesensee.de Badesachen, Proviant für ein Picknick 53.493745, 12.495267 (Badestrand), 53.489841, 12.489778 (Parkplatz)

Fahrspaß für die ganze Familie

8 Draisinentour bei Waren, ca. 13 km, 4 Std.

Gemeinsam in die Pedale treten und die Landschaft erkunden – bei einer Tour mit der Fahrraddraisine kannst du den Charme einer Radtour mit Eisenbahnflair verbinden. Auf Schienen geht es auf der Route der ehemaligen Zugstrecke Waren (Müritz)-Schwinkendorf durch die Hügel der Mecklenburgischen Schweiz, vorbei an Seen, Wäldern, verschlafenen Dörfern und weiten Wiesen. Die leisen, gummibereiften Alu-Fahrraddraisinen bieten Platz für zwei bis vier Personen. Rastplätze entlang der Strecken laden zu einem Stopp für ein Picknick ein. Die Strecke bis zum Ziel in Schwinkendorf ist 13 Kilometer lang. Es gibt außerdem eine zweite Ausleihstation in der Nähe von Karow.

Vom Bahnhof Waren zu Fuß in 5 Min. zum Güterbahnhof | Mit dem Auto nach Am Güterbahnhof 10 | mecklenburger-draisinenbahn.m-vp.de, €€ April bis Okt. Proviant für ein Picknick 53.526589, 12.678948 (Start)

Expedition zu den Kranichen

9 Bootsfahrt auf der Müritz, 2–3 Std.

Eine Schiffsexpedition auf dem kleinen Meer zu den Kranichen, die sich im Spätsommer zu Tausenden an ihren Schlafplätzen im Müritz-Nationalpark sammeln: Ein ausgebildeter Natur- und Landschaftsführer stellt das Naturschutzgebiet Großer Schwerin und Steinhorn von der Wasserseite vor. Hier gehen die Kraniche bei Dämmerungseinbruch schlafen und du kannst die grau gefiederten Vögel aus nur 200 Metern Entfernung beobachten und

Von der Hafenpromenade in Röbel hat man den besten Blick auf die St.-Marien-Kirche

fotografieren. So nah kommst du Kranichen selten. Auch den Seeadler kannst du mit etwas Glück bei der faszinierenden Abendtour beobachten.

Von Waren Bahnhof zu Fuß in 15 Min. zur Anlegestelle Steinmole | Parkplatz vorhanden | Ablegestellen der Weißen Flotte auch in Röbel und Klink, Dauer: ab Waren 3 Std., Klink 2,5 Std., Röbel 2 Std. | Abfahrt wird dem Zeitpunkt des Sonnenuntergangs angepasst | weisse-flotte-mueritz.de/events, €€€ Aug. bis Okt. Fernglas 53.513711, 12.683290 (Stadthafen Waren)

IN UND UM RÖBEL

Die bunte Stadt am kleinen Meer

10 Abwechslungsreicher Bummel durch die Stadt Röbel, ca. 3,4 km, 1,5 Std.

Eine Wanderung zwischen historischer Innenstadt, Auszeit im Grünen und Hafenatmosphäre: Los geht es am schönen Marktplatz mit seinem prächtigen Rathaus und der gotischen Backsteinkirche St. Nicolai. Dann führt der Weg an der Stadtmauer vorbei Richtung Westen durch einen sehr schönen Park mit Spielplatz, Wassergraben und herrlichen Bäumen zum Hafen. Segelboote und Dampfer gleiten durch die breite Müritzbucht. Von der Promenade am Hafen hast du einen tollen Blick auf die Stadt mit ihrer gewaltigen St.-Marien-Kirche. Vom 58 Meter hohen Turm kannst du ringsum weit in die Ferne schauen. Das nächste Highlight ist die restaurierte Holländer-Windmühle, die hoch über der bunten Stadt am kleinen Meer mit ihren vielen farbenfrohen Fachwerkhäusern thront.

Von Waren Bahnhof mit Bus 11 nach Röbel | Mit dem Auto über die B192 und L24, Parkplatz an der Müritztherme Von Mai bis Sept. sind Windmühle und St.-Marien-Kirche geöffnet, kirche-mv.de/roebel/kirchen, € 53.376927, 12.605575 (Start), 53.375947, 12.602530 (Parkplatz)

✓ *Download GPX-Track*

Seerosenidylle an der Kroneiche

11 Einfache Rundwanderung um Rohrteich und Gliensee, ca. 9 km, 2,5 Std.

Los geht es am Wanderparkplatz an der Kroneiche. Die fast tausendjährige Kroneiche gehört zu den 100 bedeutendsten Bäumen Deutschlands. Rund

Während der Glienholzrunde kann man am Rohrteich ein Picknick einlegen

Fast 1000 Jahre hat die Kroneiche von Minzow auf dem Buckel

zehn Meter beträgt der Umfang des Stammes. Immer wieder führt die ausgeschilderte Glienholzrunde in Form einer Acht durch prächtige Buchenwälder und vorbei an Erlenbrüchen. Am malerischen Gliensee kreuzt du die Erdwälle historischer Landwehren und von der Hermeshöhe hast du einen schönen Blick. Am Rohrteich wird schnell klar, warum der See seinen Namen hat: Röhricht breitet sich aus. Ein Teppich aus weißen Seerosen vermischt sich mit dem Himmel und den Wolken zu einem herrlichen Stillleben – Picknickzeit am Rastplatz am Nordwestufer.

ℹ *Von Röbel mit Bus 16 bis Minzow und 20 Min. zu Fuß | Mit dem Auto zum Wanderparkplatz an der Kroneiche (Landstraße Röbel–Minzow), der Weg ist ausgeschildert* *Juni bis Aug., wenn die Seerosen auf dem Rohrteich blühen* *Feste Schuhe, Proviant für ein Picknick* *53.389905, 12.543400 (Parkplatz)*

Leinen los in der bunten Stadt

12 Bootstour auf der Müritz bei Röbel

Über die Müritz schippern, den Wind um die Nase wehen lassen und auf den Wellen schaukeln: Vom Röbeler Hafen aus kannst du mit führerscheinfreien Booten in See stechen und auf dem kleinen Meer ein Abenteuer erleben. **Insider-Tipp** Nimm ein Fernglas mit, um die beeindruckende Natur und Vogelwelt zu beobachten. Bei Marie's Bootsverleih und Röbel-Boot kannst du dir die passenden Boote für deinen großen Törn mieten.

ℹ *Von Waren Bahnhof mit Bus 11 nach Röbel | Mit dem Auto über die B192 und L24, Parkplatz am Hafen | Mit dem Linienschiff von Waren (Müritz) und anderen Anlegestellen zum Röbeler Hafen | röbel-boot.de, maries-bootsverleih.de, €€€* *April bis Okt.* *Wechselkleidung, Badesachen* *53.381694, 12.610310 (Röbel-Boot), 53.393348, 12.624839 (Marie's Bootsverleih)*

Spaziergang auf der Seebrücke

13 Badetag am Ludorfer Strand

Die Wellen kräuseln sich und das klare Wasser der Müritz plätschert friedlich am ausladenden

Der lange Steg hinaus auf die Müritz lässt bei Ludorf Seebad-Atmosphäre aufkommen

Strand mit seinem hellen Sand. Kleckerburgen thronen am Ufer und Möwen segeln durch die Luft: In Ludorf am Westufer der Müritz kommt Seebad-Atmosphäre auf. Wenn du einen kleinen Spaziergang auf Deutschlands größtem See machen möchtest, kannst du auf dem langen Steg weit hinauslaufen und die prächtige Sicht genießen. Es gibt auch eine Liegewiese und einen Imbiss mit Kinderspielplatz. In Ludorf selbst befinden sich ein schöner Gutspark samt Gutshaus mit Slow-Food-Restaurant und die Dorfkirche mit Oktogon. Direkt am Ufer entlang verläuft der Müritz-Radrundweg, auf dem Ludorf von Röbel aus in kurzer Zeit erreichbar ist.

Von Röbel mit Bus 17 nach Ludorf, 20 Min. zu Fuß zum Strand | Mit dem Auto über die Landstraße nach Ludorf, Südmüritz, und zum Parkplatz am Campingplatz in Ludorf | Liegewiese und Parkplatz gebührenpflichtig, € Im Sommer zum Baden Proviant für ein Picknick, Badesachen 53.382092, 12.686638 (Strand) Download GPX-Track (mit dem Rad von Röbel nach Ludorf)

Abendliche Seenrunde mit doppelt Badespaß

14 Badeausflug zu Tangahn- und Großem Kressinsee, ca. 4,9 km, 1,5 Std.

Am Strand des Tangahnsees in Woldzegarten kannst du ausspannen. Bäume sorgen auch an heißen Tagen für Schatten. Es gibt Picknickplätze und Spielgeräte. Der See ist bei Anglern beliebt. Du kannst mit einem Touristen-Fischereischein (und einer Angelkarte) selbst angeln. Wer wandern möchte, kann zum Strand am Großen Kessinsee hinüberlaufen. In Woldzegarten in der Ortsmitte links in eine Abzweigung der Walower Straße einbiegen, dann Richtung Strietfeld halten. Am kleinen Kressinsee vorbei geht es über den Kellerbach zur Badestelle.

Von Röbel mit Bus 16 bis Woldzegarten | Mit dem Auto über Minzow zum Nordufer des Tangahnsees | Angelkarten: lav-mv.de/angelkarten Im Sommer zum Baden, abends, wenn es nicht mehr so warm ist Proviant für ein Picknick, Badesachen, Handtuch 53.399194, 12.476444 (Strand) Download GPX-Track

Durch eine schöne Feldlandschaft und an Fischteichen entlang führt die Wanderung von Boek nach Amalienhof

IN UND UM BOEK

Zur Vogelshow an den Fischteichen

15 Einfacher Rundwanderweg Amalienhof bei Boek, ca. 10 km, 3 Std.

Die Wanderung führt dich von Boek an der St.-Johannis-Kirche vorbei durch eine schöne Feldlandschaft. Hinter Amalienhof geht es hinter einem Feldrain links ab zu einer Aussichtsplattform. Hier läuft eine beeindruckende Flugshow: Ein Fischadler segelt majestätisch über den kleinen Gewässern, auch der Seeadler dreht hier seine Runden. Zurück auf der ausgeschilderten Wanderroute geht es an urigen Alleebäumen vorbei und durch einen prächtigen Wald in Richtung Müritzufer. **Insider-Tipp** Mach unbedingt einen Abstecher zu der Badestelle kurz hinter dem Campingplatz Boek mit herrlichem Blick über die Müritz, die sich bis zum Horizont ausbreitet. Zurück geht es auf dem ausgeschilderten Wanderweg nach Boek.

Von Waren mit Bus 9 nach Boek | Mit dem Auto von der B198 über Rechlin nach Boek | Wegmarke: gelber Falke Im Sommer Feste Schuhe, Fernglas, Badesachen 53.393034, 12.791530 (Start in Boek) Download GPX-Track

Radtour im Müritz-Nationalpark

16 Einfache Radrundtour von Boek zum Käflingsberg, ca. 22 km, 2 Std.

Besser kann der Ausblick kaum sein als am Aussichtspunkt am Boeker Sender: Von der Holzhütte am Ostufer ist die Sicht prächtig auf die Müritz. Dies ist ein früher Höhepunkt auf dem abwechslungsreichen Rundkurs im Herzen des Nationalparks. Es geht weiter an Teichrosen vorüber zu den Aussichtstürmen am Specker See und nach Schwarzendorf. Wildnis und Bruchwälder erwarten dich an den Mooren nördlich des Specker Sees und am Mühlensee. Über Speck mit einer 800-jährigen Sommerlinde geht es zum Aussichtspunkt Käflingsberg (kurzer Abstecher zu Fuß). Immer wieder warten tolle Rastplätze für eine Pause und beeindruckende Naturbeobachtungen. Hinter dem Campingplatz Boek lohnt ein Abstecher zu einer tollen Müritz-Badestelle

Von Waren mit Bus 9 nach Boek | Mit dem Auto von der B198 über Rechlin nach Boek | Wandermarke: blauer Radfahrer Im Sommer zum Baden Tourenrad, Proviant, Feldstecher, Badesachen 53.393034, 12.791530 (Start in Boek) Download GPX-Track

Ornithologen kommen auf der Aussichtsplattform an den Zartwitzer Fischteichen auf ihre Kosten

Diese Blitzeiche kann man beim Stromern rund um Boek entdecken

Zur idyllischen Badestelle

17 Einfache Radrundtour zu den Zartwitzer Fischteichen, ca. 21 km, 1,5 Std.

Der Rundkurs führt von Schillersdorf durch die herrliche Natur im Herzen des Müritz-Nationalparks. Nach dem Start glitzern schon wenig später die Fischteiche bei Zartwitz, wo man von einer Plattform aus die Vögel beobachten kann. Durch den Wald geht es Richtung Pagelsee zur Badestelle unter Bäumen. Hier sollte man einige Zeit innehalten, die Bäume rauschen, das kühle Wasser zieht dich magisch an. Dies ist einer der vielen schönen Orte auf der Radtour. Zurück führt der Weg in der Zotzenseeniederung an wildem Bruchwald und Sumpf vorbei. Hier wird ein Moor renaturiert. Von einem Aussichtsspunkt kannst du weit über die Niederung schauen. Auf einer kleinen Landstraße radelst du von Babke zurück nach Schillersdorf.

Von Neustrelitz mit Bus 670 nach Schillersdorf | Mit dem Auto von der B198 über Leussow zum Infopunkt Schillersdorf | Wegmarke: oranger Radfahrer Im Sommer zum Baden Tourenrad, Proviant, Badesachen 53.344236, 12.840008 (Start) Download GPX-Track

Waten im Flachwasser

18 Badetag am Boeker Sender mit Rundtour um die Senderwiesen, ca. 6 km, 2 Std.

An der Badestelle am Boeker Sender kannst du durch das flache Wasser weit in die Müritz waten und den Blick auf Deutschlands größten See genießen. Am Ufer gibt es genug Platz auf einer Liegewiese. Der Wind, der auf der gewaltigen Freifläche Fahrt aufnimmt, rauscht in den Bäumen, die den Strand säumen. Einen Besuch der Badestelle nördlich des Campingplatzes Boek C16 (mit Imbiss und Kanubasis) kann man gut mit einer Wanderung verbinden: Von Boek führt die fünf Kilometer lange Strecke um die Boeker Senderwiesen zu einer Aussichtsplattform am Ufer mit tollem Ausblick. Die sogenannten Senderwiesen heißen so, weil hier in den 1930er- bis 40er-Jahren Sendemasten standen.

Von Waren mit Bus 9 nach Boek | Mit dem Auto von der B198 über Rechlin nach Boek | Wegmarke: lila Pilz Im Sommer zum Baden Proviant, Badesachen 53.393034, 12.791530 (Start) Download GPX-Track

Die Müritz ist ein Wassersportparadies, wie hier am Nationalparkdorf Boek

Das Strandbad Mili ist ein beliebtes Ausflugsziel der Einheimischen

Die Weitsicht an der Mili genießen

19 Badetag mit Wanderung zum Strandbad Mili und nach Hafendorf, ca. 4,3 km, 1 Std.

Vom Parkplatz des Luftfahrttechnischen Museums Rechlin geht es zum Strandbad Mili – von den Einheimischen liebevoll „die Mili" genannt. Dort breitet sich die Müritz weit nach Norden aus, während die Wellen plätschern. Der weiße Naturbadestrand ist mit flachem Wasser, weißem Sandstrand, großzügiger Liegefläche, Schattenplätzen und klarem Wasser vor allem bei Familien mit Kindern beliebt. Ein Hundebadestrand ist gleich nebenan. Unweit befindet sich in Hafendorf der Schiffsanleger der Weissen Flotte. Nach einem Strandbesuch kann man eine Wanderung am Ufer der Müritz dorthin unternehmen und gegenüber dem Jachthafen im Claassee zurück nach Rechlin wandern.

Von Röbel mit Bus 10 nach Rechlin-Nord | Mit dem Auto von der B198 über Rechlin
Badesachen, Proviant *53.349592, 12.726990 (Parkplatz), 53.345164, 12.712814 (Strand)* *Download GPX-Track*

Windsurfen lernen auf der Müritz

20 Windsurf-Kurs am Campingplatz bei Boek

Die Weite der Müritz weht dir ins Gesicht, wenn du beim Windsurfen oder Stand-up-Paddling über das kleine Meer gleitest. Gut geeignet ist wegen des flachen Wassers mit einer Tiefe von 40 bis 90 Zentimetern das Ostufer der Müritz. Bei der Kanu- und Surfstation Surf-Hecht beim Nationalparkdorf Boek kannst du auch als Anfänger erste Gleit- und Stehversuche unternehmen. Es gibt Einsteiger-Kurse und für Kinder spezielle unsinkbare Badeboote, zum Teil mit großem Sichtfenster zum Fischebeobachten. Deutschlands größter See und die vielen Wasseradern in der Region sind aber auch bestens geeignet für Mehrtagestouren. **Insider-Tipp** Mit einem Naturführer kannst du den Müritz-Nationalpark und die Mecklenburgische Seenplatte in Tages- und Mehrtagestouren vom Wasser aus erleben.

Von Waren mit Bus 9 nach Boek | Mit dem Auto von der B198 über Rechlin nach Boek und weiter zum Campingplatz C16 | Surf-Hecht: surf-hecht.de/windsurfen, €€€ | Naturführer: mueritz-nationalpark.de *April bis Okt., von Mai bis Sept. tgl. ab 10:30 Uhr Einsteigerkurs, für Aufsteiger ab 14 Uhr*
Ausrüstung inklusive *53.396122, 12.783253 (Surf-Hecht)*

DER SCHÖNSTE SONNENUNTERGANG

Flammender Himmel über der Binnenmüritz

21 Am Ostufer der Binnenmüritz bei Waren

Die Wellen plätschern, Wasservögel haben sich an den Fischreusen niedergelassen und ein Graureiher segelt durch das Abendrot an der Binnenmüritz – hier kannst du perfekt die Sonne untergehen sehen. Wandert man vom Stadthafen Richtung Süden am Ostufer entlang, stehen an der Promenade Bänke bereit.

Von Waren Bahnhof zu Fuß in 15 Min. zur Anlegestelle Steinmole | Parkplatz vorhanden | Zu Fuß weiter an der Promenade des Ostufers die Binnenmüritz entlang *Ganzjährig* *53.504233, 12.689141 (Ausblick Binnenmüritz)*

LOKALE SPEZIALITÄTEN

*UND WO DU SIE PROBIEREN KANNST

Kapitale Zander werden in den Mecklenburgischen Seen gefangen, vielseitig werden sie in den Restaurants der Region zubereitet

Von Grützwurst bis Labskaus: Gebratener Fisch und Wildgerichte sind in der wasser- und waldreichen Region beliebt, aber auch Grünkohl und Kartoffeln. Was die Menschen an der Müritz besonders gern essen, erfährst du hier.

Eine deftige Mahlzeit

1 Grützwurst

Die Grundlage des Gerichts, das es hier seit Langem gibt, ist Blutwurst aus Blut und Schwarte. Die Wurstmasse bekommt ihren Geschmack durch Salz, Pfeffer und Majoran und wird mit Schweinefleisch, Innereien und Gerstengrütze zubereitet. Andere Bezeichnungen sind lose Wurst, Pottwurst, Grützefülle oder Rote Grützwurst. Serviert wird sie zur Brotzeit, gegrillt oder gekocht mit Sauerkraut.

Im Ratskeller Brauereigasthof in Waren (Müritz) *kommt die Henkersmahlzeit, eine hausgemachte Grützwurst mit Sauerkraut und Salzkartoffeln, auf den Tisch | Neuer Markt 1a, Waren (Müritz) | ratskeller-waren.de, €€*

Leckerbissen nach Müllerin-Art

2 Zanderfilet

Der Zander, der größte im Süßwasser lebende barschartige Fisch Europas, ist auch in der Seenplatte heimisch – und sein Filet sehr beliebt. Sein festes, weißes Fleisch ist aromatisch, fett- und grätenarm. Es lässt sich vielseitig zubereiten, schmeckt gebraten oder gedünstet.

Im Regattahaus in Röbel (Müritz) *gibt es Zanderfilet Müllerin-Art, gebraten, mit Kräuterbutter, Meerrettich und Bratkartoffeln | Müritzpromenade 20, Röbel (Müritz) | Tel. 03 99 31/5 35 36, €€*

Ein kaltes, würzig-deftiges Gericht

3 Sauerfleisch

Das Schweinefleisch wird in Wasser mit Essig gekocht, für den Geschmack sorgen Gewürznelken, Lorbeer, Piment und Senfsaat, teilweise auch Zwiebeln und Wurzelgemüse. Sauerfleisch wird auch in Gläsern gelagert, ist lange haltbar und steht, kalt aufgeschnitten und zu Bratkartoffeln gereicht, schon lange auf der regionalen Speisekarte. Die süßsaure Zubereitung von Fleisch, Fisch und Gemüse ist bei vielen Gerichten typisch.

Im Restaurant Altes Reusenhus in Waren (Müritz) *gibt es rustikales Mecklenburger Sauerfleisch an marinierten Blattsalaten mit hausgemachtem Dip und Bratkartoffeln | Schulstr. 7, Waren (Müritz) | reusenhus.de, €€*

Von der See aufs Land

4 Labskaus

Ursprünglich ein Seemannsgericht, hat Labskaus längst seinen festen Platz auf der norddeutschen Speisekarte. Das Kartoffelgericht wird vielerorts mit Rindfleisch und Roter Bete zubereitet – es sind aber zahlreiche regionale Variationen entstanden.

Im Restaurant U-Nautic in Waren (Müritz) *gibt es das Gericht mit Bratkartoffeln, Matjes, Gewürzgurke und Spiegelei | Lange Str. 15, Waren (Müritz) | u-nautic.de, €€*

Hier findest du alles

5 Fischkaufhaus in Eldenholz

Eine große Auswahl an Fischspezialitäten, Likören, Geflügelprodukten oder Wildfleisch findest du im Fischkaufhaus in Eldenholz bei Waren. Auf der Speisekarte stehen neben leckeren Fischbrötchen auch Fischsuppen wie der Mecklenburger Fischtopf mit Räucherfisch oder eine Fischsuppe nach Müritzfischer-Art.

Eldenholz 42, Waren (Müritz) | Mo–Fr 9–17, Sa 9–15 Uhr | fischkaufhaus.de

Die Einrichtung des U-Nautic in Waren erinnert an „20 000 Meilen unter dem Meer" – hier kann man viel Fisch essen und bestes Labskaus probieren

In Neubrandenburg, das auch architektonisch einiges zu bieten hat, starten viele Rad- und Wandertouren

Neubrandenburg & Umgebung

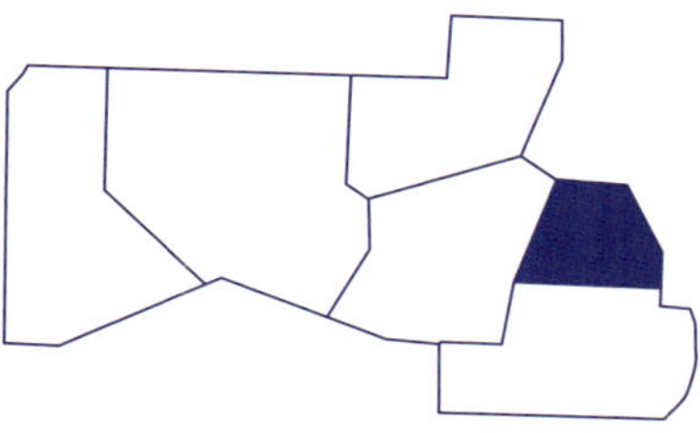

AUF KLEINE BERGE UND DURCH WILDE TÄLER

Perfekt geformte Hügelketten, herrliche Strände, Steilufer, ein Hauch von Gebirge – die Region um Neubrandenburg ist ein schönes Auf und Ab. Der malerische Tollensesee und das Tollensetal kerben sich von Süd nach Nord durchs Land. Die Wasser- und Lebensader ist Refugium für viele Tiere und ein Paradies für Radfahrer, Wanderer und Wasserratten. An den bewaldeten Ufern finden sich viele stille Plätze und Aussichtspunkte. Vom Südufer aus funkelt Neubrandenburg mit seinen tollen Stränden in der Ferne. Die Stadt ist bekannt für ihre Backsteingotik und die gute erhaltene Wehranlage. Für Abwechslung sorgen Orte wie Schloss Hohenzieritz mit seinem herrlichen Park, der sich in die Eiszeit-Landschaft schmiegt, oder die Burgen in Penzlin und Burg Stargard. Hier und da, wie im Talkessel von Burg Stargard, kommt sogar Mittelgebirgs-Feeling auf.

AUF EINEN BLICK

*NEUBRANDENBURG & UMGEBUNG

MARCO POLO OUTDOOR-HIGHLIGHTS ★

★ Natur erleben am laufenden Meter
Auf dem Teilstück der Grünen Runde im Malliner Bachtal zeigt sich Neubrandenburg von seiner wilden Seite → S. 152

★ Einmal um den Tollensesee radeln
Auf einer Radrundtour um den Tollensesee bei Neubrandenburg wird es zuweilen surreal schön → S. 154

★ Auf Humboldts Spuren im mecklenburgischen Wald
Zwischen Steilufer und Schilfgürtel den Chimborazo überm Tollensesee bezwingen → S. 156

★ Zur Königin der Herzen von Hohenzieritz
Bei einer Wanderung durch den Schlosspark Hohenzieritz wandelt man auf den Spuren von Königin Luise → S. 158

★ Auf eine Höhenburg und über sieben Berge
Auf dem Rundweg um Burg Stargard taucht man tief in das mittelalterliche Leben ein → S. 160

Kalübbe
Lebbin
Woggersin
Neverin
Trollenhagen
Neuenkirch
Ihlenfeld
Zirzow
Natur erleben am laufenden Meter
Tollense
Datze
Malliner Bach
Einmal um den Tollensesee radeln
Neubrandenburg
17 km, 20 Min.
Neuendorf
Wulkenzin
Sponholz
26 km, 30 Min.
Auf Humboldts Spuren im mecklenburgischen Wald
Auf eine Höhenburg und über sieben Berge
Burg Stargard
Alt Rehse
Tollensesee
Klein Nemerow
Groß Nemerow
Tollenseheim
Holldorf
Teschendorfer See
Krickow
Krickower See
Lieps
Zachow
25 km, 25 Min.
Usadel
Cammin
Camminer See
Gramelower See
Gramelow

OUTDOOR-HIGHLIGHTS

*DIE BESTEN ERLEBNISSE DRAUSSEN

Natur erleben am laufenden Meter ★

Wie ein großer Gürtel aus Wäldern, Wiesen und Wanderwegen umspannt die Grüne Runde die Stadt Neubrandenburg: Der rund 40 Kilometer lange Rundkurs verbindet die schönsten Abschnitte des lokalen Wanderwegenetzes. Die lange Grünphase beginnt und endet am Strand in Broda. Mancherorts wartet urwüchsige Wildnis auf die Wanderer wie auf dem Teilstück im Malliner Bachtal, das bei Zirzow beginnt.

Die Grüne Runde rund um Neubrandenburg

Neubrandenburg verfügt nicht nur über außergewöhnlich viele schöne Orte und Natur in seiner Umgebung, sondern seit dem Jahr 2008 mit der Grünen Runde auch über eine durchgehende Verbindung. Die Eröffnung war ein Meilenstein für Wanderer: Vom offiziellen Start und Zielpunkt am Strandbad Broda, wo im Sommer das Leben pulsiert, führt der gut ausgeschilderte Weg durch prächtige Wälder, malerische Hügellandschaften und einsame Flusstäler. Auf der Tourroute liegen Orte mit interessanter Geschichte wie die Ravensburg – hier befand sich ein slawischer Burgwall – oder die Kirchenruine in Küssow. Das Gotteshaus wurde während der Belagerung Neubrandenburgs im Dreißigjährigen Krieg zerstört. Im Landschaftsschutzgebiet Lindetal sind die Reste einer Papiermühle sehenswert und im Malliner Bachtal wartet ein besonderes Stück Wildnis.

Schnuppertour durchs wilde Malliner Bachtal

Der Naturwanderpfad durch das Bachtal liegt unmittelbar vor den Toren der Stadt: Der Weg, der sich oft als schmaler Pfad durch das urwüchsige Bachtal und mit prächtigen Blumen bewachsene Wiesen schlängelt, beginnt an der Landstraße Richtung

Mal oben auf der Hügelkante, mal unten am Bach verläuft die Tour durch das Malliner Bachtal (li., re.)

Zirzower Mühle und ist ein besonders schönes Teilstück der großen Grünen Runde. Auf den folgenden knapp drei Kilometern warten unter anderem ein Aussichtspunkt mit einer Bank zum Verweilen und die Himmelsleiter, ein langer, treppenartiger Aufstieg. Du stehst mitten in der Natur, Wasser rauscht, Vögel zwitschern: Das Malliner Bachtal direkt vor den Toren Neubrandenburgs ist ein Landschaftsschutz- und Naherholungsgebiet der Extraklasse. Viele Pflanzen- und Vogelarten sowie Tagfalter sind hier heimisch. Auf den kalkhaltigen Trockenwiesen haben sich stark gefährdete Arten wie das Gemeine Kreuzblümchen angesiedelt. **Insider-Tipp** Am Ende des Bachtals kannst du deine Wanderung auf der Grünen Runde in Richtung Schälchenstein (einem Granitfindling) verlängern. Oder du läufst durch das Malliner Bachtal wieder zurück zum Ausgangspunkt.

Die Tour im Überblick

Einfache Wanderung durch das Malliner Bachtal, ca. 5 km, 2 Std. (Hin- und Rückweg)

Von Neubrandenburg ZOB mit Bus 524 nach Zirzow | Mit dem Auto über die B104, Abzweigung Zirzow | Start: Parkplatz südl. Zirzower Mühle | Teilstück der Grünen Runde (ca. 40 km, 2 Tage, Start: Strandbad Broda) | neubrandenburger-wanderfreunde.de

Ganzjährig, besonders im Frühling
Feste Schuhe, Wanderstöcke, Proviant
53.575768, 13.195744 (Zirzow), 53.549702, 13.239884 (Strandbad Broda)

DOWNLOAD GPX-Track

Einmal um den Tollensesee radeln ★

Der Tollensesee ist nicht nur sehr beliebt, er hat auch sehr unterschiedliche Gesichter. Mal ruht er still und friedlich in seinem Bett zwischen hohen Hügelketten. Dann wieder sorgt Wellenrauschen für Seebad-Atmosphäre. Bei deiner Radtour wartet eine spektakuläre Entdeckungsreise: Unterwegs streifst du prächtige Strände, eine surreale Kormoraninsel und viele herrliche Aussichtspunkte.

Der Gardasee des Nordens

Da am Ufer bewaldete Hügelketten das fast elf Kilometer lange, glasklare Gewässer des Tollensees umringen, versprüht er den Charme eines oberitalienischen Sees. Mit einem Vorteil: Eine Radrundtour um den Gardasee des Nordens ist zwar anspruchsvoll, aber die Steigungen sind bei Weitem nicht so steil wie in den Alpen. Schon die Slawen hatten am Tollensesee viele Siedlungen angelegt. Manch ein Forscher vermutet, dass sich hier das slawische Hauptheiligtum Rethra befand. Später war die Region eine beliebte Adresse für herrschaftliche Wohnsitze wie Schloss Prillwitz oder Hohenzieritz, den Sterbeort der berühmten Königin Luise. Inzwischen ist der Tollensesee längst ein Wassersportparadies und gut besuchtes Ausflugsziel. Vielerorts kann man trotzdem ungestört die Ruhe genießen. Denn: Es herrscht wenig Bootsverkehr, weil es keinen schiffbaren Zufluss gibt. Dafür ziehen das Linienschiff Rethra und das Fahrgastschiff Mudder Schulten ihre Bahnen.

Zur Kormoraninsel, zu Traumstränden und einem Belvedere

Wer die Rundtour vom Strandbad Broda aus unter die Pedale nimmt, sollte viel Zeit einplanen. Nicht, weil die Strecke so anstrengend ist – obwohl auch Steigungen warten –, sondern weil es viele Stellen zum Innehalten gibt: wilde Biotope, idyllische Picknickplätze und herrliche Fernsichten. An der Kormoraninsel wird es ein wenig surreal: Kahl ragen Äste auf dem kleinen Eiland bei Prillwitz in die Höhe – ein Bild wie aus einem Science-Fiction. Vogelschwärme bevölkern das Wasser der Lieps südlich des Tollensesees. Von einem kleinen Strand neben dem Jagdschloss hat man die beste Sicht. Drei Highlights mit Fernsicht sind der Aussichtsturm Behmshöhe, der Säulentempel Belvedere vor den Toren Neubrandenburgs sowie das bronzezeitliche Hügelgrab bei Wustrow. Natürlich säumen die Strecke auch herrliche Strände wie das Brodaer Strandbad, das Augustabad oder der FKK-Strand in Buchort. **Insider-Tipp** Die Tour in zwei Etappen teilen und eine Übernachtung einplanen. Mit dem Linienschiff Rethra kannst du abkürzen und von vielen Haltestellen nach Neubrandenburg zurückfahren.

Die Tour im Überblick

Mittelschwere Radrundtour um den Tollensesee, ca. 35 km, 3–4 Std.

Von Neubrandenburg ZOB mit Bus 10 nach Dorf Broda | Mit dem Auto von der B 104 über den Friedrich-Engels-Ring zum kostenlosen Parkplatz an der Stadthalle | Mit dem Rad zum Strandbad Broda

Im Herbst, wenn die Zugvögel die Lieps bevölkern

Tourenrad, Badesachen, Proviant für ein Picknick

53.550196, 13.242603 (Strandbad Broda), 53.548297, 13.254482 (Parkplatz)

DOWNLOAD GPX-Track

Die Runde um den Tollensesee (li., u.) kann dauern, weil man stets die Aussicht genießen muss – wie am Säulentempel Belvedere (o.)

Auf Humboldts Spuren im mecklenburgischen Wald ★

Schon der berühmte Alexander von Humboldt hatte große Freude an den kleinen Hügeln am Tollensesee: Zu Ehren des Entdeckers heißt eine markante Erhebung Chimborazo. Der namensgebende, mehr als 6200 Meter hohe erloschene Vulkan in Südamerika ist natürlich deutlich größer, aber auch eine Ersteigung seines kleinen Namensvetters lohnt sich – genauso wie eine Uferwanderung.

Der mecklenburgische Chimborazo

Kegelförmig erhebt sich der Hügel aus der Uferlandschaft, die von den mächtigen Buchenwäldern des Nemerower Holzes überdacht wird. Die Hänge fallen steil ab: Ein wenig erinnern die Konturen des Chimborazo an einen Vulkan und ein Gedenkstein auf der Bergspitze an eine besondere Geschichte, die den Aussichtshügel umweht. 1843, so steht es in den Chroniken, weilte von Humboldt auf einer Durchreise auch am Tollensesee. Später erhielt der Aussichtspunkt bei Groß Nemerow zu Ehren Humboldts die Bezeichnung Chimborazo. Das Original reckt sich in Südamerika mehr als 6200 Meter hoch in den Himmel. Humboldt hatte den berühmten Berg auf seinen Entdeckungsreisen besucht und einen Erstaufstieg gewagt, scheiterte allerdings knapp. Die Spitze des 55 Meter hohen Neubrandenburger Chimborazos ist dagegen durch einen Pfad problemlos erreichbar: Es gibt dort sogar ein Gipfelbuch, in das man sich als Bezwinger des „Berges" eintragen kann.

Eine Wanderung zwischen Steilufer und Schilfgürtel

Der Platz für die kleine Holzbank, die zu einer Rast einlädt, ist gut gewählt: Der Uferweg verläuft hier ein paar Meter über dem Tollensesee. Du kannst weit über das Wasser schauen, während die Bäume des Nemerower Holzes und die Wellen rauschen. Die Wanderung am Nordostufer des Sees zum Chimborazo ist ebenso reizvoll wie die „Bergtour". Hier und dort begleitet der Uferweg den Tollensesee in luftiger Höhe, oft plätschern die Wellen direkt vor deinen Füßen in einem der vielen Schilfgürtel. Nach dem Start in Neubrandenburg am beliebten Augustabad mit seinem langen Sandstrand beginnt eine abwechslungsreiche Wandertour durch die Hügellandschaft. Der See wird zum ständigen Begleiter. Picknickplätze, eine Schutzhütte und knorrige Bäume säumen den Weg. Dann ruht der Humboldt-Gedenkstein am Wegesrand, ein Findling, der aus Schweden während der Eiszeit hierherwanderte. Die Besteigung des Chimborazo beginnt. Vom Gipfel funkelt durch eine Schneise der Tollensesee, an dessen Ufer du wieder zurückwanderst.

Die Tour im Überblick

Einfache Wanderung auf den Chimborazo am Tollensesee, ca. 7 km, 3 Std. (Hin- und Rückweg)

Von Neubrandenburg ZOB mit Bus 2 bis Kirschenallee | Mit dem Auto vom Friedrich-Engels-Ring in die Neustrelitzer Str., dann rechts ab zum Ausgangspunkt am Parkplatz Augustabad in Neubrandenburg

Frühling bis Herbst: Im Herbst sind die bunten Blätter reizvoll, im Sommer kann im Augustabad gebadet werden

Feste Schuhe, Badesachen, Wanderstöcke, Proviant für ein Picknick

53.531512, 13.245548 (Parkplatz), 53.508049, 13.227355 (Chimborazo)

DOWNLOAD GPX-Track

Wer kann schon von sich behaupten, auf dem Chimborazo (li.) gewesen zu sein? Alle, die diese Wanderung am Ostufer des Tollensesees (o.) erfolgreich gemeistert haben!

Zur Königin der Herzen von Hohenzieritz ★

Hohenzieritz beeindruckt mit seinem prächtigen Landschaftsgarten und dem Schloss, ist aber vor allem wegen eines tragischen Todesfalles bekannt geworden. Hier verstarb 1810 überraschend Königin Luise von Preußen. In dem weitläufigen Schlossgarten wandelt man auf königlichen Pfaden durch einen herrlichen Landschaftspark.

Auf den Spuren von Königin Luise am Schloss Hohenzieritz

Hell schimmert die Fassade des Schlosses Hohenzieritz in der Landschaft. Der mit dem Tollensesee verbundene See Lieps funkelt in der Ferne und malerisch liegt der prächtige Schlosspark zu Füßen des schmucken Bauwerks, in dem 1810 große Trauer herrschte. Damals war Luise von Preußen, die schon zu Lebzeiten Königin der Herzen genannt wurde, im Alter von nur 34 Jahren verstorben. Die Ärzte diagnostizierten eine Lungenentzündung als Todesursache. Um ihr Andenken zu wahren, verfügte ihr Vater, der Herzog von Mecklenburg-Strelitz, dass das Sterbezimmer in der Sommerresidenz in Hohenzieritz unangetastet und als Erinnerungsstätte erhalten bleiben sollte. Der Grund für die Beliebtheit von Königin Luise? Sie hatte nicht nur wegen ihrer Schönheit ihr adeliges Umfeld und viele Bürger beeindruckt, sondern sorgte während ihrer Ehe mit dem König von Preußen für frischen Wind. Die Königin ermunterte ihren Mann, Reformen in Angriff zu nehmen. Bei einer Ausstellung im Schloss kannst du mehr über das Wirken der außergewöhnlichen Königin erfahren.

Auf geschwungenen Wegen zu Luisentempel und Fernsicht

Natürlich hat Luise von Preußen auch bei der Gestaltung des weitläufigen Schlossparks ihre Spuren hinterlassen: Ein kleiner Tempel mit einer

Im weitläufigen Park des Schlosses Hohenzieritz (re.) warten Baudenkmäler wie der Luisentempel (li.), aber auch schöne Ausblicke wie in das weite Tollensetal

Marmorbüste der Königin ruht zwischen farbenprächtigen Blumen. Am Fuße des Schlosses verbinden sich der Park und die Hügellandschaft zu einer barocken Erlebniswelt mit einer tollen Aussicht: Während der Wanderung auf geschwungenen Wegen kannst du den Blick auf das weite Tollensetal genießen. Baumreihen verebben in der Ferne, Steinmauern durchziehen die Felder und eine Schafherde weidet auf den Wiesen. Der Park erinnert an die Gärten auf den britischen Inseln. Kein Wunder: Herzog Carl ließ das Kleinod 1771 durch einen englischen Gartenkünstler anlegen. Perfekte Voraussetzungen bot die hügelige Landschaft, in der viele fantasievoll angelegte Entdeckungen auf dich warten. Ein Teich glitzert in der Parkanlage, ein steinerner Wasserfall mit einem kleinen Flussbett aus Natursteinen schmiegt sich an einen Hügel und man wandelt durch Alleen mit prächtigen Bäumen.

Die Tour im Überblick

Idyllischer Spaziergang um das Schloss Hohenzieritz, ca. 2,3 km, 1 Std.

Von Neustrelitz ZOB mit Bus 689 nach Hohenzieritz | Mit dem Auto von Neubrandenburg über die B96 und die L34 nach Hohenzieritz, Parkplatz am Schloss

April bis Okt., Öffnungszeiten Luisen-Gedenkstätte: mv-schloesser.de/de/location/schloss-hohenzieritz, €, Landschaftsgarten immer geöffnet

Bequeme Schuhe, die für einen Spaziergang geeignet sind

53.444306, 13.102139 (Parkplatz)

DOWNLOAD GPX-Track

Auf eine Höhenburg und über sieben Berge ★

Landmarke und Aussichtspunkt: Hoch oben, auf der Spitze des Bergfrieds der Burg Stargard, wartet eine prächtige Fernsicht, wie sie schon vor vielen Jahrhunderten die Herren der Festungsanlage genossen. Der Sieben-Berge-Rundweg führt um die Stadt Burg Stargard und lässt einen in der einzigen erhaltenen Höhenburg Norddeutschlands tief in das mittelalterliche Leben eintauchen.

Auf der Höhenburg wird die mittelalterliche Welt lebendig

Ein paar Schritte noch, die glänzende Wendeltreppe aus Edelstahl hinauf – dann kannst du vom mächtigen Bergfried das Stargarder Land aus der Burgherrenperspektive betrachten. Der 38 Meter hohe Backsteinturm überragt das imposante historische Ensemble der Festung, die vor mehr als 750 Jahren erbaut wurde. Die heute nördlichste Höhenburg Deutschlands ist außerdem das älteste weltliche Bauwerk in Mecklenburg-Vorpommern und wurde einst als Hofburg der Markgrafen von Brandenburg genutzt. Sie ließen die Burg zwischen 1236 und 1260 als ihre nördlichste Residenz ausbauen.Geschützt von dicken Mauern wird zwischen Amtsreiterhaus, Schöpfgang und Burgkapelle die mittelalterliche Welt lebendig. Im Marstall, der heute als Museum dient, warten viele historische Zeitzeugnisse auf dich. Vor den Toren der Festung duftet der Wurz- und Krautgarten, der nach dem Vorbild der mittelalterlichen Kloster- und Burggärten angelegt wurde. **Insider-Tipp** Ein Spaziergang durch die duftende Kräuteroase macht den Burgbesuch zu einem Erlebnis für die Sinne.

Wanderung über sieben Anhöhen

Die roten Dächer der schönen Kleinstadt leuchten im Talkessel in der Sonne. Der imposante Turm der St.-Johannes-Kirche ragt in den Himmel. Wie auf einem Laufsteg wandelst du auf dem Sieben-Berge-Wanderweg über sieben Anhöhen um das schöne Städtchen Burg Stargard. Unterwegs warten malerische Orte auf dich wie die Streuobstwiesen am Burgberg. Infotafeln erzählen die spannende Historie des Ortes. Denn: Die Kleinstadt spielte im Mittelalter eine gewichtige Rolle. Der Burgberg und die kürzlich umfangreich renovierte Höhenburg sind im wahrsten Sinne des Wortes das aussichtsreiche Highlight der Tour, bei der es ordentlich auf und ab geht. In Burg Stargard treffen zwei gewaltige Eiszeitrinnen zusammen. Im Tal warten der Mühlenteich mit einer kleinen Insel und die Linde, die gemächlich durch ihr Flussbett fließt. Der Weg ist über weite Strecken gut ausgeschildert, aber der mächtige Bergfried ist ohnehin nicht zu verfehlen.

Die Tour im Überblick

Einfache Wanderung auf dem Sieben-Berge-Rundweg um Burg Stargard, ca. 5,7 km, 2 Std.

Mit der Bahn nach Burg Stargard | Mit dem Auto über B96 und L33 zum Marktplatz (kostenlose Parkplätze) | hoehenburg-stargard.de, € (Familienkarte erhältlich) | Großes Burgfest am 2. Augustwochenende | mecklenburgische-seenplatte.de/wandertour-sieben-berge-rundweg

März bis Okt., bei guter Fernsicht
Feste Schuhe, Wanderstöcke
53.495520, 13.309626 (Marktplatz)

DOWNLOAD GPX-Track

Über sieben Berge musst du gehen – und auf den Turm (re.) der Höhenburg Stargard (li.) steigen. Aber die Fernsicht entschädigt einen für alle Strapazen

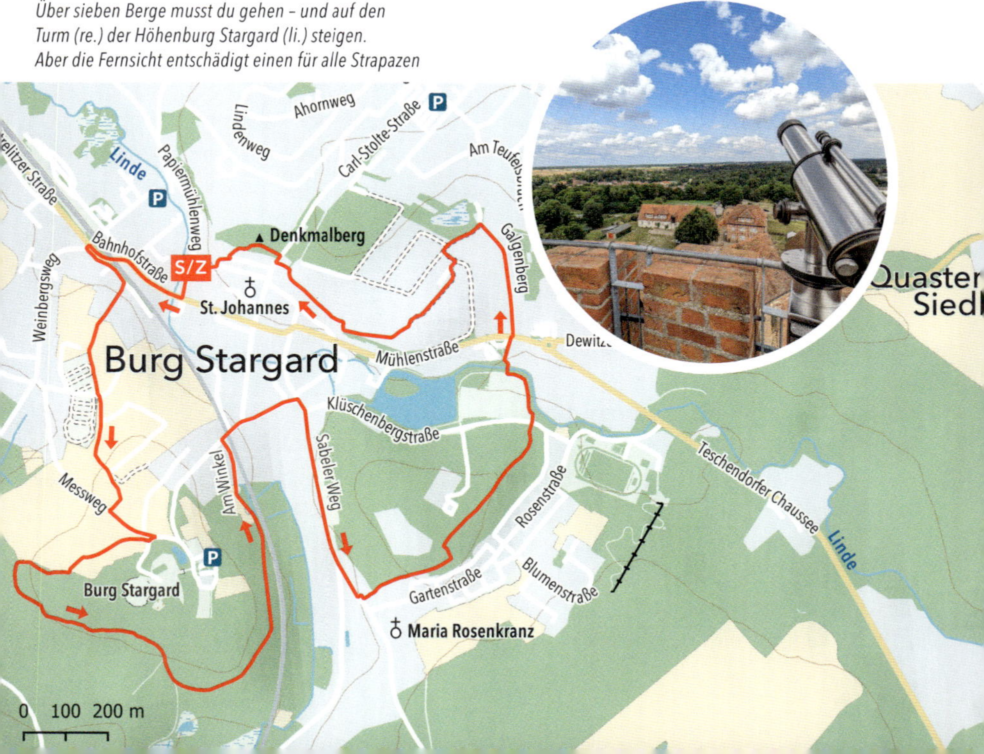

MEHR ERLEBEN

* WEITERE ABENTEUER & AUSFLÜGE

Nur eine kurze Wanderung von Neubrandenburg entfernt wartet auf der Behmshöhe einer der schönsten Blicke

Noch mehr entdecken in Neubrandenburg und Umgebung: Der Tollensesee und das Tollensetal bei Neubrandenburg sind für die Tiere ein wichtiger Rückzugsort – und für die Menschen ein 1-A-Freizeitrevier. Die Hügel um Penzlin sind wie gemacht fürs Wandern und Radfahren. Und um Usadel hat man von allem das Beste.

IN UND UM NEUBRANDENBURG

Aussichtsreicher Spaziergang

1 Einfache Rundwanderung zur Behmshöhe, ca. 2,7 km, 1 Std.

Im prächtigen Nemerower Holz vor den Toren Neubrandenburgs öffnet sich vom Aussichtsturm Behmshöhe einer der schönsten Blicke der Region. See, Landschaft und die Dächer der Stadt Neubrandenburg recken sich weit in die Ferne. Rund um den Turm wartet ein gut ausgeschildertes Wandergebiet. Die Tour beginnt am Augustabad mit seinem langen Sandstrand. Auf dem Weg Richtung Suhlquelle tauchst du tief in den Wald ein, im Sommer schattig, im Herbst herrlich bunt. Hinter der Quelle noch ein Stück weiter Richtung Süden wandern, dann rechts zum Turm auf der Behmshöhe abbiegen. Wenig später reckt sich das ehrwürdige Bauwerk in den Himmel. Bereits im Jahre 1905 wurde das 34 Meter hohe Bauwerk der Öffentlichkeit übergeben. Anschließend Richtung Arionstein und Seeufer wandern und am Steilufer des Tollensesees zurückkehren zum Ausgangspunkt.

Von Neubrandenburg ZOB mit Bus 2 bis Kirschenallee | Mit dem Auto vom Friedrich-Engels-Ring in die Neustrelitzer Str., dann rechts ab zum Ausgangspunkt am Parkplatz Augustabad | neubrandenburg-touristinfo.de/natur/aussichtturm-behmshoehe, Eintritt frei *Turm: Mitte April bis Mitte Nov.* *Proviant* *53.531500, 13.245500 (Parkplatz)* *Download GPX-Track*

Durch eine fast surreale Szenerie

2 Einfache Rundwanderung im Landschaftsgarten Brodaer Teiche, ca. 2,6 km, 1 Std.

Die Aussichtsplattform im Landschaftsgarten Brodaer Teiche ist ein heißer Kandidat für den besten Ausblick auf Neubrandenburg. Denn die Stadt liegt in ungewohnter Nord-Süd-Perspektive,

Eine Vielfalt von Geländeformen und Biotopen bietet der Landschaftspark Brodaer Teiche, der direkt bei Neubrandenburg zu einer Wanderung einlädt

Am überwachten Strand, auf dem langen Steg – im Strandbad Broda finden alle ihr Plätzchen

Hochhäuser und der Turm der St.-Marien-Kirche recken sich den Wolken entgegen. Die Runde durch den Landschaftspark, eine surreal anmutende Hoch- und Freifläche, beginnt am Parkplatz an der Neuendorfer Straße, dann geht es zum Aussichtspunkt und zu den Teichen, einem der Biotope auf dem Areal und ein wichtiger Lebensraum für Vögel. Zurück läufst du auf der anderen Seite des Gartens.
Von Neubrandenburg ZOB mit Bus 2 bis B192 | Mit dem Auto über die B192 bis zum Parkplatz Broda-Teiche | neubrandenburg.de/sport-kultur/tourismus/landschaftsgarten-brodaer-teiche
Ganzjährig, bei klarer Sicht *Proviant*
53.555167, 13.225882 (Parkplatz) *Download GPX-Track*

Am flachen Strand und hoch hinaus

3 Badetag im Strandbad Broda mit Spaziergang, ca. 1,8 km, 1 Std. (Hin- und Rückweg)

Am flachen Strand bei Broda können auch kleine Kinder nach Herzenslust planschen, der See erstreckt sich weit nach Süden. Das Bad wurde mehrfach mit der Blauen Flagge ausgezeichnet. Neben einem überwachten Strand gibt es Liegewiesen, Picknick- und Spielplätze, einen Wasserspielplatz sowie Volleyball- und Basketballfelder. Im Sommer lockt die Beachbar Aloha SUP mit Liegestühlen, Erfrischungen und SUP-Verleih. **Insider-Tipp** Nach dem Baden kannst du bei einem Spaziergang durch das Brodaer Holz vom nahen Belvedere mit seinen mächtigen weißen Säulen weit über den Tollensesee und Neubrandenburg schauen.
Von Neubrandenburg ZOB mit Bus 10 nach Dorf Broda | Mit dem Auto von der B 104 über die Brodaer Str. zum Parkplatz Strandbad Broda | Eintritt frei
Im Sommer zum Baden, Mai bis Sept. mit Aufsicht
53.553436, 13.246031 (Parkplatz), 53.550219, 13.242532 (Bad) *Download GPX-Track*

FKK im Schatten der Bäume

4 Badetag am Strand Buchort, ca. 1,8 km, 1 Std. (Hin- und Rückweg zum Strand)

Du hast keinen Badeanzug eingepackt, aber trotzdem Lust auf ein Bad im Tollensesee? Am Nordwestufer des Sees gibt es den „textilfreien", schön gelegenen Strand Buchort. Stattliche Bäumen bilden am Ufer Separees und spenden Schatten. Es gibt eine Liegewiese und einen Picknickplatz,gegenüber schimmert die Silhouette der Stadt Neu-

Neubrandenburg kannst du auch über den hier noch kanalisierten Tollensefluss mit dem Tretboot erkunden

brandenburg. Vom Parkplatz an der Verbindungsstraße von Neuendorf und dem Campingplatz Gatsch-Eck muss man ein Stück zur Badestelle laufen – eine schöne Gelegenheit für eine kleine Wanderung durch das Brodaer Holz durch prächtigen Wald und am Seeufer entlang.

Mit dem Auto von der B192 über Neuendorf Richtung Gatsch-Eck halten, vom Parkplatz zum Seeufer und dann Richtung Norden laufen
Im Sommer zum Baden *Proviant*
53.530350, 13.213757 (Parkplatz), 53.533891, 13.220317 (Buchort) *Download GPX-Track*

Badestrand und Waldbaden

5 Badetag im Augustabad mit Abstecher zum Aussichtsturm Behmshöhe, ca. 2 km, 1 Std.

Ein heller Strand, Möwen, die im Wind segeln, Gaststätten und viele Freizeitmöglichkeiten: Bei einem Besuch im Augustabad wird schnell klar, warum das Bad am Nordostufer des Tollensesees so beliebt ist. Hier wurde der erste barrierefreie Badesteg Mecklenburg-Vorpommerns mit Poollifter gebaut. Zur Stärkung warten ein Seerestaurant und ein Café auf dich. Der Ausflug ans Wasser kann mit einer kleinen Wanderung durch das Nemerower Holz zum nahe gelegenen Aussichtsturm Behmshöhe verbunden werden. Die Aussicht ist phänomenal. Richtung Nemerower Holz lockt ein abgelegener Bereich die FKK-Bader ins Wasser.

Von Neubrandenburg ZOB mit Bus 2 bis Kirschenallee | Mit dem Auto vom Friedrich-Engels-Ring in die Neustrelitzer Str., dann rechts ab zum Parkplatz Augustabad | Eintritt frei *Im Sommer zum Baden, Mai bis Sept. mit Aufsicht* *53.534926, 13.252530 (Parkplatz), 53.532778, 13.247917 (Bad)*

Leinen los in Neubrandenburg

6 Bootsfahrt auf Tollensefluss und -see

Die Stadt der vier Tore verfügt über viele Wassersportmöglichkeiten. Der früher schiffbare Tollensefluss kann aber nur noch mit Kanus, Kajaks und Tretbooten befahren werden. Er fließt mit schwacher Strömung über Altentreptow nach Demmin und mündet dort in die Peene. Die Tollense schlängelt sich über viele Kilometer durch das Landschaftsschutzgebiet Tollenseniederung

Von Juli bis September verlängert das Fährschiff Rethra seine Strecke und fährt vom Tollensesee durch den Liepskanal nach Prillwitz

Einfach mal ausprobieren: Buche einen Wasserski-Kurs auf dem Reitbahnsee

mit weitgehend unberührter Natur. Auf dem Tollensesee kannst du zum FKK-Strand Buchort paddeln und den Blick auf die Stadt genießen. Beim Bootsverleih Winter an der Oberbachbrücke gibt es Ruder- und Tretboote, Kajaks sowie Motorboote mit Benzin- und Elektromotor. **Insider-Tipp** Mit einem führerscheinfreien Motorboot auf dem Tollensesee auf Entdeckungstour gehen.

Von Neubrandenburg ZOB mit Bus 10 nach Dorf Broda und zu Fuß zum Kulturpark | Mit dem Auto von der B 104 über den Friedrich-Engels-Ring zum kostenlosen Parkplatz an der Stadthalle Im Sommer zum Baden, Bootsverleih: März bis Okt., €€ Badesachen, Proviant 53.549654, 13.247453 (Bootsverleih)

Eine Seefahrt, die ist lustig

7 Mit der Rethra von Neubrandenburg über den kleinen Amazonas nach Prillwitz

Du stehst an der Reeling, während der kleine Dampfer Rethra die Wellen des Tollensesees durchpflügt. Die stattlichen Hügelketten am Ufer ziehen vorüber. **Insider-Tipp** Auch dein Fahrrad kannst du gegen ein kleines Entgelt mitnehmen und somit Rad- und Bootstour kombinieren. Auf der kleinen Kreuzfahrt cruist das Linienschiff vom Badehaus in Neubrandenburg über fünf Haltestellen bis zum Südufer des Tollensesees. Es gibt Snacks und Getränke. Während der Hauptsaison fährt der Dampfer zusätzlich durch einen Kanal auch in die benachbarte Lieps und hält in Prillwitz. Hier warten eine beeindruckende Kormoraninsel und eine Fahrt durch den kleinen Amazonas.

Von Neubrandenburg ZOB mit Bus 10 nach Dorf Broda und zu Fuß zum Steg am Badehaus | Mit dem Auto von der B 104 über den Friedrich-Engels-Ring zum kostenlosen Parkplatz an der Stadthalle | neu-sw.de/linienschiff, €€ Von Juli bis Sept. fährt die Rethra durchs Naturschutzgebiet Lieps (kleiner Amazonas) 53.545206, 13.250377 (Start)

Ein Abenteuer auf dem Wasser

8 Wasserski-Kurs auf dem Reitbahnsee

Das Wasser spritzt und vermischt sich mit dem Wind, der dir ins Gesicht weht, wenn du auf der 845 Meter langen Strecke mit Liftanlage auf dem See im Reitbahnviertel surfst. Geschicklichkeit ist gefragt. Unterwegs gibt es viele Hindernisse

Das Hügelgrab bei Wustrow zeugt von der frühzeitlichen germanischen Besiedelung

Der Hohlweg bei Hohenzieritz verläuft an der Landwehr Isern Purt

und Rampen für Fortgeschrittene und Profis. Es gibt aber auch einen Kurs für Anfänger. Auch das Rahmenprogramm hat einiges zu bieten: Es gibt einen Spielplatz, einen Strand, ein Beach-Volleyball-Feld und Gastronomie.

Von Neubrandenburg ZOB mit Bus 9 bis Reitbahnweg | Mit dem Auto über die Demminer Str. nach Norden, Abzweigung links zum Reitbahnsee bis zum Reitbahnweg 90 | wasserski-seilbahn.de, €€€ (inkl. Wassersport-Equipment), Anmeldung erforderlich Mai bis Okt., Anfängerkurse Sa, So 10–12 Uhr Badesachen 53.573830, 13.254823 (Parkplatz)

IN UND UM PENZLIN

Zum Hügelgrab mit Seeblick

9 Einfache Rundwanderung zum Hügelgrab Wustrow, ca. 6 km, 1,5 Std.

Schon von Weitem kannst du das imposante Hügelgrab sehen, ein mystischer Ort: Die Hügelspitze der historischen Stätte bei Wustrow schmückt eine knorrige, alte Baumgruppe. Die Tour beginnt am Infopunkt in Wustrow. Ein schöner Weg verläuft über Wiesen hinauf zur Grabstätte, die aus germanischer Zeit stammt. Zur Belohnung gibt es einen tollen Panoramablick über den Tollensesee bis nach Neubrandenburg. Zurück zur Straße und links Richtung Neu-Wustrow wandern, an der Kreuzung geht es rechts auf einer Radstraße durch die Hügellandschaft Richtung Alt Rehse. Vor dem Ort rechts abbiegen – dann führt ein Naturlehrpfad durch urwüchsige Vegetation am Ufer des Tollensesees zurück. Bei Wustrow gibt es eine schöne Badestelle.

Von Penzlin ZOB mit Bus 21 nach Wustrow | Mit dem Auto von Penzlin über Lübkow zum Infopunkt in Wustrow | amt-penzliner-land.de/amt/gemeinden/stadt-penzlin/ortsteile/wustrow Im Sommer zum Baden, bei guter Sicht Badesachen, Proviant 53.478313, 13.155255 (Start) Download GPX-Track

Wanderung zur Eisernen Pforte

10 Mittelschwere Rundwanderung von Hohenzieritz zur Isern Purt, ca. 7,2 km, 3 Std.

Isern Purt? Die Worte heißen übersetzt „eiserne Pforte". So heißt eine beeindruckende altslawische

Auf der Radstrecke zwischen Prillwitz und Hohenzieritz warten schöne Ausblicke und Naturerlebnisse

Grenzmarke bei Hohenzieritz. Das mehrere Kilometer lange Grenzsicherungswerk aus Wällen und natürlichen Hindernissen wie Sumpfgebieten, Gräben und Wasser ist eines der Highlights auf der Wanderung, die am Rastplatz in Hohenzieritz (mit Infopunkt und Aussicht) beginnt. Es geht dann zum Naturschutzgebiet Rosenholz und Zippelower Bachtal, vorbei an einem weiteren schönen Picknickplatz und Douglasien. Im Tal breitet sich ein beeindruckendes Moor mit rustikalem Bruchwald aus. Ein stattlicher Buchenwald spannt sich über den Wanderweg. Am Ziel warten verwachsene Verteidigungswälle der Isern Purt. Auf der Rücktour wanderst du noch einmal durch einen schönen Hohlweg. Zurück in Hohenzieritz lohnt sich ein Spaziergang durch den Schlosspark.

Von Penzlin ZOB mit Bus 19 nach Hohenzieritz | Mit dem Auto über die B193 und die L34 nach Hohenzieritz | Start am Ende der Dorfstraße Im Herbst, wenn die Blätter der Buchen den Boden golden bedecken Feste Schuhe (unbedingt), Proviant 53.448256, 13.103925 (Start) Download GPX-Track

Tolle Aussichten im Hügelland

11 Mittelschwere Radrundtour von Prillwitz über Hohenzieritz, ca. 20 km, 2,5 Std.

Die Bergrücken südlich des Tollensesees vermischen sich am Horizont mit Wolken und Himmel. Der Fahrtwind weht dir ins Gesicht, Greifvögel ziehen ihre Kreise. Die Tour beginnt in Prillwitz am Ufer des Lieps, hier gibt es neben dem Jagdschloss eine schöne Badestelle mit Blick auf die Kormoraninsel. Es geht über eine Strecke mit toller Aussicht hinauf nach Hohenzieritz. **Insider-Tipp** Ein Abstecher in den weitläufigen Schlosspark lohnt sich. Auf der Luisenroute führt ein unbefestigter Radweg nach Carlshof (hinter dem Ort links) und Weisdin, dann nach Blumenholz und Wendfeld. Der Schlussabschnitt verläuft wieder auf einer ruhigen Nebenstraße. Nach einem Abstecher in die Hellberge bei Wendfeld mit schöner Fernsicht über die Lieps geht es zurück.

Von Neustrelitz ZOB mit Bus 689 nach Prillwitz | Mit dem Auto über die B96 und Blumenholz zum Infopunkt in Prillwitz Im Frühling Tourenrad, Proviant 53.453538, 13.136139 (Start) Download GPX-Track

Der Hexenkeller zeugt von einem düsteren Kapitel der Geschichte der Alten Burg in Penzlin

Vom Steilufer überm Tollensesee öffnet sich der Blick weit über den See

Mit dem Rad zur Landkante, zum Hexenkeller und den Pyramiden

12 Mittelschwere Radrundtour südöstlich von Penzlin, ca. 19 km, 1 Std.

Im Dorf Siehdichum ist der Name Programm: Hier hast du einen herrlichen Blick in alle vier Himmelsrichtungen. Von hier kannst du neben der herrlichen Hügellandschaft auch die Stadtkirche in Penzlin sehen. Dort startet diese Radrunde an der imposanten Penzliner Burg mit ihrem Hexenkeller und dem Museum für Alltagsmagie und Hexenverfolgungen, dann geht es ins Nachbardorf Werder. Hier lohnt ein Abstecher zu einer malerisch gelegenen Grabpyramide – der letzten Ruhestätte des Freiherrn Joseph von Maltzan (ein Stück Richtung Lübkow fahren, dann wieder zurück). Die nächsten Tourstationen sind Zippelow und Neu-Wustrow. An der Landkante erwarten dich herrliche Abfahrten und immer wieder tolle Blicke über den Tollensesee. Über Siehdichum und Lübkow (mit einer schönen Naturbadestelle im gleichnamigen See) geht es zurück in die 4100-Einwohner-Stadt Penzlin.

Vom Bahnhof Penzlin 5 Min. zu Fuß zur Alten Burg | Mit dem Auto über die B192 nach Penzlin und zum Parkplatz an der Alten Burg | alte-burg.amt-penzliner-land.de, € (Familienkarte erhältlich)

Im Sommer zum Baden, Burg Penzlin von Nov. bis März nur Sa. und So. geöffnet *Tourenrad, Badesachen, Proviant* *53.506494, 13.088023 (Start)* *Download GPX-Track*

IN UND UM USADEL

Am Steilufer entlang zum Strand

13 Einfache Rundwanderung von Bornmühle zum Strand Nonnenhof, ca. 4,4 km, 1,5 Std.

Unten am Seeufer plätschern die Wellen, der Wind raschelt im Schilf, Vögel zwitschern: Wo so viel Natur ist, lohnt natürlich ein Spaziergang ganz besonders. Start und Ziel des Rundkurses befinden sich am Hotel Bornmühle am Südostufer des Tollensesees. Dort links halten, dann geht es am Wasser entlang Richtung Nonnenhof. Teilweise verläuft hier ein schmaler Weg an einem Steilufer hoch oben über dem Wasser. Der See funkelt, durch lichte Stellen im Blätterdach kannst du weit in die Ferne schauen. Von der Dampferanlegestelle Nonnenhof am Südufer – hier hält das Linienschiff Rethra – geht der Blick von einem langen

Die Kormoraninsel bei Prillwitz war zwischen dem 7. und 12. Jahrhundert von Menschen besiedelt

Kopfsteinpflaster-Passagen verlangen dem Rad auf der Tour von Usadel nach Wanzka einiges ab

Steg bis zur Stadt Neubrandenburg am Nordufer. Gleich nebenan befindet sich eine sehr schöne Badestelle. Der Rückweg verläuft Richtung Golfclub, dort links abbiegen zum Hotel Bornmühle.

ℹ *Mit dem Auto über die B96, Abfahrt Nonnenhof, zum Parkplatz am Hotel Bornmühle* ⏱ *Im Sommer zum Baden* ⚙ *Feste Schuhe, Badesachen* 📍 *53.474789, 13.198039 (Parkplatz)* ✓ *Download GPX-Track*

Autofrei zur Kormoraninsel

14 🚲 Einfache Radtour von Usadel nach Prillwitz, ca. 8,8 km, 1 Std. (Hin und Rückweg)

Ein herrliches Vogelparadies und ein exzellenter Radweg: Die Tour von Usadel nach Prillwitz ist wegen der ausgewiesenen Radstrecke auch für kleinere Kinder gut geeignet. Unterwegs warten eine Schichtquelle, eine rustikale Kormoraninsel, urwüchsige Feuchtgebiete und idyllisch gelegene Rastplätze. **Insider-Tipp** Das Fernglas nicht vergessen, um zur Kormoraninsel schauen zu können. Während der Fahrt kreisen viele Vögel am Himmel, denn die Tour führt am Ufer des Brutparadieses Lieps entlang. Das Gebiet in Nonnenhof, das bereits 1937 unter Naturschutz gestellt wurde, ist ein Stück Wildnis südlich des Tollensesees. Hier breiten sich Fließgewässer, Tümpel und unberührte, alte Wälder aus. Ebenfalls interessant: die Geschichte des Gebiets, denn schon die Slawen legten hier Siedlungen an. Viele Infotafeln sorgen für einen spannenden Rückblick. Von Prillwitz geht es auf der Radstraße wieder zurück nach Usadel.

ℹ *Von Neubrandenburg ZOB mit Bus 600 nach Usadel | Mit dem Auto über die B96, Parkplatz etwas außerhalb an der B96 | Tour ist ein Teilstück des Tollensesee-Radwegs* ⏱ *Okt. bis Nov. zur Rastzeit und im Frühjahr zur Vogelbeobachtung* ⚙ *Tourenrad, Proviant, Fernglas* 📍 *53.441248, 13.174674 (Start), 53.437894, 13.170827 (Parkplatz)* ✓ *Download GPX-Track*

Fette Reifen und Kopfsteinpflaster

15 🚲 Mittelschwere Mountainbike-Rundtour von Usadel nach Wanzka, ca. 18 km, 2 Std.

Eine Tour für alle, die es im Sattel etwas rustikaler mögen: Ein großer Teil des Rundkurses von Usadel führt über unbefestigte Wege. Auf der Schlussetappe wartet ein wildes Teilstück mit groben Kopfsteinpflaster-Passagen. Nach dem Start am

Ein beliebter Stopp bei einer Radtour durchs Stargarder Land: die Dorfkirche Groß Nemerow

Dorfplatz in Usadel verläuft der Weg zum Forsthaus Zachow, dann über einen Weg mit Schotter-Passagen durch den Wald Richtung Wanzka (an einer Pausenhütte aus Holz rechts abbiegen). In Wanzka gibt es eine schöne Badestelle mit kleinem Strand, Liegewiese sowie Rast- und Picknickplätzen. Sehenswert ist die Klosterkirche, die 1290 geweiht wurde. Nach einem asphaltierten Abschnitt auf der L34 hinter der Wanzker Mühle rechts abbiegen Richtung Rodenskrug. Hier beginnt der Schlussabschnitt mit grobem Kopfsteinpflaster. Auf der B96 kurz vor Usadel ein Stück Richtung Neustrelitz fahren und (am Parkplatz) von der Eugen-Geinitz-Sicht zum Abschluss den Blick auf die Lieps genießen.

Von Neubrandenburg ZOB mit Bus 600 nach Usadel | Mit dem Auto über die B96, Parkplatz etwas außerhalb an der B96 | Klosterkirche Wanzka: xn--klstermv-o4a.de/klosterkirche-wanzka.html
Im Sommer zum Baden (nach Regen Matsch-Passagen) Mountainbike, Proviant, Badesachen 53.442654, 13.178215 (Dorfplatz), 53.437894, 13.170827 (Parkplatz) Download GPX-Track

Radeln durchs Stargarder Land

16 Mittelschwere Radrundtour von Burg Stargard zum Tollensesee, ca. 26 km, 2,5 Std.
Vom Bergfried der Burg Stargard bietet sich ein grandioser Blick übers Stargarder Land, durch das diese Rundtour führt. Von der Höhenburg geht es auf einem straßenbegleitenden Radweg nach Bargensdorf, dann über Fünfeichen an der Behmshöhe vorbei zum Ostufer des Tollensesees. Nun radelst du durchs Nemerower Holz zum Chimborazo, dem nächsten Highlight. Der Hügel erhielt zu Ehren Alexander von Humboldts den exotischen Namen. Vom Gipfel schaust du auf den Tollensesee, an dessen Ufer die Route auf einem schönen Stück nach Klein Nemerow verläuft (hier lockt eine Badestelle). Über Bornmühle und Groß Nemerow mit Dorfteich samt Dorfkirche führt die Tour nach Rowa und dann zurück. Für norddeutsche Verhältnisse ist das fast eine Bergtour: Hin und wieder musst du ordentlich in die Pedale treten. **Insider-Tipp** Probiere zurück in Burg Stargard unbedingt in der Eisdiele Pinguin das Eis aus eigener Produktion.

Von Neubrandenburg ZOB mit Bus 615 nach Burg Stargard | Mit dem Auto über die B96 und L33

Morgens und abends wird am Krickower See geangelt, tagsüber steht das Planschen im Vordergrund

An der Badestelle bei Klein Nemerow steht die Ruine einer alten Komturei

zum Parkplatz an der Höhenburg Stargard | burg-stargard.de/kultur-und-freizeit/hoehenburg-stargard, € *März bis Okt. (Turmbesteigung möglich)* *Tourenrad, Proviant* 53.490789, 13.307322 (Parkplatz) *Download GPX-Track*

Beliebt bei Badegästen und Anglern

17 Badeausflug zum Krickower See mit Radtour, ca. 7 km, 1 Std. (Hin- und Rückweg)

Hoch erheben sich die Hänge um den Krickower See, dessen Südufer eingebettet zwischen grünen Hügeln ruht. Am Nordufer gibt es eine Naturbadestelle mit stattlichen Bäumen und einer Liegewiese. Zwischen Krickow und Usadel verläuft ein asphaltierter Radweg. Man kann den Badeausflug am Krickower See gut mit einer Radtour an der Nonnenmühle vorbei zur Liebesbank nach Usadel mit einem schönen Blick auf die Lieps kombinieren. Der Krickower See ist bei Anglern sehr beliebt, die morgens und abends von der Badestelle aus angeln. Insider-Tipp Du kannst auch selbst zur Angel greifen, auch ohne Fischereischein. Bei der Touristinfo in Neubrandenburg gibt es einen auf 28 Tage begrenzten Touristenfischereischein.

Von Neubrandenburg ZOB mit Bus 527 nach Krickow | Mit dem Auto über die B96, Parkplatz an der Badestelle am Nordufer | Angelkarten: mueritz fischer.de/angeln/angelkarten-und-preise, €€ *Im Sommer zum Baden* *53.458789, 13.203686 (Parkplatz)* *Download GPX-Track*

Abkühlen vor historischer Kulisse

18 Badetag in Klein Nemerow mit Wanderung, ca. 5,2 km, 1,5 Std. (Hin- und Rückweg)

Am Ufer der Badestelle in Klein Nemerow thronen die mächtigen Ruinen einer 800 Jahre alten Johanniter-Komturei. Eine rustikale Kulisse, vor der ein Bächlein und die Wellen des Tollensesees um die Wette plätschern. Kinder können planschen und zu Schippe und Eimer greifen: Es gibt an diesem malerischen Ort am Ostufer einen Buddelkasten. Schilf wogt im Wind, stattliche Bäume sorgen für Schatten auf der Liegewiese. Wenn du noch einen schönen Spaziergang machen möchtest, kannst du über einen Naturlehrpfad nach Bornmühle wandern. Es gibt unterwegs einen

Die Sommerrodelnahn in Burg Stargard ist für Groß und Klein ein Riesenspaß

Begleitet von den Eltern können Kids auf dem Reiterhof Göhrs bei Burg Stargard mit dem Pony ausreiten

schönen, überdachten Rastplatz in der Nähe einer Uferschwalben-Brutstätte mit Blick über den See.
Von Neubrandenburg ZOB mit Bus 600 nach Klein Nemerow | Mit dem Auto über die B96, Infopunkt mit Übersichtskarten an der Badestelle · Im Sommer zum Baden, abends den Sonnenuntergang genießen · Feste Schuhe, Badesachen, Proviant · 53.490694, 13.214806 (Badestelle)

Nervenkitzel für die ganze Familie

19 Ausflug zur Sommerrodelbahn Stargard, ein Erlebnisort für Groß und Klein

Sieben Berge umgeben die Stadt Burg Stargard, die in einem Talkessel liegt – das optimale Gefälle für eine Sommerrodelbahn. 720 Meter lang ist die rasante Strecke mit acht Steilkurven und zwei Brücken. Ein Höhenunterschied von 30 Metern sorgt für den nötigen Schwung und Nervenkitzel mit bis zu 40 km/h. Aufwärts geht es mit einem Lift. Neben der Rodelbahn warten Attraktionen wie eine Trampolinanlage sowie Kinderkarussells, die für Freizeitpark-Feeling sorgen. Natürlich gibt es auch Gastronomie und regelmäßig Events wie das Sommerfest.
Von Neubrandenburg ZOB mit Bus 615 nach Burg Stargard | Mit dem Auto über die B96 und L33 zum Parkplatz | rodelbahn-burgstargard.de, € (Familienkarte erhältlich) · März bis Okt. geöffnet · 53.491490, 13.323807 (Parkplatz)

In den Sattel steigen beim Ponyreiten

20 Ausflug zum Reiterhof Gohrs

Hier werden Träume wahr: Auf dem Reiterhof Gohrs können Kinder und Jugendliche bis 18 Jahre in den Sattel eines Ponys steigen. Geführt von einem Begleiter, können sie auf dem südlich des Städtchens Burg Stargard gelegenen Western- und Freizeitreiterhof ihre Runden drehen. Lamas, viele Vögel und Äffchen sowie ein Besuch im Saloon für die Verpflegung der hungrigen Reiter machen den Reiterhof zu einem beliebten Ausflugsziel.
Von Neubrandenburg ZOB mit Bus 615 nach Burg Stargard,Chausseehaus | Mit dem Auto über die B96 und L33 zum Reiterhof Gohrs | reiterhof-gohrs.de, € · Ganzjährig, täglich · Feste Schuhe, Reit- oder Fahrradhelm · 53.487270, 13.330850 (Reiterhof)

DER SCHÖNSTE SONNENUNTERGANG

Ein spritziges Abendrot

21 Vom Steg am Badehaus in Neubrandenburg

Es gibt in Neubrandenburg viele Orte, um einen schönen Sonnenuntergang zu beobachten. Am schönsten ist es aber vielleicht auf dem Steg am Badehaus in Neubrandenburg. Dort spritzen die Fontänen eines großen Springbrunnens in die rötlich schimmernden Strahlen der Abendsonne. Nur mit einem spritzigen Drink aus der Bar des Badehauses noch schöner.

Von Neubrandenburg ZOB mit Bus 10 nach Dorf Broda, zu Fuß zum Steg am Badehaus | Mit dem Auto von der B 104 über den Friedrich-Engels-Ring zum kostenlosen Parkplatz an der Stadthalle | badehaus-am-see.de 53.546053, 13.252398 (Steg)

LOKALE SPEZIALITÄTEN

*UND WO DU SIE PROBIEREN KANNST

Auf Zeitreise: Der DDR-Retro-Trend Softeis hat sich nicht nur in der Region um Neubrandenburg durchgesetzt: Überall findet man es in Eisdielen

Von Softeis bis Ochsenbäckchen und Backkartoffeln: In der Region sind neben Fisch und Kartoffelgerichten auch Eintöpfe sehr beliebt. Was die Menschen um Neubrandenburg sonst noch gern essen, erfährst du hier

Fruchtige Erfrischung

1 🍴 Softeis

Erfrischend und fruchtig: Softeis ist eine besonders luftige Zubereitungsform des Speiseeises. Die Hauptzutat ist Milch, die im Gefrierzylinder der Eismaschine unter den Gefrierpunkt abgekühlt wird. Auch in der Mecklenburgischen Seenplatte ist Softeis seit Langem nicht nur bei Ostalgikern sehr beliebt. Das DDR-Softeis von früher war etwas fester, da keine Sahne verwendet und ein spezielles Softeispulver bei der Herstellung verwendet wurde.

ℹ **In der Pinguin-Eisdiele in Burg Stargard** *bekommst du leckeres Softeis aus eigener Produktion | Marktstr. 19, Burg Stargard | facebook: Pinguin Eisdiele, €*

In Portwein geschmort

2 🍴 Ochsenbäckchen

Die auch in Mecklenburg-Vorpommern weit verbreiteten Ochsenbäckchen werden mehrere Stunden mit Gemüse und Portwein im Ofen geschmort, bis das Rindfleisch butterzart ist und beim Schneiden fast zerfällt. Als Beilagen werden beispielsweise glasierte Bundmöhrchen, Bandnudeln oder Herzoginkartoffeln serviert.

ℹ **Im Gasthaus zur Lohmühle in Neubrandenburg** *stehen Ochsenbäckchen geschmort mit Preiselbeer-Rotkohl und Kartoffelklößen auf der Speisekarte | Stargarder Tor 4, Neubrandenburg | lohmuehle-gasthaus.de, €€*

Heiß und lecker

3 🍴 Backkartoffel

Backkartoffeln, gebackene Kartoffeln oder Ofenkartoffeln sind ungeschälte Kartoffeln, die ohne Zugabe von Flüssigkeit in der Glut eines Feuers, im Erdofen oder im Backofen gegart werden. Besonders häufig bekommt man sie hier mit Kräuterquark, Sauerrahm, Zaziki, Käse oder Herings-Dip.

ℹ **Im Augustas Seerestaurant & Café in Neubrandenburg** *gibt es Folienkartoffel mit Kräuterquark, an Salat und gebratener Hähnchenbrust | Am Augustabad 8, Neubrandenburg | augustas-nb.de, €€*

Traditionell und deftig

4 🍴 Kartoffelsuppe

Auch Kartoffelsuppe gehört zur traditionellen regionalen Küche. Bekannt ist unter anderem die Mecklenburger Spezialität Tüffel un Plum (Plattdeutsch für Kartoffeln und Pflaumen), die aus Kartoffeln mit anderem Gemüse und gewürfeltem Kasseler-Nacken oder Speck und Backpflaumen zubereitet wird.

ℹ **In der Gaststätte Unseck in Neubrandenburg** *bekommt man eine deftige Mecklenburgische Kartoffelsuppe | Turmstr. 28, Neubrandenburg | unseck.de, €*

Hier findest du alles

5 🍴 Wochenmarkt Neubrandenburg

Zweimal pro Woche duftet es hier verführerisch nach Käse, Fisch, Obst, Backwaren oder frischem Gemüse: Du findest viele kulinarische Köstlichkeiten aus der Region. Natürlich gibt es auch Fischbrötchen, Grillhähnchen und andere Snacks.

ℹ *Marktplatz, Neubrandenburg | Jan. bis Nov., Di und Do 9–17 Uhr*

Deftige Kartoffelsuppe mit Kasseler wird in der Region gern in der kalten Jahreszeit gegessen

Kanuten mit Durchblick: Das Wasser des Schmalen Luzin ist so klar, dass selbst in 15 Metern Tiefe noch Pflanzen wachsen

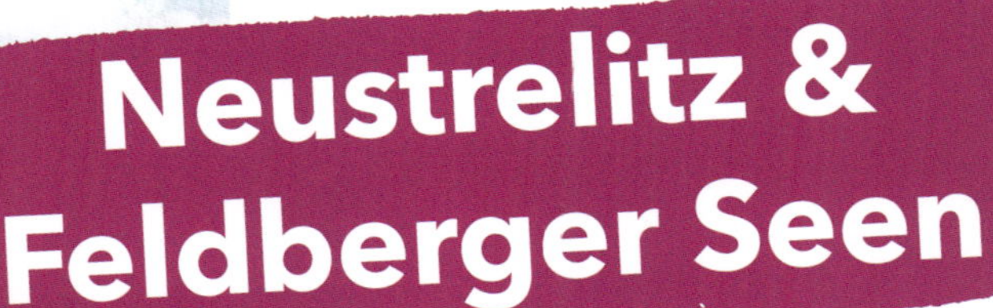

Neustrelitz & Feldberger Seen

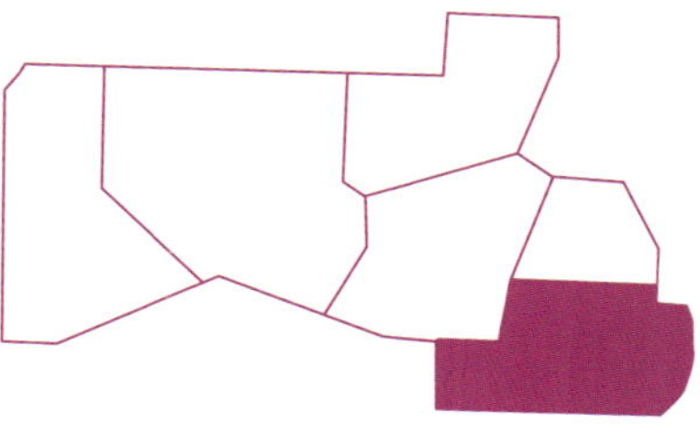

DURCH DIE KLEINSEENPLATTE UND URALTEN WALD

Malerische Flüsse und Seen werden von großen Wäldern und Hügeln flankiert. Tiefe Moore breiten sich aus. Kein Wunder, dass große Teile der Kleinseenplatte und der Feldberger Seenlandschaft um Neustrelitz zum Müritz-Nationalpark gehören. Ob die Heiligen Hallen bei Zinow oder das UNESCO-Weltnaturerbe bei Serrahn, die Wälder hier sind legendär. Gekrönt wird alles von der Architektur der Residenzstadt Neustrelitz. Naturparadiese wie die Schwaanhavel können durchpaddelt oder herrliche Landschaften durchwandert werden wie bei Carwitz auf Hans Falladas Spuren. Immer wieder triffst du unterwegs auf Fischereihöfe, urige Gaststätten und Hofläden, um den Gaumen zu verwöhnen und die Seele baumeln zu lassen.

AUF EINEN BLICK
*NEUSTRELITZ & FELDBERGER SEEN
Große Runde in der Kleinseenplatte ★
Spaziergang zwischen Barock und Natu
Paddeltour zu den Trauminseln ★
16,5 km, 20 Min.
25 km, 25 Min.
DEUTSCHLAND
Müritz
Neustrelitz
Kratzeburg
Mirow
Wesenberg
Waren (Müritz)
Schloen
Groß Plasten
Neu Schloen
Klein Plasten
Möllenhagen
Kargow
Wendorf
Ankershagen
Pieverstorf
Klein Vielen
Peckatel
Hohenzieri
Blumenholz
Penzlin
Krukow
Lapitz
Mölln (Mecklenburg)
Klein Hell
Chem
chwandt
Alt Re
Ludorf
Rechlin
Vipperow
Priborn
Lärz
Krümmel
Sewekow
Schwarz
Userin
Zirtow
Drosedow
Wustrow
Neu Canow
Strasen
Canow
Priepert
Großmenow
Kleinmenow
Steinförde
Fürstenberg/H
Heimland
Gode
Althyn
Rederangsee
Specker-see
Hofsee
Priester-baker
Käbelick-see
Zotzensee
Woterfitzsee
Leppin-see
Jäthen-see
Krams-see
Zierker See
Useriner See
Großer Labussee
Woblitzsee
Kleine Müritz
Mirower See
Mirower Kanal
Thüren
Nebel
Zotzen-see
Schwarzer See
Vilzsee
Labussee
Gobenowsee
Rätzsee
Drewensee
Wangnitzsee
Plätlinsee
Großer Pälitzsee
Havel
Kammerkanal
Malliner See
Großer Stadtsee
Klein Vielener
Tiefwarensee
B 108
B 192
B 193
B 198
B 96
B 122
K 30
K 69
K 77
K 29
K 28
K 18
K 17
K 25
K 24
K 21
K 20
K 23
K 26
K 78
K 79
K 6827
K 6814
L 25
L 34
1
2
3
4
5
6
7
8
9
10
11
12
13
14
15
16
21

MARCO POLO
OUTDOOR-HIGHLIGHTS ★
★ Große Runde in der Kleinseenplatte
Auf Entdeckungstour durch diese einzigartige Hügel- und Wasserlandschaft → S. 180
★ Spaziergang zwischen Barock und Natur
Warum Neustrelitz mit seinen Prachtbauten und der vielen Natur ein Gesamtkunstwerk ist → S. 182
★ Unterwegs im legendären Buchen-Urwald
Nicht umsonst ist der Urwald bei Serrahn ein UNESCO-Weltnaturerbe → S. 184
★ Paddeltour zu den Trauminseln
Zur idyllischen Schloss- und romantischen Liebesinsel über den Mirower See → S. 186
★ Auf dem Fridolin-Weg auf Falladas Spuren
Eine abwechslungsreiche Wanderung auf der Lieblingsstrecke des Autors → S. 188
Unterwegs im legendären Buchen-Urwald ★
Auf dem Fridolin-Weg auf Falladas Spuren ★
43 km, 35 Min.
Feldberg
17
18
19
20
MECKLENBUR
BRANDENBURG
Neubrandenburg
Ihlenfeld
Neuenkirchen
Schönbeck
Zirzow
Sponholz
Cölpin
Burg Stargard
Dewitz
Klein Nemerow
Holldorf
Ballin
Quadenschönfeld
Warbende
Blankensee
Stolpe
Möllenbeck
Carpin
Grünow
Fürstenau
Parmen
Arendsee
Weggun
Buchenhain
Boisterfelde
Carwitz
Thomsdorf
Wokuhl
Beenz
Hardenbeck
Boitzenburg
Rosenow
Dabelow
Klaushagen
Sternthal
Warthe
Lychen
Jakobshagen
Herzfelde
Himmelpfort
Gandenitz
Metzelthin
Mittenwalde
Berkholz
Kraatz
Wichmannsdo

OUTDOOR-HIGHLIGHTS

*DIE BESTEN ERLEBNISSE DRAUSSEN

Große Runde in der Kleinseenplatte ★

Im Land der tausend Seen gibt es auch die wunderschöne Mecklenburgische Kleinseenplatte, die sich rund um die Städte Mirow und Wesenberg ausbreitet. Die Vier-Seen-Tour führt dich von der Residenzstadt Neustrelitz durch die regionale Wasserlandschaft. Unterwegs warten herrliches Hügelland und viele Entdeckungen im Grünen.

Die Kleinseenplatte

Es ist nicht einfach, bei den vielen Gewässern im Land der 1000 Seen den Überblick zu behalten. Die Mecklenburgische Kleinseenplatte breitet sich um die schönen Landstädtchen Mirow und Wesenberg aus. Im Norden grenzt die Kleinseenplatte an den Müritz-Nationalpark, im Westen an das Südufer der Müritz, im Osten an die Residenzstadt Neustrelitz und im Süden an die brandenburgische Landesgrenze. Dazwischen? Liegen herrliche Seen wie der Woblitzsee oder Labussee, urige Wälder und wilde Biotope. Hier haben seltene Tierarten wie Fischotter oder Seeadler Rückzugsorte gefunden. Die Vier-Seen-Tour führt von Neustrelitz quer durch die Kleinseenplatte. Die Region ist für Radfahrer mit einem dichten Wegenetz bestens erschlossen. Der Havelradweg, der den Strom von der Quelle bis zur Mündung bei Havelberg in Sachsen-Anhalt begleitet, verläuft durch das Gebiet. Eine Radler-Sehnsuchtsroute verläuft quer durch die Kleinseenplatte – der Fernradweg Berlin–Kopenhagen.

Mit dem Rad auf der Vier-Seen-Runde

Die rund 35 Kilometer lange Vier-Seen-Runde mit Start und Ziel in Neustrelitz ist ein toller Rundkurs durch die Mecklenburgische Kleinseenplatte. In Wesenberg, dem ersten Zwischenstopp, wartet nach den sanft geschwungenen Hügeln das historische

Auf der Vier-Seen-Runde zwischen Neustrelitz und Wesenberg (re.) hat man immer Gelegenheit für eine Abkühlung

Stadtzentrum mit Burg samt Fangelturm und ein schöner Strand am Großen Weißen See. **Insider-Tipp** Vorher kannst du dich in Wesenberg am Südufer des Woblitzsees bei einem Fischimbiss stärken. Vor Zwenzow rollst du durch würzig riechende Wälder, hier befindet sich ein Wolfs-Erlebnispfad. An der Steinhavel bei Zwenzow ist die Zeit für einen kleinen Zwischenstopp gekommen. Der Fluss fließt gemächlich durch sein grünes, idyllisches Bett zwischen dem Großen Labussee und dem Useriner See. Wenig später plätschern an der Useriner Mühle die Wellen an einen malerischen Strand, ein Picknickplatz steht bereit. Auch am früheren Groß Quassower Teerofen wartet ein schöner Rastplatz, dazu eine Schutzhütte und spannende Infotafeln – einer der vielen Farbtupfer auf der Tour, die am Südufer des Zierker Sees und an der Schlosskoppel entlang zurückführt.

Die Tour im Überblick

Mittelschwere Vier-Seen-Radrundtour ab Neustrelitz, ca. 36 km, 2,5 Std.

Von Neustrelitz ZOB mit Bus 603 bis Zierker Str. und zum Stadthafen | Mit dem Auto von der B96 zum Parkplatz am Stadthafen | Ab Wesenberg über Useriner Mühle dem Mecklenburgischen Seen-Radweg folgen (Wegmarke: ockerfarbenes Zeichen mit blauem Radsymbol)

Im Sommer zum Baden
Tourenrad, Badesachen, Proviant
53.365228, 13.055544 (Parkplatz)

DOWNLOAD GPX-Track

Spaziergang zwischen Barock und Natur ★

Neustrelitz ist weit über die Stadtgrenzen wegen seiner Schönheit bekannt. Vor allem die Kombination aus Natur, barockem Park und Architektur sorgt für eine ganz besondere Mischung. Bei dieser Tour entdeckst du die grünen Seiten der Residenzstadt. Nur wenige Meter vom prächtigen Zentrum entfernt wartet die Natur.

Die grüne Seite der Residenzstadt Neustrelitz entdecken

Neustrelitz grünt, blüht, glänzt und zwitschert: In der Residenzstadt verschmelzen Prachtbauten mit der Natur zu einem Gesamtkunstwerk. Meister der Gartenkunst, renommierte Baumeister und die Natur haben hier eine Sinfonie erschaffen. Gut zu sehen ist das von der Aussichtsplattform des 52 Meter hohen Turms der Stadtkirche. Neben dem Zierker See, einem beliebten Wassersportrevier, erstreckt sich der Schlossgarten – hier hatte im 19. Jahrhundert auch der Gartenkünstler Peter Joseph Lenné Regie geführt. Nur ein kleines Stück entfernt grünt und wuchert die Schlosskoppel. In der Parkanlage haben viele in- und ausländische Gehölze Wurzeln geschlagen. Farbtupfer sind exotische Gebäude wie das kleine und das große Borkenhaus. Auf drei Wanderwegen kann das 50 Hektar große Areal erkundet werden. Unweit entfernt kannst du im Stadtwald unter prächtigen Bäumen wandeln und am Schwanenteich flanieren sowie im angrenzenden, weitläufigen Tiergarten sogar exotische Tiere beobachten.

Vom barocken Zentrum geht es über den See hinaus ins Grüne

In der Schlosskoppel stellt sich ein Weit-Draußen- und Wald-Gefühl ein. Stattliche Bäume recken sich mit ihren vermoosten Wurzeln am Ufer eines kleinen Teiches am Rastplatz Tabula in den Himmel.

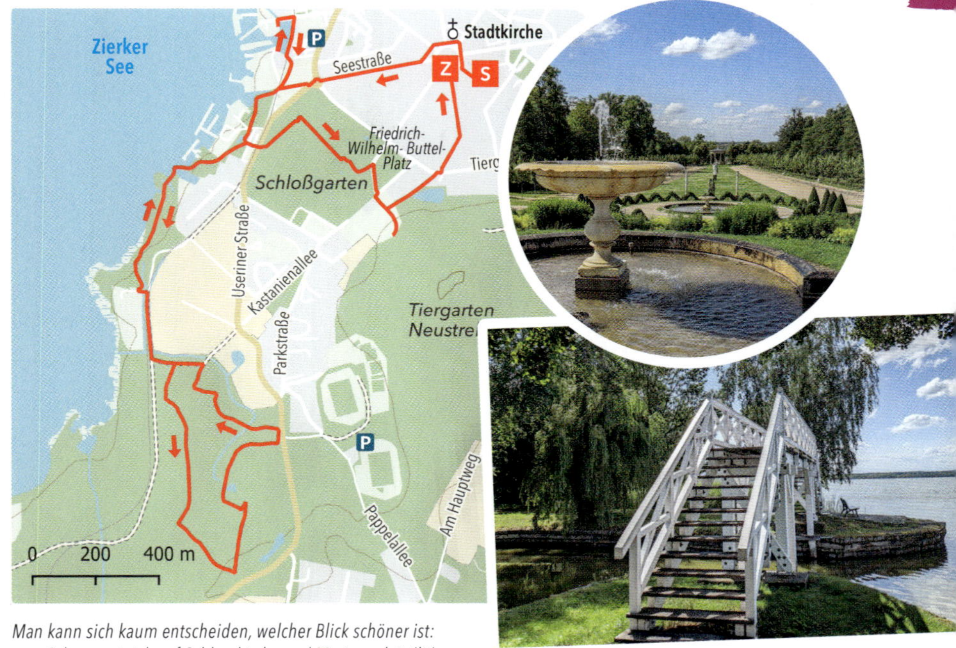

Man kann sich kaum entscheiden, welcher Blick schöner ist: vom Schwanenteich auf Schlosskirche und Marienpalais (li.), im Schlossgarten (o.) oder auf den Zierker See (u.)

Der Wind rauscht in den Blättern. Dabei bist du bei deinem Naturerlebnis ganz nah am Neustrelitzer Stadtzentrum mit seinen prächtigen Bauten. Die weitläufige Parklandschaft Schlosskoppel gehört zur grünen Lunge der Residenzstadt. Deine Wanderung beginnt im prächtigen Stadtzentrum, in dem die Stadtkirche weit in den Himmel ragt. Nach einer Turmbesteigung und einer Stippvisite im Stadthafen geht es am Seeufer und an einem Slawendorf vorbei Richtung Schlosskoppel. Möwen stemmen sich gegen den Wind und von der weißen Brücke hast du einen schönen Blick über den Zierker See. Von der Schlosskoppel geht es am Ufer zurück zum Schlossgarten mit seinen Tempeln, Alleen und Springbrunnen. Durch das Hirschtor und den Stadtwald wanderst du zum Schwanenteich und wieder zum Startpunkt im opulenten Zentrum des Stadtensembles.

Die Tour im Überblick

Interessanter Stadtrundgang durch Neustrelitz, ca. 6,9 km, 2,5 Std.

Vom Hauptbahnhof Neustrelitz 15 Min. zu Fuß zum Marktplatz | Mit dem Auto über die B96 nach Neustrelitz, Parkplatz am Marktplatz | Öffnungszeiten Kirche: neustrelitz-evangelisch.de/index.php/offene-kirche, Turmbesteigung €

Mai bis Sept., Sa nachmittags und So ist der Turm der Stadtkirche geschlossen

Bequeme Schuhe, Badesachen, Proviant

53.363193, 13.063082 (Marktplatz)

DOWNLOAD GPX-Track

Unterwegs im legendären Buchen-Urwald ★

2011 wurde der berühmte Buchenwald bei Serrahn in das UNESCO-Weltnaturerbe aufgenommen. Bei einer Wanderung durch den Urwald wird schnell klar, warum: Hier regiert die Natur. Baumriesen begleiten deinen Weg, du wanderst auf einem Holzbohlensteg mitten durch ein Moor. Willkommen zu einem Ausflug in ein atmendes und rauschendes Naturmuseum.

Das UNESCO-Weltnaturerbe Serrahner Buchenwald

Lass die Natur mal machen – so lautet ein bekannter Slogan, und welche Naturschätze dabei entstehen können, erlebst du auf dem Wald-Erlebnispfad Serrahn. Moore brüten düster in der Landschaft, begleitet von einem Buchen-Urwald. Totholz wird von Pilzen und Insekten bevölkert und sorgt für neues Leben. Kein Wunder, dass die UNESCO das 268 Hektar große Gebiet unter ihren Schutz gestellt hat. Eine wichtige Rolle auf dem Weg zum Schutzgebiet spielte übrigens die Jagdleidenschaft der Großherzöge von Mecklenburg-Strelitz – sie ließen die Wälder um Serrahn deshalb lange Zeit forstlich nahezu unangetastet. Teilflächen der Wälder wurden zum Totalreservat erklärt (1961) – hier darf sich die Natur ohne jegliche menschliche Eingriffe ungestört entwickeln. Und die Natur dankt es: In dem wasserreichen Refugium haben See- und Fischadler ihre größte Brutdichte in Mitteleuropa und in den Baumhöhlen leben viele Fledermaus-Arten. Und du bist mittendrin.

Durch Blaubeerfelder und Moore zum Urwald wandern

Sonnenstrahlen blinzeln durch die Baumkronen, die groß wie Einfamilienhäuser sind. Ein grüner Baldachin spannt sich über den Weg: Auf dem

Wald-Erlebnispfad von Zinow zu den Buchen-Urwäldern bei Serrahn umgibt dich eine rauschende Robin-Hood-Kulisse. Unterwegs wartet ein ganz besonderes Kontrastprogramm: Der Wanderpfad schlängelt sich zunächst durch Blaubeermeere. Würzige Kiefernwälder beleben Körper und Geist. Am Wegesrand warten Überraschungen wie Hängematten, um eine Pause zu machen. Dann brummt und quakt es zu deinen Füßen: Ein Holzbohlensteg verläuft durch ein Moor. In dem kleinen Außenposten Serrahn kannst du dann die Ausstellung „Im Reich der Buchen" im Nationalparkhaus anschauen. **Insider-Tipp** Unterwegs unbedingt den tollen Blick vom Aussichtsturm über die Moore und Sümpfe rund um den Großen und den Kleinen Serrahnsee genießen. Von Serrahn kannst du zurückwandern nach Zinow – oder am herrlichen Schweingartensee vorbei zur Bushaltestelle Dianenhof.

Die Tour im Überblick

Einfache Rundwanderung von Zinow nach Serrahn, ca. 8 km, 2,5 Std.

Von Neustrelitz ZOB mit Bus 619 bis Zinow Weltnaturerbe | Mit dem Auto über die B198 bis zum Wanderparkplatz Zinow, Hinweg nach Serrahn | Wegmarke grünes Blatt, Rückweg von Serrahn ist ausgeschildert, kombinierbar mit einem Teil eines Rundwanderweges (graues Wildschwein)

Im Herbst und Frühling

Feste Schuhe, Fernglas, Proviant

53.361412, 13.174342 (Parkplatz), 53.344536, 13.202180 (Serrahn)

DOWNLOAD GPX-Track

Durch ein Moor wanderst du zum Buchenwald bei Serrahn (li.), der seit 2011 als UNESCO-Weltnaturerbe gelistet ist

Paddeltour zu den Trauminseln ★

Ein dichtes Netz von Kanälen und Seen breitet sich um den Mirower See aus – ein Eldorado für Wassersportler. Von Mirow kannst du nach Norden durch eine herrliche Wasserlandschaft Richtung Müritz in See stechen. Du musst aber nicht in die Ferne schweifen: Eine schöne, auch für Einsteiger geeignete Paddeltour führt dich zur romantischen Schlossinsel auf dem Mirower See.

Das Wassersportrevier Mirower See

Seerosenteppiche, lauschige Inseln, wilde Vegetation, herrliche Kanäle: Im Wassersportrevier rund um den Mirower See ist die Auswahl groß. Dazu gibt es exzellente Verbindungen in andere Reviere der Mecklenburgischen Seenplatte. Zu den Highlights gehört das Granzower Möschen, ein Eiland nördlich des Mirower Sees. Unweit entfernt funkelt im Kleinen Kotzower See ein Teichrosenteppich der Extraklasse. Die Naturparadiese wiederum gehören zu einer Verbindungsroute zwischen dem Mirower See und der Müritz. Der Weg ans kleine Meer Richtung Norden führt durch traumhafte Seen und Kanäle. Ein vier Kilometer langes Teilstück im Nationalpark ist für Motorboote gesperrt. Im Süden führt die Müritz-Havel-Wasserstraße in den Zootzensee und dann durch viele Seenlandschaften. Der – allerdings recht stark befahrene – Mirower Kanal verläuft Richtung Südmüritz. Du musst aber nicht in die Ferne paddeln: Von der Kanustation oder der Kanubasis am Mirower See kannst du eine tolle Tour zur Schlossinsel machen.

Die Kanufahrt zur Schloss- und Liebesinsel

Der Mirower See ruht heute still, er macht seinem Namen alle Ehre. Mirow ist slawischen Ursprungs und bedeutet Frieden: Die Wasserfläche liegt friedlich, das Kanu gleitet fast lautlos einer kleinen Trauminsel-Gruppe entgegen. Denn: Die Liebesinsel und die Schlossinsel kommen Paddelschlag für Paddelschlag näher. Wenn du eine Halbtagestour unternehmen möchtest, ist die Runde auf dem Mirower See genau richtig. Von der Kanubasis oder der Kanustation, die beide in einer Bucht im Norden liegen, kannst du in See stechen und die romantische Liebesinsel umrunden. Die Zweige der Bäume recken sich über das Wasser. Beim Landgang, wenn das Kanu im Hafen der 3900-Einwohner-Stadt liegt, locken auf der Insel das prächtige Schloss und der Park mit barocken Alleen. Die Liebesinsel ruht wie ein Vorposten im See. Noch einmal geht es hinaus aufs Wasser. **Insider-Tipp** Am Ostufer kannst du dich im Strandhotel Mirow für die Rückfahrt stärken. Wellen schlagen an das schmale Boot, bis es wieder am Strand anlandet.

Die Tour im Überblick

Einfache Paddeltour auf dem Mirower See, ca. 6 km, 3-4 Std.

Mit dem Auto von der Abfahrt Röbel der A19 auf der B198 Richtung Mirow | Kanubasis oder Kanustation Mirow, An der Clön 1/2, kanubasis.de, kanustation.de, €€ (inkl. Schwimmweste und Gepäcksack)

Kanuverleih April bis Okt., im Frühling ist die Vegetation besonders urwüchsig, Juni und Sept. blühen die Seerosenteppiche

Kanu, Wechselkleidung, Badesachen, Proviant

53.289587, 12.794117 (Start)

DOWNLOAD GPX-Track

Friedlich plätschert das Wasser ans Boot (li.), während du zwischen Seerosenteppichen am wilden Ufer entlang zur Schloss- und Liebesinsel (o.) paddelst

Auf dem Fridolin-Weg auf Falladas Spuren ★

Seine Romane und Geschichten begeisterten Millionen von Lesern – und auch der Fridolin-Weg des großen Schriftstellers Hans Fallada ist bei vielen Wanderern sehr beliebt. Bei dem Streifzug durch die idyllische Feldberger Seenlandschaft kannst du wunderbar zu dir selbst finden. Und unterwegs wartet mit einer handbetriebenen Seilfähre eine technische Rarität.

Ein ausgezeichneter Weg durch die Feldberger Seenlandschaft

Hans Fallada hatte seinen Lebensmittelpunkt mit Bedacht und einem grünen Daumen gewählt: In der herrlichen Feldberger Seenlandschaft fand der große Volksschriftsteller die nötige Ruhe, um an seinem literarischen Werk zu arbeiten. Einer seiner Protagonisten war Fridolin, der freche Dachs, und eine der Lieblingsstrecken des Bestseller-Autors die Fridolinwanderung. Auf dem Rundkurs umrundest du den Schmalen Luzin, der zu den klarsten Seen Deutschlands gehört. Genau wie du durchstreifte Fallada die bewaldeten Hügel und wanderte an den klaren Seen entlang. Die Feldberger Seenlandschaft breitet sich rund um das Städtchen Feldberg im Süden Meck-Pomms aus. Hier haben Fischotter, Seeadler und Schwarzstörche sowie wilde Orchideen ihren Lebensraum gefunden. In und um den anerkannten Kneipp-Kurort Feldberg findet man Ruhe und Erholung. Der Fridolinweg wurde völlig zu Recht von der Initiative Wanderbares Deutschland als Qualitätswanderweg ausgezeichnet.

Wandern und Fahrt mit der Seilfähre

An der kleinen Fähre ist Handarbeit gefragt: Hier heißt es noch: „Fährmann hol över!" Wenig später gleitest du auf dem kleinen, handbetriebenen

Wasserfahrzeug dem Ufer des Naturschutzgebiets Hullerbusch und Schmaler Luzin entgegen. Die Sonne glitzert auf dem glasklaren Wasser. Gewaltige Buchen, die sich an die Hänge eines Steilhangs krallen, ragen an der Anlegestelle in den Himmel. Zu diesem Zeitpunkt hast du nach dem Start in Carwitz schon viel Natur gesehen auf Hans Falladas Spuren. Du hast die Badestelle Ziegenwiese entdeckt, an einer kleinen Landspitze – ein malerischer Ort. Zweige fächeln im Sommerwind am Schmalen Luzin, an dessen Westufer du auf dem ersten Teilstück der Tour wanderst. Auf dem 120 Meter hohen Hauptmannsberg wartet auf dem Schlussabschnitt ein Rastplatz. **Insider-Tipp** Pack dir ein Picknick ein und speise auf dem Hauptmannsberg. In Carwitz vermischen sich Ausflügler zu einer bunten, fröhlichen Masse, die es sich in den Cafés an Tischen unter Bäumen gut gehen lässt.

Die Tour im Überblick

Einfache Wanderung auf dem Fridolinweg zwischen Carwitz und Feldberg, ca. 10 km, 2,5–3 Std.

Mit dem Auto von Neustrelitz auf der B198 und L34 nach Feldberg, dann über Neuhof zum Parkplatz an der Dorfkirche in Carwitz | Wegmarke: grüner Punkt auf weißem Grund

Im Sommer zum Baden, Betriebszeiten Seilfähre: luzinfaehre.de, €
Feste Schuhe, Badesachen, Proviant
53.302329, 13.440463 (Parkplatz)

DOWNLOAD GPX-Track

Ob der Blick am Campingplatz in Carwitz auf den gleichnamigen See (li.), das Fallada-Haus (re.), die Seilfähre bei Hullerbusch – die Runde um den Schmalen Luzin ist abwechslungsreich

MEHR ERLEBEN

*WEITERE ABENTEUER & AUSFLÜGE

Ein Abenteuer: Von Neustrelitz mit dem Hausboot einfach losschippern und an den schönsten Plätzen vor Anker gehen

Mehr erleben in der Region Neustrelitz und Feldberger Seen, einem grün-blauen Abenteuerland mit vielen Flüssen und Seen inmitten von Hügeln und großen Wäldern. Neustrelitz mit dem Zierker See, die tiefen Moore des Havelquellgebiets bei Kratzeburg, die Wälder um Mirow, die Schwaanhavel bei Wesenberg und die Feldberger Seen wollen zu Land und zu Wasser entdeckt werden.

IN UND UM NEUSTRELITZ

Wie lebten die Slawen hier vor mehr als 1000 Jahren?

1 Besuch im Slawendorf Neustrelitz

Wenn du den stattlichen Palisadenzaun durch das Tor mit dem Wachturm betrittst, beginnt eine Zeitreise: Im Slawendorf sorgen alte Handwerkskünste und mit den damaligen Materialien und Techniken errichtete Gebäude dafür, dass die Geschichte lebendig wird. Am Ufer des Zierker Sees kann man alte Handwerkstechniken selbst ausprobieren wie Flechten, Schmieden oder Töpfern und sich selbst ein kleines Andenken anfertigen. Es gibt einen Kiosk und Souvenirs aus der Region im Dorfladen. **Insider-Tipp** Bei einer Fahrt mit dem authentischen Nachbau eines Slawenboots, der Nakon (benannt nach einem Slawen-Fürsten), übernimmst du selbst das Ruder. Besucher können eine Führung durchs Dorf und die Geschichte der slawischen Vorfahren buchen, die hier vor mehr als 1000 Jahren als Handwerker, Bauern und Krieger siedelten.

Von Neustrelitz Bahnhof zu Fuß in 30 Min. zum Slawendorf | Mit dem Auto zum Parkplatz vor dem Slawendorf | slawendorf-neustrelitz.de, € (Familienkarte erhältlich) April bis Okt. geöffnet

53.357862, 13.045886 (Parkplatz)

Zu den knorrigen Weiden an der Landkante

2 Einfache Radrundtour um den Zierker See, ca. 15 km, 1 Std.

Knorrige Weiden ruhen in der Sonne, ländliche Idylle breitet sich aus, so weit das Auge reicht, in der Ferne flimmert der Neustrelitzer Kirchturm am Horizont. Der Rundkurs beginnt am schönen Stadthafen der Residenzstadt und führt dann über

Geschichte zum Anfassen: Im Slawendorf Neustrelitz kann man altes Handwerk wie das Schmieden, Flechten oder Töpfern selbst ausprobieren

Am Zierker See fühlen sich Mensch und Möwe gleichermaßen wohl

die Stadtteile Zierke und Sophienhof in die Weite um Wiesenthal. Über eine herrliche Asphalttrasse rollst du durch einen hügeligen Abschnitt Richtung Prälank Kalkofen. Zuvor lohnt ein Abstecher zur Badestelle am Südufer des Großen Prälanksees. Hinter Lindenberg wartet (auf dem mecklenburgischen Seen-Radweg) ein schönes Teilstück durch den Wald am Zierker See. In Ufernähe geht es an der malerischen Schlosskoppel und dem Schlosspark vorbei zurück zum Stadthafen.

Von Neustrelitz ZOB mit Bus 603 bis Hafen | Mit dem Auto von der B96 über das Zentrum zum Parkplatz am Stadthafen Im Sommer zum Baden Tourenrad, Proviant, Badesachen 53.365228, 13.055544 (Parkplatz Stadthafen) Download GPX-Daten

Leinen los in der Residenzstadt

3 Mit dem Hausboot auf dem Zierker See

Abenteuer auf dem Wasser und Erholung in der Natur – mit einer Floßtour kannst du beides verbinden. Am Hafen in der Residenzstadt Neustrelitz kannst du bei Tom-Sawyer-Tours mit einem Floß oder einem Hausboot in See stechen und selber den Kurs bestimmen. Zur Auswahl stehen auch Boote mit Schlafplätzen. Für eine Tour locken die vielen Gewässer in der Umgebung wie der Woblitzsee oder der Große Labussee. Geschützte Buchten wechseln sich mit weiten Wasserflächen ab. Auch mehrtägige Ausfahrten sind möglich – der Zierker See ist mit vielen anderen Revieren verbunden.

Von Neustrelitz ZOB mit Bus 603 bis Hafen | Mit dem Auto von der B96 über das Zentrum zum Parkplatz am Stadthafen | Bootsverleih an der Marina Santana, Zierker Nebenstr. 19, tomsawyer-tours.de/charterstation-neustrelitz, €€€ April bis Okt. 53.366596, 13.054136 (Bootsverleih)

Beach-Atmosphäre in der Stadt

4 Badeausflug mit Spaziergang um den Glambecker See, ca. 1,6 km, 45 Min.

Volleyballfeld, Sprungturm, Gastronomie und Rettungsschwimmer: Die Badeanstalt am Glambecker See in Neustrelitz punktet mit einem Rundum-Paket. Auch die Nähe zum Zentrum ist von Vorteil – der Marktplatz ist nur 20 Gehminuten entfernt. Ein weiteres Plus: Die Badeanstalt ist wegen des flachen Einstiegs für Familien bestens zum Planschen und Sandburgenbauen geeignet. Eine gro-

Den Nachbau des Trojanischen Pferds sieht man bei der Tour zur Havelquelle am Schliemann-Museum bei Ankershagen

Ein Steg führt trockenen Fußes durch das Havelquellgebiet bei Babke

ße Liegewiese rundet das Komfort-Paket ab. Wenn du dir noch die Beine vertreten möchtest: Es gibt einen schönen Rundweg um den See.

ℹ *Von Neustrelitz Bahnhof zu Fuß in 15 Min. zur Badeanstalt Glambecker See | Mit dem Auto zum Parkplatz vor der Badeanstalt | Öffnungszeiten: neustrelitz.de/de/aemter_und_dezernate/87/badeanstalt-glambecker-see, € (Familienkarte erhältlich)* ⏲ *Mitte Mai bis Mitte Sept.* 📍 *53.366481, 13.078911 (Parkplatz)*

✓ *Download GPX-Daten*

IN UND UM KRATZEBURG

Auf dem Moorsteg am Havelbach

5 🚶 **Einfache Rundwanderung im Havelquellgebiet um Babke, ca. 5 km, 1,5 Std.**

Viele Highlights erwarten dich auf diesem Wanderweg im Müritz-Nationalpark rund ums Dorf Babke. Ein Holzsteg führt trockenen Fußes durch ein Moor. Es gluckst und quakt. Eine winzige Insel ragt malerisch aus dem trüben Wasser. Wilde Vegetation wuchert in der Niederung. Von der Kirche in Babke, das mit schönen Aussichten etwas erhöht in der Hügellandschaft liegt, folgst du dem Wanderzeichen lila Tanne. Nahe dem Moorsteg gibt es einen Rastplatz und eine Aussichtsplattform, von der du über die feuchte Niederung schauen kannst. Zweimal überquerst du den friedlich plätschernden Havelbach.

ℹ *Von Neustrelitz ZOB mit Bus 679 nach Babke | Mit dem Auto über die L25, Abzweigung nach Babke und zur Dorfkirche Babke | Wegmarke: lila Tanne* ⏲ *Im Herbst zum Pilzesuchen und Vögelbeobachten* ⚙ *Feste Schuhe, Feldstecher, Mückenschutz, Proviant* 📍 *53.359922, 12.889190 (Start)*

✓ *Download GPX-Daten*

In ländlicher Idylle zu klaren Seen

6 🚲 **Einfache Radrundtour südöstlich von Kratzeburg, ca. 27 km, 2 Std.**

Weit hinaus in den Nordosten des Müritz-Nationalparks geht es bei dieser schönen Tour, hin und wieder holpert es und es kann sandig werden. Du durchstreifst ausgedehnte Wälder und die Idylle an den Havelquellseen. Nach dem Start im Nationalparkdorf Kratzeburg geht es nach Adamsdorf und durch das ländliche Gebiet nördlich von Neustrelitz

Auf dem Havelkanal zwischen Käbelick- und Granziner See fühlt man sich wie ein Entdecker

zum Prälanksee. Wiesen und Weiden breiten sich aus am Fuße einer Landkante. Kuhherden säumen den Weg. Am Großen Prälanksee lockt am Südufer eine Badestelle. Halbzeit: Ein perfekter Moment zum Rasten und Erfrischen, bevor du durch weite Wälder und das Dorf Langhagen und am Käbelicksee vorbei zurück nach Kratzeburg rollst. **Insider-Tipp** Kurz vor dem Ziel wartet ein toller Strand mit Liegewiese, um die schöne Tour ausklingen zu lassen.

Mit der Regionalbahn nach Kratzeburg | Mit dem Auto über die B193, Abzweigung Kratzeburg bis zur Nationalparkinfo | Wegmarke: gelber Radfahrer *Im Sommer zum Baden* *Tourenrad, Proviant, Badesachen* *53.429282, 12.945162 (Nationalparkinfo)* *Download GPX-Daten*

Expedition zur Havelquelle

7 Einfache Radrundtour nach Ankershagen, ca. 21 km, 2 Std.

Ganz klein ist sie hier noch, die Havel, die später als stattlicher Strom durch das Land fließen wird: Ihre Quelle entspringt in den Hügeln bei Ankershagen. Im Nationalparkdorf Kratzeburg, wo der Rundkurs durch das Havelquellgebiet beginnt, ist die Havel bereits zu einem Bächlein angewachsen. Viele Seen und Rastplätze säumen den Weg, der immer wieder durch prächtige Alleen führt. Im Sommer liegt der Geruch gemähter Wiesen in der Luft. Sehenswert sind neben der Natur die Burg Ankershagen und der Landschaftspark Friedrichsfelde mit alten Eichen und Buchen. Hier befindet sich auch das Heinrich-Schliemann-Museum.

Mit der Bahn nach Kratzeburg | Mit dem Auto über die B193, Abzweigung Kratzeburg bis Nationalparkinfo, Wegmarke: roter Radfahrer *Im Sommer zum Baden* *Tourenrad, Proviant, Badesachen* *53.429282, 12.945162 (Start)*

Im Reich der Seerosen

8 Einfache Paddeltour über den Käbelicksee, ca. 10 km, 3–4 Std. (Hin- und Rückweg)

Start ist am Nordufer des Käbelicksees am Wasserwander-Rastplatz Kanu-Hecht. Hier beginnen auch Führungen in den Müritz-Nationalpark und eine Kanusafari auf der Havel. Über den See nach Süden paddelt man durch die Havel zum Granziner See. Bäume spannen sich über das Wasser wie ein

Idyllischer als auf dem Steg im Kälbersee lässt es sich nicht picknicken

Tunnel. Sonnenstrahlen blitzen durch die Blätter und glitzern auf den Seerosen: Urwald-Atmosphäre kommt auf. Die Tour ist auch für Anfänger gut geeignet, denn es gibt kaum Strömungen. Du kannst im Havelseenquellgebiet mit seinen vielen Bruchwäldern und Feuchtgebieten sehr gut die Tier- und Vogelwelt beobachten. **Insider-Tipp** Mit dem Team von Kanu-Hecht kannst du auch geführte Touren unternehmen. Es gibt einen Fahrservice, um sich von einer Tour durch die Natur wieder zum Wasserwander-Rastplatz fahren zu lassen.

Mit der Bahn nach Kratzeburg und zu Fuß in 5 Min. Richtung Dalmsdorf | Mit dem Auto über die B193, Abzweigung Kratzeburg bis Dalmsdorf | Wasserwander-Rastplatz am Kanu- und Radverleih Hecht | kanu-hecht.de, €€ Juni bis Sept., wenn die Seerosen blühen Kanu, Wechselkleidung, Proviant, Badesachen 53.426995, 12.932131 (Kanu-Hecht)

Auf dem Traumsteg im Waldsee

9 Badetag am Kälbersee mit einfacher Rundwanderung, ca. 2,5 km, 1 Std.

Eine kleine Seebrücke aus Holz ragt in den Waldsee, auf dem sich die Wolken und Bäume spiegeln. Und auf dem Steg: lockt ein herrlicher Picknickplatz. Idyllischer als am Kälbersee bei Blankenförde kannst du kaum baden und rasten. Neben dem Steg de luxe gibt es einen kleinen Strand mit Platz zum Buddeln. Der Wind streicht durchs Schilf, die Blätter der Bäume rauschen. Auf der Liegewiese findet sich auch an heißen Tagen ein schattiges Plätzchen. Falls du eine schöne Wanderung durch den Wald zu einem beeindruckenden Moor mit einem Steg durch den Sumpf unternehmen möchtest: In Richtung Blankenförde biegt von der Dorfstraße der Müritzwanderweg (Wegmarke blaues M) rechts ab. Diesem Weg kurz folgen und dann den Rundweg mit der roten Rohrdommel weiterwandern.

Von Mirow mit Bus 670 nach Blankenförde, zu Fuß Richtung Norden zum Kälbersee | Mit dem Auto von Neustrelitz über die L25, nach Useriner Mühle rechts nach Blankenförde und zum Kälbersee Im Sommer zum Baden Badesachen, Proviant 53.360481, 12.925266 (Parkplatz) Download GPX-Daten

Im Arboretum Erbsland kann man exotische Bäume umarmen

Auf dem Pfahl in der Mitte der Wolfsfalle war der Köder, die Grube so tief, dass kein Wolf entkam.

IN UND UM MIROW

Zu exotischen Bäumen im Erbsland

10 **Einfache Wanderung zum Arboretum Erbsland, ca. 11 km, 3 Std. (Hin- und Rückweg)**

Exotische Gehölze wie eine Douglasie oder einen Riesenlebensbaum mitten in ohnehin schönen heimischen Wäldern entdecken? Das geht im Erbsland, einem forstbotanischen Garten in der Nähe des Mirower Ortsteils Granzow. Die Wanderung durch den zunächst noch heimischen Wald beginnt am Strand in Granzow bei einer schönen Badestelle. Von hier durch den Ort nach Norden in Richtung Zietlitz wandern und dann den Schildern zum Erbsland folgen. Hier hat ein Mirower Förstermeister in den 1880er-Jahren zu Studienzwecken Bäume aus fernen Ländern angepflanzt. **Insider-Tipp** Am Fuße der mittlerweile riesigen Bäume kannst du ein Picknick einlegen. Auf demselben Weg geht es wieder zurück nach Granzow.

Von Mirow ZOB mit Bus 670 nach Granzow, zu Fuß in 10 Min. zum Strand | Mit dem Auto von Mirow über die Granzower Straße zur Kanustation Granzow | kanustation-granzow.de Im Sommer zum Baden Feste Schuhe, Proviant, Badesachen 53.301732, 12.807053 (Kanustation) Download GPX-Daten

Den Wölfen auf der Spur

11 **Einfache Rundwanderung bei Zwenzow auf dem Wolfs-Erlebnispfad, ca. 2 km, 0,5 Std., und der Windwurf-Runde, ca. 7 km, 2 Std.**

Unterwegs in Wäldern der Gegensätze und auf den Spuren des Wolfes: Der Rundkurs beginnt am Parkplatz am nördlichen Ende des Wolfsfangs und führt dich tief in die Lebenswelt „Isegrims": Als im Jahre 1710 in Userin 22 Schafe von Wölfen gerissen wurden, errichtete man hier eine Wolfsfalle. Heute kannst du die Anlage besichtigen, es gibt außerdem ein Wolfsquiz und ein Märchenhaus. Der Wolfspfad kann gut mit einem ebenfalls ausgeschilderten Weg zu einem Windwurf kombiniert werden: 2014 warf ein Sturm in den Zwenzower Tannen, wo heute überwiegend Kiefern wachsen, 13 Hektar Wald um. Du kannst dir ansehen, was passiert, wenn der Mensch nicht mehr in den Wald eingreift. Die Windwurf-Runde streift den Wolfs-

Fernsicht bei Babke – hier kann man während einer Radtour die Seele baumeln lassen

pfad und außerdem erwartet dich am Felschensee und am Gründlingsmoor viel Idylle.

Von Mirow ZOB mit Bus 670 nach Zwenzow | Mit dem Auto von Wesenberg Richtung Zwenzow, Parkplatz am Wolfsfang, ca. 2 km südlich von Zwenzow | Wolfs-Erlebnispfad: Wegmarke brauner Wolf | Windwurf-Runde: Wegmarke graue Stämme, man kann auch in Zwenzow starten Feste Schuhe, Proviant 53.307972, 12.936572 (Parkplatz) Download GPX-Daten

Mit dem Rad durch Biotope, schöne Dörfer und weites Land

12 Einfache Radrundtour von Schillersdorf über Babke nach Zwenzow, ca. 24 km, 2 Std.

Gleich hinter Schillersdorf, wo die Radtour am Infopunkt beginnt, stellt sich ein Hochgefühl ein: Eine herrliche kleine Landstraße schlängelt sich durch Wald, Wiesen und Weite und du trittst befreit auf dem glatten Asphalt in die Pedale Richtung Babke. Mohnblumen ziehen vorüber. Oben auf einem Hügel wartet eine tolle Fernsicht über die Niederungen am Zotzen- und Jäthensee. Bei einer prächtigen Linde lädt dich in Blankenförde eine Bank zum Verweilen ein. In Zwenzow kannst du auf einen Sprung im Großen Labussee vorbeischauen und dich abkühlen. Über Leussow führt dich der Weg, der zweimal die Havel gequert hat, zurück nach Schillersdorf.

Von Mirow mit Bus 670 nach Schillersdorf | Mit dem Auto von der B198 über Leussow zum Infopunkt Schillersdorf | Wegmarke: magentafarbener Radfahrer Im Sommer zum Baden Tourenrad, Proviant, Badesachen 53.344236, 12.840008 (Start) Download GPX-Daten

IN UND UM WESENBERG

Havel-Idylle an der Burg erleben

13 Einfache Wanderung vom Großen Weißen See nach Wesenberg, ca. 6,5 km, 2 Std.

Wesenberg ist vor allem wegen seiner Burg bekannt, verfügt aber auch über herrliche Seen, ein Netz von Kanälen und viel Natur. Die Tour beginnt am Bahnhof Weißer See am idyllischen Großen Weißen See mit schönem Badestrand. **Insider-Tipp** Nördlich des Sees gibt es einen Skulpturenpark, der als Geheimtipp gilt. Vom Weißen See geht es durch den Wald zum historischen Stadtzentrum Wesen-

Wasserwandern auf dem Havelkanal bei Wesenberg – Boote kann man an der Kanu-Mühle leihen

Unterhalb der Hausbrücke Ahrensberg lässt sich bei einem Fischbrötchen gut pausieren

bergs mit der im 13. Jahrhundert erbauten Burg mit Fangelturm. Die kleine Festung befindet sich nur unweit der Havel, die sich hier zum Woblitzsee anstaut. Am Wasserwanderrastplatz Kanu-Mühle (mit Bootsverleih) fließt die Havel ab, hier breitet sich mit der Schwaanhavel ein echtes Natur- und Vogelparadies aus, das man mit dem Kanu entdecken kann. Unzählige kleine Kanäle durchziehen Erlenbruchwälder und Wiesen vom Havel-Kammer-Kanal bis zum Plätlinsee. Von der Kanu-Mühle geht es durchs Zentrum zurück zum Bahnhof Weißer See.

Mit der Bahn zum Bahnhof Weißer See, Wesenberg | Mit dem Auto über die B198, Abzweigung Weißer See | sculpture-park-wesenberg-bei-wu.de, € | kanu-muehle.de, €€ Im Sommer, 1. Juli-Wochenende Burgfest mit Ritterkämpfen und Markt

Feste Schuhe, Badesachen, Fernglas

53.284112, 12.945660 (Start) Download GPX-Daten

Tour zur Hausbrücke im Seenland

14 Einfache Radrundtour südlich von Wesenberg, ca. 35 km, 2,5 Std.

Der Rundkurs in den Süden der Mecklenburgischen Kleinseenplatte startet am schönen Marktplatz in Wesenberg. Dann geht es vom historischen Stadtzentrum (mit Burg samt Fangelturm) durch eine Allee und einen Wald nach Drosedow. Über Seewalde, Neu Canow und an Wustrow vorbei schlängelt sich die Tour durch die weite Seenlandschaft nach Strasen und Priepert. Es erinnert ein wenig an den Hollywoodstreifen „Die Brücke am Fluss", als die Hausbrücke bei Ahrensberg plötzlich auftaucht. Die hölzerne Brücke ist die älteste noch erhaltene ihrer Art in Norddeutschland. **Insider-Tipp** Am Fuße der Hausbrücke wird in einem Fischereihof Fisch aus der Region täglich frisch zubereitet. Durch die ländliche Weite mit prächtigen Alleen und einem überragenden Blick über das Land geht es nach Wesenberg zurück.

Mit der Bahn nach Wesenberg, zu Fuß in 15 Min. zum Marktpkatz | Mit dem Auto über die B198 nach Wesenberg, Parkplatz nördlich des Zentrums | fischerei-wesenberg.de Im Sommer zum Baden (bei Priepert und Wustrow)

Tourenrad, Proviant, Badesachen

53.281210, 12.970487 (Marktplatz), 53.283303, 12.971109 (Parkplatz)

Download GPX-Daten

Die urwüchsige Schwaanhavel bei Wesenberg ist ein beliebtes Kanurevier und für Motorboote gesperrt

Baden an der historischen Mühle

15 Badetag an der Useriner Mühle mit Rundwanderung, ca. 6 km, 1,5 Std.

Ein heller Sandstrand, ein Steg, Spielgeräte, Schaukeln, Liegewiese, überdachter Picknickplatz: Die Badestelle an der Useriner Mühle am Südufer des Useriner Sees hat einiges zu bieten. Du kannst hier, unweit des imposanten Mühlengebäudes aus Backstein, wunderbar den Akku aufladen. Falls du vorher noch eine Wanderung unternehmen möchtest: In Zwenzow beginnt eine schöne Wanderrunde durch den Nationalpark (von der L25 rechts in die Straße Zwenzow abbiegen). Du umrundest den Jamelkensee. Prächtige Bäume und ein Feuchtgebiet liegen auf dem Weg. Die Wanderroute streift einen Campingplatz mit separatem FKK-Bereich am Westufer des Useriner Sees mit schöner Badestelle.

Von Mirow mit Bus 670 nach Useriner Mühle | Mit dem Auto von der B198 über Klein Quassow zum Badestrand Useriner Mühle | Wegmarke: oranges Reh | FKK-Strand: haveltourist.de (> Campingplätze > Useriner See) Im Sommer Badesachen, Proviant 53.322325, 12.966757 (Strand Useriner Mühle)

Unterwegs im Naturparadies

16 Einfache Paddeltour auf der Schwaanhavel, ca. 18 km, 6 Std.

Das 3,5 Kilometer lange Flüsschen Schwaanhavel schlängelt sich bei Wesenberg durch Erlenbruchwälder und Wiesen vom Havel-Kammer-Kanal bis zum Plätlinsee. Hier haben Eisvögel, Fischadler oder Fischotter einen Rückzugsort. Und: Die Schwaanhavel ist für Motorboote gesperrt. In der Kanumühle in Wesenberg oder am Kanuhof in Wustrow kannst du deine Expedition starten und Equipment ausleihen. Am frühen Morgen aufbrechen, dann ist das Naturerlebnis besonders eindrucksvoll. Von Wustrow paddelst du über den Plätlinsee in die Schwaanhavel und von dort zum Woblitzsee mit dem Wasserwanderrastplatz Wesenberg. Auf derselben Route geht es dann zum Ausgangsort zurück.

Von Wesenberg mit Bus 649 nach Wustrow und zum Kanuhof Wustrow | Mit dem Auto von Wesenberg über die B122 zum Parkplatz am Kanuhof | kanuhof-wustrow.de, €€ | mecklenburgische-seenplatte.de/kanutour-die-schwaanhavel Mitte April bis Anfang Okt. Wechselkleidung, Proviant 53.222122, 12.968386 (Kanuhof)

Ist der Reiherberg erst bezwungen, belohnt die Feldberger Seenlandschaft aus der Vogelperspektive

Beim Baden am Steg bei Amtswerder blickt man auf die Kulisse Feldbergs

IN UND UM FELDBERG

Wandern mit Weitsicht

17 Einfache Rundwanderung um den Haussee bei Feldberg, ca. 7,5 km, 2,5 Std.

Die Wanderung in der kleinen Landstadt Feldberg führt zunächst durch den Kurpark und die Hügel und Buchenwälder am westlichen Ufer des Haussees. **Insider-Tipp** Am Nordufer des Sees kann man zum tollen Rastplatz auf dem Reiherberg aufsteigen. Kein Wunder, dass der Berg diesen Namen trägt: Von der 143 Meter hohen Erhebung schaust du aus der Vogelperspektive auf die Feldberger Seenlandschaft. Der Haussee mit seinen Inseln glitzert, die Silhouette Feldbergs liegt in der Ferne. Auf einem schmalen Streifen zwischen Haussee und dem Breiten Luzin geht es am Backofenberg vorbei – noch einmal locken hier einer der vielen schönen Rastplätze und ein toller Blick auf den Breiten Luzin. Anschließend überquerst du den Seerosenkanal und kehrst erschöpft, aber zufrieden nach Feldberg zurück.

Von Feldberg Bahnhof 15 Min. zu Fuß zum Kurpark Feldberg | Mit dem Auto von der B198 bei Möllenbeck über die L34 zum Parkplatz Strelitzer Straße | Wegmarke: weißes Quadrat, gelber Kreis
Im Sommer bei guter Sicht *Feste Schuhe, Proviant* *53.336603, 13.431636 (Parkplatz)*
Download GPX-Daten

Zum Strand mit schöner Kulisse

18 Badetag in Feldberg, mit Rundwanderung auf dem Amtswerder: ca. 1,5 km, 1 Std.

Ein Strand, eine ausladende Liegewiese, ein langer Steg, von dem du über den Haussee auf die Silhouette Feldbergs schaust. Das Strandbad auf der Halbinsel Amtswerder ist für Familien gut geeignet: Es gibt es einen Nichtschwimmerbereich, Sprungturm und Gastronomie. In der Saison sorgen Bademeister für Sicherheit, dann kann das Seepferdchen abgelegt werden. **Insider-Tipp** Auch eine Wanderung über die Halbinsel lohnt sich: Beim Weg am Ufer entlang erwarten dich viele schöne Stellen und ein toller Blick auf den Haussee an der Nordspitze.

Von Feldberg Bahnhof 25 Min. zu Fuß zur Badestelle | Mit dem Auto von der B198 bei Möllenbeck über die L34 nach Feldberg und zum Parkplatz auf

Seit mehr als 160 Jahren wird der Buchenwald Heilige Hallen nicht mehr bewirtschaftet

Naturpark-Ranger bieten zu unterschiedlichen Themen Führungen durch die Feldberger Seenlandschaft

dem Amtswerder ◷ *Im Sommer zum Baden, Juni bis Aug. mit Aufsicht* ⦿ *53.340109, 13.441115 (Badestelle), 53.340030, 13.442507 (Parkplatz)*
↙ *Download GPX-Daten*

Die Heiligen Hallen entdecken

19 Einfache Rundwanderung zum Buchenwald bei Lüttenhagen, ca. 5,7 km, 1,5 Std.

In den Heiligen Hallen kann sich die Natur seit Jahren uneingeschränkt entfalten – das Gebiet ist ein Totalreservat und steht auf der Liste der Naturdenkmäler Mecklenburgs. Die Bewirtschaftung wurde bereits vor 160 Jahren eingestellt, als der Großherzog Georg von Mecklenburg-Strelitz Mitte des 18. Jahrhundert vom hallenartigen Charakter dieses Buchenwalds so beeindruckt war, dass er erließ, ihn für alle Zeit zu schonen. Den hallenartigen Charakter hat der Wald inzwischen verloren, da die über 350 Jahre alten Buchen ihr biologisches Alter überschritten haben – viele junge Buchen prägen das Bild. Die Wanderung führt an Sümpfen und Mooren vorbei und natürlich durch den berühmten Buchenwald. Unterwegs gibt es viele spannende Infotafeln.

ⓘ *Von Feldberg mit Bus 619 nach Lüttenhagen Museum | Mit dem Auto über die L341 zum Wanderparkplatz in Lüttenhagen | mecklenburgische-seenplatte.de/wandertour-heilige-hallen* ◷ *Frühjahr und Herbst* ⚙ *Feste Schuhe, Proviant* ⦿ *53.333555, 13.372475 (Parkplatz)*
↙ *Download GPX-Daten*

Mit dem Ranger auf Exkursion

20 Geführte Tour durch den Wiesenpark

Tief eintauchen in die Welt der Wiesen unter fachkundiger Führung: Bei der kostenlosen Führung durch den Feldberger Wiesenpark, eine Art natürlichem Freiluftmuseum, erklärt dir ein Naturpark-Ranger, welche Orchideen und Wildpflanzen hier wachsen und welche Tiere hier leben. Im Wiesenpark gedeihen besondere Kräuter.

ⓘ *Von Feldberg Bahnhof 15 Min. zu Fuß zum Haus des Gastes, Feldberg | Mit dem Auto von der B198 bei Möllenbeck über die L34 zum Parkplatz Strelitzer Straße | naturpark-feldberger-seenlandschaft.de/veranstaltungen* ◷ *Mai bis Sept. Fr 11–13 Uhr* ⚙ *Feste Schuhe* ⦿ *53.336441, 13.432964 (Haus des Gastes), 53.336603, 13.431636 (Parkplatz)*

DER SCHÖNSTE SONNENUNTERGANG

Abendrot am Badesteg

21 An der Badestelle am Großen Priepertsee

Das Wasser funkelt, am Horizont versinkt die Sonne, und am Badestrand in Priepert breitet sich eine ganz besondere Atmosphäre aus – sicher einer der Orte in der Region für die schönsten Sonnenuntergänge. Neben dem Steg gibt es an der Badestelle am Rande des Dorfes Priepert Spielgeräte für die Kleinen und Bänke zum Sinnieren für die Großen.

Von Wesenberg mit Bus 649 nach Priepert | Mit dem Auto über die B96 bis Abzweigung Priepert und zum Parkplatz an der Badestelle Priepert *53.219373, 13.040046 (Badestelle)*

LOKALE SPEZIALITÄTEN

*UND WO DU SIE PROBIEREN KANNST

Ab Mitte Mai beginnt auch hier die Matjes-Saison. Entweder man isst ihn im Brötchen oder nach Hausfrauenart mit Bratkartoffeln

Von Rippenbraten bis Sülze und Matjes: Frischer Fisch und Fischbrötchen sind die Stars in der Region, wobei die Küche so rustikal ist wie die Landschaft. Was die Menschen in der Gegend um Neustrelitz und die Feldberger Seen sonst noch gern essen, erfährst du hier.

Traditioneller Sonntagsbraten

1 Mecklenburger Rippenbraten

Das traditionelle Bratengericht besteht aus Schweinerippen mit einer Füllung aus Backpflaumen und Zimt, Zwieback, Äpfeln, geschmort in braunem Rum. Als Beilage gibt's Kartoffeln oder Klöße und Rotkohl.

In der Luisenstube in Neustrelitz *wird das Gericht nach alten regionalen Rezepten zubereitet | Seestr. 8, Neustrelitz | luisenstube.de, €€*

Würziger Fischklassiker

2 Matjesfilet

Mehrere Tage lang werden die Heringe in einer Salzlake eingelegt, dann haben sie den typischen Matjes-Geschmack angenommen und kommen auch in der Mecklenburgischen Seenplatte seit Langem in verschiedenen Variationen auf den Teller. Der deutsche Begriff Matjes stammt übrigens vom niederländischen Maatjesharing ab.

Im Restaurant Alte Schlossbrauerei in Mirow *gibt es Matjesfilet mit Remoulade, Bratkartoffeln und Salat | Schloßinsel 3a, Mirow | alte-schlossbrauerei.de, €€*

Komposition mit Quark

3 Käsekuchen

Der Käsekuchen oder Quarkkuchen hat auch in der Seenplatte eine lange Tradition. Der Kuchen wird aus Quark oder einem anderen ungesalzenen Frischkäse, Eiern, Milch und Zucker gebacken. Käsekuchen werden in offener, gedeckter oder gefüllter Form hergestellt.

Im Familiencafé Anna & Otto in Neustrelitz *gibt es selbst gebackenen Käsekuchen | Markt 15, Neustrelitz | anna-otto.de, €*

Deftige Hausmannskost

4 Sülze

Die hier so beliebte Sülze ist ein kaltes Gericht, das aus Fleisch oder Gemüse hergestellt wird, das in Gelee eingelegt ist. Gerne wird Schweinskopf oder gepökeltes Kalbfleisch verwendet.

In der Gaststätte Bodinka in Wesenberg *gibt es Sülze mit Bratkartoffeln | Kreuzstr. 1, Wesenberg | Tel. 0 39 83/2 203 21, €€*

Knuspriger Plattfisch

5 Scholle

Die Scholle, auch Goldbutt genannt, ist der hierzulande bekannteste Plattfisch und ist in der Ostsee heimisch. Der Fisch kann vor dem Braten durch gesalzene Milch gezogen und in Mehl gewendet werden: nach Müllerinart.

In der Inselgaststätte Helgoland in Neustrelitz *gibt es Scholle nach Müllerin-Art | Am Hafen 1, Neustrelitz | inselgaststaette-helgoland.de, €€*

Hier bekommst du alles

6 Wochenmarkt in Neustrelitz

Honig, Fisch, Gemüse und Gebäck: Mittwochs haben sich auf dem Marktplatz in Neustrelitz vom Bio-Bauernhof bis zum Fischer regionale Erzeuger versammelt. Auf der Imbisskarte stehen zum Beispiel Bratwurst, Fischbrötchen aus den regionalen Gewässern und Deftiges aus der Feldküche.

Marktplatz, Neustrelitz | Mi 8–15 Uhr, €

Sülze wird als Tellergericht in ganz Mecklenburg gern gegessen – so auch bei Bodinka in Wesenberg. Sie wird auch gerne mal mit Fisch aus der Region zubereitet

Gut zu wissen

Die Badeinsel im Woblitzsee am Campingplatz Havelberge ist bei der Jugend äußerst beliebt

Die Mecklenburgische Seenplatte ist für Auto und Rad gleichermaßen gut erschlossen

HINKOMMEN

*VON D, A, CH

Mit dem Auto

Viele Wege führen zu den Mecklenburgischen Seen – die Region ist mit dem Auto gut erreichbar: Von Berlin kommend führt entweder die A 19 ab Autobahnkreuz Wittstock Richtung Waren (Müritz) und Güstrow oder die A 24 weiter Richtung Schwerin. Über Land nimmt man aus Berlin die berühmte B 96 nach Neustrelitz und Neubrandenburg. Die ehemalige Traumstraße der DDR, „Route 66 des Ostens" und längste Bundesstraße im Osten Deutschlands, reicht von der Oberlausitz bis nach Rügen. Aus Hamburg fährst du am besten über die A 20 in die Region Schwerin. Mit Ziel Müritz bietet sich alternativ die Route über die A 24 an, am Autobahnkreuz Wittstock/Dosse kann man auch nach Wittstock abfahren und über die Landstraße nach Röbel ans kleine Meer rollen.

Mit dem Bus

Fernbusse sind oft eine preisgünstige Alternative bei der Anreise: Von Berlin gibt es eine Flixbus-Verbindung nach Schwerin. Auch aus Hamburg steuert das Unternehmen die Landeshauptstadt Mecklenburg-Vorpommerns an. Mit einem Zwischenstopp in Hamburg oder Berlin ist die Flixbus-Anreise auch aus vielen anderen Städten möglich.

Mit der Bahn

Die Mecklenburgischen Seen gehören zu den beliebtesten deutschen Reisezielen – kein Wunder, dass die Region mit der Bahn gut erreichbar ist. Aus Berlin gibt es eine eng getaktete Bahnverbindung nach Neustrelitz, Neubrandenburg und Waren (Müritz). Auch Schwerin, Güstrow, Parchim oder Ludwigslust sind gut mit dem Zug aus der Bundeshauptstadt erreichbar. Aus Hamburg fährt ein Regionalexpress nach Schwerin. Von München, Wien und Zürich fahren Nachtreisezüge nach Hamburg (www.nightjet.com). Zur Fahrradmitnahme im Zug bei der Suche nach Verbindungen das entsprechende Kästchen anklicken.

Mit dem Fahrrad

Auch mit dem Fahrrad lässt sich die Region aus vielen Richtungen hervorragend erreichen: Der gut ausgebaute Fernradweg Berlin–Kopenhagen führt durch Nordbrandenburg nach Neustrelitz und dann weiter nach Waren (Müritz), Krakow am See und Güstrow. Der Mecklenburgische-Seen-Radweg verläuft von Lüneburg an der Elbe entlang nach Dömitz und dann nach Ludwigslust und Parchim. Von dort verläuft die Route quer durch Mecklenburg-Vorpommern – unter anderem zur Müritz und nach Neustrelitz und Neubrandenburg.

Mit dem Boot oder Kanu

Mit dem Motor- oder Hausboot kann die Mecklenburgische Seenplatte aus Süden gut angesteuert werden: Von Fürstenberg beispielsweise geht es mit dem Motorboot über Mirow, Vipperow und Rechlin auf die Müritz. Auch für eine Anreise mit dem Kanu finden sich Routen von Süden in die Seenplatte.

Grün & fair reisen

Du willst beim Reisen deine CO_2-Bilanz im Hinterkopf behalten? Dann kannst du deine Emissionen kompensieren *(atmosfair.de; myclimate.org)*, deine Route umweltgerecht planen *(routerank.com)* oder auf Natur und Kultur *(gatetourismus.de)* achten. Mehr über ökologischen Tourismus erfährst du hier: *oete.de* (europaweit); *germanwatch.org* (weltweit).

VOR ORT UNTERWEGS

*ENTDECKE DIE MÖGLICHKEITEN

An den großen Seen kann man viele Orte auch mit Fahrgastschiffen ansteuern, wie hier am Zierker See den Stadthafen von Neustrelitz

Mit dem Auto

Wer ohne Auto in die Mecklenburgische Seenplatte reist, kann vor Ort problemlos einen Mietwagen ausleihen. Autos können z.B. in Neubrandenburg, Neustrelitz, Waren (Müritz) und Schwerin geordert werden. Es empfiehlt sich, vor der Reise zu buchen. In der Region herrscht außerhalb der Städte wenig Verkehr – über Land hast du in der Regel freie Fahrt. Im Müritz-Nationalpark sind einige Strecken wie zwischen Speck und Boek für den Auto-Verkehr gesperrt. Beliebt sind Mietcamper – Verleihstationen dafür gibt es unter anderem in Schwerin, Neustrelitz, Neubrandenburg und Waren (Müritz). (sixt.de, europcar.de, opelrent.de, wucherpfennig.de, schwerincamper.de, deutsche-caravan.de)

Mit dem Hausboot

In der wasserreichen Seenplatte mit vielen Flüssen, Kanälen und Seen ist auch das Hausboot ein praktisches Fortbewegungsmittel. Die gemütlichen Boote, die Abenteuertour und Unterkunft verbinden, können beispielsweise in Neustrelitz, Plau am See, Waren (Müritz) und Schwerin geliehen werden. Ein großer Vorteil: Wenn die Motorleistung nicht zu stark und die schwimmenden Ferienhäuschen nicht zu groß sind, ist kein Führerschein nötig. Es empfiehlt sich, vor der Reise ein Boot zu mieten. (bootsurlaub.de, leboat.de, mueritz-yacht.de)

Mit dem Schiff

Eine schöne Alternative, um sich in der Region fortzubewegen, sind diverse Linien- und Ausflugsschiffe: Von Waren fahren mehrmals täglich Dampfer über die Müritz nach Röbel, Klink, Rechlin, Hafendorf und Bolter Kanal. Auch Fahrräder werden mitgenommen. Auf dem Fahrplan stehen auch Verbindungen von Waren nach Malchow und Plau am See. Von Plau am See starten Fahrten zu diversen Seen. Auf dem Tollensesee fährt während der Saison das Linienschiff Rethra. (pickran.de, weisse-flotte-mueritz.de, blau-weisse-flotte.de, feldberger-fahrgastschifffahrt.de, neu-sw.de/linienschiff)

OHNE AUTO UNTERWEGS

MIT DEM BUS

Damit kommst du in fast jedes Dorf

Vor allem rund um die Müritz ist das Netz sehr gut ausgebaut: Busse der Nationalparklinie pendeln von Waren durchs Schutzgebiet und auch nach Röbel (Müritz). Eine Ergänzung ist der Rufbus, der in vielen Regionen per Telefon geordert werden kann. Der Plauer Rundbus, ein Doppelstockbus, kreist mehrmals täglich um den Plauer See. Auch diverse Überlandbusse verbinden die größeren Orte. (fahrplanauskunft-mv.de, mvvg-bus.de, rebus.de)

MIT DEM FAHRRAD

Nicht nur für Sportliche

Das Radnetz ist sehr gut ausgebaut – auch auf Landstraßen lässt es sich gut radeln. Fahrradverleihe gehören zum Standard in den Städten. Räder mit Elektro-Antrieb gibt es unter anderem in Schwerin (rademacher.world), Waren (Müritz, zweirad-karberg.de), Neubrandenburg (fahrradhaus-leffin.de), Neustrelitz (fahrradcenter-ballin.de) oder Malchow (tommys-fahrradladen.de).

MIT DER BAHN

Klappt es zwischen großen Städten

Das Bahnnetz ist teilweise recht ausgedünnt, es gibt aber auch neben den Hauptstrecken einige gute Verbindungen. Von Waren (Müritz) fährt während der Saison ein Zug nach Plau am See (suedbahn-saisonverkehr.de). Von Neustrelitz verkehrt ein Zug nach Mirow (hans-eisenbahn.de). Quer durchs Land rollt der RE 4, der von Lübeck über Bad Kleinen, Güstrow, Teterow und Malchin nach Neubrandenburg fährt (vmv-mbh.de).

PRAKTISCHE INFOS
*VON A BIS Z

Über Events wie das Inselseefest bei Güstrow erfährt man in den Apps und auf den Websites der Tourismus-Verbände

Wie findest du am schnellsten den besten Bus? Wo kannst du nach der Wasserqualität der Seen schauen? Welche Apps helfen dir, um deinen Urlaub vor Ort zu planen? Hier gibt es die wichtigsten praktischen Infos für deinen Urlaub.

Apps & Websites

Mit ein paar Klicks auf dem Smartphone Informationen abrufen und Rad- und Wandertouren planen? Auch an der Mecklenburgischen Seenplatte erleichtern Apps den Urlaub.

Mit der kostenlosen **Seenplatte-App** *(seenplatte-app.de.softonic.com/android)* kann die Reise geplant und navigiert werden. Es gibt Highlights, Tipps und Informationen über Orte und Freizeitaktivitäten.

Mit dem **Entdecker-Guide** *(entdeckerrouten.org/tag/mecklenburg-vorpommern)* erhältst du Tipps für Wanderungen, Radtouren und Stadtspaziergänge. Unter anderem gibt es auch eine digitale Schnitzeljagd durch Ludwigslust und Rad- und Wandertouren durch die Region.

Mit der App **Stempelpass** geht es zu den Highlights in Schwerin. An 18 Sehenswürdigkeiten liefert der digitale Stadtführer Infos und Hintergrundwissen. An Stempelstellen können Bonuspunkte gesammelt werden, wenn knifflige Fragen beantwortet und virtuell das Petermännchen gefangen wird. Bei der Planung einer Tour durch Schwerin hilft auch die Website **citytogo.schwerin.de** – hier kannst du einen virtuellen Rundgang durch die Stadt unternehmen.

Auskunft

Um die Reise schon vorher zu planen, kann man bei den mecklenburgischen Tourismusverbänden Informationsmaterial anfordern.

Tourismusverband Mecklenburgische Seenplatte e.V.
Turnplatz 2 | 17207 Röbel (Müritz) | Tel. 03 99 31 53 80 | *mecklenburgische-seenplatte.de*

Tourismusverband Mecklenburg-Schwerin e.V.
Puschkinstr. 44 | 19055 Schwerin | Tel. 03 85 59 18 98 75 | *mecklenburg-schwerin.de*

Die Region ist reich an Blumen, Kräutern und Beeren, die man auch auf dem Teller wiederfindet

Mit der App Stempelpass entdeckt man auf einer Schnitzeljagd die schönsten Ecken Schwerins

Beeren und Kräuter bestimmen

Die Tafel der Natur ist reich gedeckt: von Holunder, Hagebutte oder Brombeere bis zu Wildkräutern. Wenn du auf Wanderungen und Radtouren Kräuter oder Beeren sammeln möchtest, hilft bei der Bestimmung die App **Wilde Beeren und Kräuter, Naturführer** (Nature Mobile). Infos gibt es auch beim Naturschutzbund *(nabu.de/umwelt-und-ressourcen/oekologisch-leben/essen-und-trinken/06897.html)*. Aber Vorsicht: Es gibt auch sehr giftige Früchte, von denen du unbedingt die Finger lassen solltest. Die verführerisch glänzend-schwarze Tollkirsche zum Beispiel enthält hochgiftige Alkaloide. Ein Verzehr hat fatale Folgen. So können drei bis vier der kirschenähnlichen Beeren für ein Kind schon tödlich sein. Bei Pflanzen und Früchten gilt dasselbe wie bei Pilzen: Wer sich nicht zu 100 Prozent sicher ist, lässt sie stehen.

Camping

Urlaub auf einem Zeltplatz ist bei vielen wegen der Nähe zur Natur sehr beliebt. Auch in Mecklenburg-Vorpommern gibt es eine Vielzahl von Campingplätzen. Doch auch der Platz unterm Zeltdach hat seinen Preis: Pro Zelt, Auto und Person wird ein Obolus fällig. Oft muss auch Kurtaxe gezahlt werden und für Duschmarken wird häufig eine Extra-Gebühr verlangt. Auf den meisten Campingplätzen gibt es Stellplätze für Wohnwagen. Mit Pincamp, dem Campingportal des ADAC, kann die Übernachtung mit dem Zelt, dem Wohnwagen oder dem Camper genauer geplant werden *(pincamp.de/deutschland/mecklenburg-vorpommern)*.

Für Notfälle

Allgemeiner Notruf Tel. 112
Musst du einen Notruf absetzen, bleibe dabei ruhig und berichte:

- Wo ist es passiert?
- Was ist passiert?
- Wie viele Verletzte gibt es?
- Welche Verletzungen liegen vor?

Warte dann auf Rückfragen der Leitstelle, beende das Gespräch nicht unaufgefordert.

Pannenhilfe
vom Festnetz Tel. 0180 222 22 222
vom deutschen Handy Tel. 22 22 22

Die Region ist für Urlaub mit Kindern perfekt geeignet: Hier gibt es viel zu entdecken

Naturführer kann man auch für Paddeltouren im Müritz-Nationalpark engagieren

Ermäßigungen

Vor allem mit den Kurkarten kannst du viel Geld sparen – beispielsweise beim ÖPNV rund um die Müritz. Übernachtungsgäste in Waren (Müritz), Klink, Röbel (Müritz), Rechlin und Kargow können seit 2018 die Busse von MÜRITZ rundum kostenlos unbegrenzt nutzen. Einfach Gästekarte vorzeigen und einsteigen. Auch den Plauer Rundbus kannst du beispielsweise mit der Kurkarte der Stadt Plau am See kostenfrei nutzen. Es lohnt sich, genau nachzufragen, ob es bei Veranstaltern Rabatte gibt: Oft werden Gruppen- oder Familienrabatte angeboten.

Handy & Telefon

Das Mobilfunknetz in Mecklenburg-Vorpommern ist recht löchrig. Vor allem in den ländlichen Gebieten ist die Netzabdeckung oft sehr schlecht. Unterwegs online nach der richtigen Tourroute zu schauen könnte mancherorts schwierig werden. Deshalb am besten die Daten vorher herunterladen, damit die Strecke offline verfügbar ist.

Internet & WLAN

In den meisten Hotels gibt es WLAN, auch einige Restaurants bieten den Zugang ins Internet an. Am besten wegen der recht geringen Netzabdeckung auf dem Land die Routen vorher in der Unterkunft planen und die Daten und Karten herunterladen.

Kurabgaben

In einer Urlaubsregion wie der Mecklenburgischen Seenplatte wird oft eine Kurtaxe erhoben. Die Erhebung ist Sache der Städte. Mit der Gästekarte gibt es dann aber auch vielerorts diverse Ermäßigungen – zum Beispiel beim ÖPNV oder bei Eintritten.

Medizinische Versorgung

Apotheken gibt es in jeder kleinen Stadt. Für die Arztsuche in Mecklenburg-Vorpommern findest du auch Informationen auf der Seite der Kassenärztlichen Vereinigung Mecklenburg-Vorpommern *(kvmv.de/patienten/arzt-finden/)*. Aber auch Einheimische oder Ortskundige können einem oft dabei helfen, das Gesuchte schneller zu finden.

Naturführer

Natürlich hat die Erkundung des Müritz-Nationalparks auf eigene Faust ihren Reiz – eine interessante

DRAUSSEN UNTERWEGS MIT KINDERN

Lieblingstouren
Touren entlang von Bächen oder kleinen Seen sind wunderbar. Wenn's heiß ist, können alle ihre Füße kühlen, Rindenschiffchen bauen oder flache Steinchen hüpfen lassen.

Mit allen Sinnen
Eine süße Blume und ein herbes Kraut riechen, Moos und Steinchen barfuß spüren, mit geschlossenen Augen das Knacken und Rascheln hören, mit Lupe oder Fernglas Tiere beobachten: Ein Naturspaziergang ist für Kinder wie ein toller Sinnespfad.

Wie weit mit Kids?
Wie lang darf eine Wanderstrecke mit Kindern sein? Als grobe Orientierung nennt der Deutsche Wanderverband: das Lebensalter mal 1,5 nehmen. Eine Siebenjährige könnte danach 10,5 Kilometer schaffen, einen Kilometer je 100 Höhenmeter abziehen. Als Zeitbedarf plane die doppelte Zeit ein, die für erwachsene Wanderer angegeben wird.

Notausstieg
Wähle Wanderrouten aus, die du leicht abkürzen kannst – je nach Kondition und Stimmung. Beziehe bei der Vorbereitung einer Tour die Kinder unbedingt mit ein: gemeinsam die richtige Wanderkarte auswählen und unterwegs zusammen gucken, wie der Weg weitergeht.

Lesefutter
Toll illustrierte Kinderbücher über Pflanzen, Tiere, Gewässer und Gebirge machen Lust auf den Naturausflug. Der passende Band wandert mit – damit es noch mehr zum Entdecken gibt.

Abenteuer am Wegesrand
Wohnt ein Räuberhauptmann in der Burgruine? Und sind hier wirklich Steinzeitjäger an den Felsklippen entlanggeschlichen? Wähle Wanderrouten aus, die an besonderen Orten vorbeiführen. Kleine Geschichten machen sie für den Nachwuchs zu spannenden Abenteuerplätzen.

Der Hitze entkommen
Vor allem mit kleineren Kindern kann sehr heißes Sommerwetter richtig anstrengend sein. Wenn mal alle nach einer Abkühlung lechzen: Macht doch einfach einen Tagesausflug in die Berge. Ein Picknick im Wald, ein kühler Bergbach – und der Tag ist gerettet. Richtwert: Pro 100 Höhenmeter ist es ca. ein Grad kühler.

Matschverhüterli
Große, stabile Mülltüten sollte man als Eltern immer im Auto haben. Warum? Kinder sind mobil und immer gerne dort unterwegs, wo es spannend und oft auch schmutzig ist, zum Beispiel im Matsch. Aber sooo ins Auto? Kein Problem: Steck dein Kind vor der Weiterfahrt einfach bis zur Taille in die Tüte und der (Miet-)Wagen bleibt sauber.

RUCKSACK-APOTHEKE

Wer draußen unterwegs ist, sollte immer ein Erste-Hilfe-Set dabei haben. Und natürlich solltest du wissen, wie du Binden und Kompressen anwendest – ein Erste-Hilfe-Kurs schadet nie.

Sei auf Notfälle vorbereitet

- Pflaster (zum Abschneiden) für kleine und größere Schürf- und Schnittwunden
- Blasenpflaster
- Mullbinden und Kompressen zum Abdecken von Wunden
- Dreieckstücher zum Ruhigstellen von Gelenken bei Brüchen
- Desinfektionsmittel
- Allergiemittel
- Schmerztabletten
- Wundheilsalbe
- Insektenschutz
- Verbandschere
- Pinzette
- Einmalhandschuhe
- Rettungsdecke als Schutz vor Unterkühlung
- Kältekompresse
- Signalpfeife
- Zeckenzange

Schon gewusst?

Im Notfall kannst du drei Minuten ohne Sauerstoff, drei Tage ohne Wasser, drei Wochen ohne Nahrung - aber nur drei Stunden ohne Schutz vor Wind, Nässe und Kälte aushalten. Hab also auch immer Kleidung für alle Eventualitäten im Rucksack.

Alternative sind geführte Natur- und Landschaftsführungen. Du kannst mit zertifizierten Guides beispielsweise den Nationalpark im Kanu entdecken. Es gibt Expeditionen mit dem Schwerpunkt Tiere, Pflanzen oder Landschaftsgeschichte. Bei der Adlertour erwartet dich eine zweistündige Führung mit Stand-up-Paddling im Flachwasserbereich des Müritz-Ostufers. Die Touren können auf der Homepage des Nationalparks gebucht werden (mueritz-nationalpark.de > Erleben & Erholen > Aktiv in der Natur > Zertifizierte-Natur- und Landschaftsführer).

Obst pflücken

Obst von Bäumen auf Privatgrund zu pflücken ist verboten. Anders sieht das auf den meisten öffentlichen Flächen wie Grünstreifen, Böschungen oder Gehwegen aus, dort ist das Ernten von Obst in der Regel in kleinen Mengen und für den Eigenbedarf erlaubt. Im Internet gibt es sogar einen digitalen Pflückatlas: Auf der Internetseite *mundraub.org* und in der zugehörigen App (nur für Android-Geräte) sind Hunderte Standorte von Obstbäumen und -sträuchern auf öffentlichem Grund eingetragen, an denen man sich kostenlos und ganz legal bedienen darf. Auch in Mecklenburg-Vorpommern finden sich viele Orte, an denen man sich an den Früchten der Natur kostenlos laben kann.

Öffnungszeiten

Während der Urlaubssaison läuft der Betrieb auf Hochtouren – dann haben viele Touristen-Informationen, Attraktionen, Boots- und Fahrradverleihe, Imbisse und Restaurants täglich geöffnet. In der Nebensaison verkürzen sich häufig die Öffnungszeiten, oft gibt es einen Ruhetag mehr oder eine Betriebspause. Wer aus seiner Großstadt gewohnt ist, dass rund um die Uhr Kioske oder Tankstellen offen haben, muss sich auf deutlich kürzere Öffnungszeiten einstellen. Am besten frühzeitig um die Versorgung kümmern – gerade in den ländli-

Typisch für die Mecklenburgische Seenplatte: Obst und andere regionale Produkte werden gegen Kasse des Vertrauens an der Straße verkauft

chen Gebieten. Supermärkte haben in den kleineren Städten oft bis 20 Uhr geöffnet, in größeren Städten wie Schwerin sind aber auch Öffnungszeiten bis 22 Uhr keine Seltenheit.

ÖPNV

ÖPNV-Planung im Land der tausend Seen leicht gemacht: Mit der kostenlosen App *MV fährt gut* kann schnell nach der passenden Verbindung mit Bus und Bahn geschaut werden. Die digitale Fahrplanauskunft der Verkehrsgesellschaft Mecklenburg-Vorpommern gibt es in den App Stores. Auch auf der Homepage des Unternehmens *(vmv-mbh.de)* steht eine digitale Fahrplanauskunft mit Kartenansicht zur Verfügung, die selbst Rufbusse enthält.

Pannenhilfe für Fahrradfahrer

Mitglieder des Allgemeinen Deutschen Automobil-Clubs (ADAC) können übrigens auch als Radfahrer die Pannenhilfe in Anspruch nehmen – und das rund um die Uhr. Die Fahrrad-Pannenhilfe ist automatisch für alle ADAC-Mitglieder freigeschaltet (Tel. 089 20 20 40 00). Eine gesonderte Aktivierung ist für diesen Service nicht erforderlich.

Pilze

Die Region ist auch wegen ihres großen Pilzreichtums beliebt. Aber Vorsicht, es gibt auch gefährliche

Was kostet wie viel?

Fischbrötchen 4,50 €
Leihfahrrad 10 € (pro Tag)
Wassertreter 15 € (pro Stunde)
SUP-Board 15 € (pro Stunde)
Kanu (2er-Kajak) 35 € (pro Tag)
Strandkorb 10 € (pro Tag)
Linienschiffe 10–15 € (pro Fahrt)
Busticket 3 € (pro Fahrt)
Touristenfischereischein 24 € (zzgl. Gewässerkarte)
Kurtaxe 1,50–3 € (pro Übernachtung)

Giftpilze. Besondere Vorsicht ist bei Pilzarten geboten, die Giftpilzen zum Verwechseln ähnlich sehen. Am gefährlichsten ist der grüne Knollenblätterpilz, der dem Wiesenchampignon ähneln kann. Informationen und eine Karte mit den Pilzberatungsstellen in Mecklenburg-Vorpommrn gibt es auf der Website des Landesamtes für Gesundheit und Soziales *(lagus.mv-regierung.de/Gesundheit/Umwelthygiene_Umweltmedizin/Pilzberatung)*. Dort gibt es auch Hinweise, wie du dich verhalten solltest, wenn der Verdacht auf eine Pilzvergiftung vorliegt. Pilze lassen sich auch mit Apps bestimmen, zum Beispiel mit „Pilzator – Pilze Erkennung". Wer sich aber bei der Bestimmung nicht zu 100 Prozent sicher ist, sollte den Pilz unbedingt stehen lassen.

Wasserqualität

Die Wasserqualität der Seen ist in der Region grundsätzlich gut bis sehr gut. Mancherorts stehen am Ufer Schilder mit Infos zum Gewässer und zur Wasserqualität. Das Ministerium für Wirtschaft, Arbeit und Gesundheit nimmt regelmäßig in vielen Gewässern Proben. Eine Karte zur Wasserqualität und zur Ausstattung vor Ort gibt es im Web *(badewasser-mv.de)* und als kostenlose App (Badewasser MV). Bekannt für seine exzellente Wasserqualität ist unter anderem der Tollensesee.

Wohnmobil

Für Camper gibt es in Mecklenburg-Vorpommern die gleichen Regelungen wie überall, da hauptsächlich die Straßenverkehrsordnung (StVO) greift. Auf normalen Parkplätzen (oder am Straßenrand) darf geparkt (und übernachtet) werden, wenn es ein Verkehrszeichen nicht verbietet oder einschränkt. Das nennt sich dann „Wiederherstellung der Fahrbereitschaft". In dem Fall darf kein Stuhl oder Tisch vor die Tür gestellt und keine Markise ausgefahren werden – das wäre dann „campen". Das wiederum ist nur auf ausgewiesenen Stell- und Campingplätzen erlaubt.

Campingplätze mit direktem Zugang zum Wasser sind in der Mecklenburgischen Seenplatte die Regel

APPS & KARTEN FÜR DRAUSSEN

ERKENNE, WAS UM DICH IST

Apps für Naturfreunde

So viele Sterne über dir! Wenn du wissen willst, was am Nachthimmel leuchtet, hol dir Apps wie SkyMap oder SkyView, sie sind wie ein Astronom für die Hosentasche, der dir das Weltall erklärt. Für Pflanzen gibt's z. B. PlantNet, Flora incognita (v. a. für D) und iNaturalist, für Vogelstimmen NABU Vogelstimmen oder BirdNET. Um dich herum sind Berge und du fragst dich, wie die ganzen Spitzen heißen, die da am Horizont in den Himmel piksen? Das verrät dir die App PeakFinder – einfach mit der Kamera in die gewünschte Richtung halten.

SO KOMMST DU BESSER ANS ZIEL

Navi-Unterstützung für Aktive

Mit Apps wie Komoot, Maps 3D, GPSies oder von Runtastic wird dein Smartphone zum Navi, egal ob du zu Fuß oder auf zwei Rädern unterwegs bist. Google Maps funktioniert zwar auch, findet aber oft nur die Haupt- und nicht die schönen, verkehrslosen Nebenrouten. Zur Sicherheit solltest du immer eine Powerbank für eine Extraakkuladung im Gepäck haben, denn die GPS-Funktion des Smartphones ist energiehungrig.

ANALOG UNTERWEGS

Die passende Karten finden

Mist, der Akku des Smartphones ist leer. Nimm deshalb immer auch eine gute Karte deines Wandergebiets mit. Bist du in einem kleineren Gebiet unterwegs, ist der Maßstab 1: 25 000 perfekt, dann sind vier Zentimeter auf der Karte ein Kilometer im Gelände. Hast du eine Tour über größere Entfernungen vor, dann greif zum Maßstab 1:50 000. Zwei Zentimeter auf der Karte entsprechen dann einem Kilometer.

Auf der Karte kannst du übrigens auch sehen, wie steil das Gelände wird: Je enger die Höhenlinien – jene Linien, die dem Geländeverlauf folgen – liegen, desto steiler wird's. Bei einer 50 000er-Karte sind zwischen zwei Höhenlinien meist 20 m. Wenn dein Wanderweg einer Höhenlinie folgt, hast du Glück: Der Weg ist (relativ) eben.

OUTDOOR-EVENTS

*DURCHS JAHR

Seit mehr als 30 Jahren findet das Drachenboot-Festival auf dem Pfannenteich vor Schwerins schöner Kulisse statt

Natürlich wissen sie auch zu feiern in der Mecklenburgischen Seenplatte. Der Terminkalender ist prall gefüllt mit Festen – vom mittelalterlichen Treiben bis zum Sportfest.

Mai

Neubrandenburger Frauenlauf: Einmal im Jahr laufen und walken Frauen für einen guten Zweck durch den Kulturpark der Stadt (neubrandenburg.de).

Müritz-Sail in Waren: Bei der Müritz-Sail wird eine bunte Flotte zu Wasser gelassen. Es gibt Drachenbootrennen, Regatten, Rundflüge mit einem Wasserflugzeug und jede Menge Attraktionen an Land wie einen Rummel (mueritzsail.eu).

Mecklenburger Seen Runde: Ein echter Härtetest – 300 Kilometer ist die Strecke lang, die Radsportbegeisterte von Neubrandenburg aus unter die Räder nehmen. Frauen können auch eine 100 Kilometer lange Strecke wählen (mecklenburger-seen-runde.de).

Juni bis August

Müritzschwimmen in Waren: Langstreckenschwimmer durchpflügen bei dem jährlichen Großereignis auf einer knapp zwei Kilometer langen Strecke das kleine Meer (mueritzschwimmen.de).

Reuterfestspiele in Stavenhagen: Alljährlich wird die Kleinstadt mit ihrem Marktplatz zur Platt-Hauptstadt. Mit „Äten un Drinken" wird des berühmten Dichters Fritz Reuter gedacht und die niederdeutsche Mundart belebt (frlm-mv.de).

Burgfest in Neustadt-Glewe: Im Juni wird das mittelalterliche Burgfest mit Markttreiben, Mitmach-Werkstätten für Kinder und regionalem Brauchtum gefeiert (neustadt-glewe.de).

Müritz-Saga in Waren: Seit 2006 wird jedes Jahr ein Theaterabenteuer mit Bezug zur Region auf der Freilichtbühne Waren (Müritz) auf dem Mühlenberg aufgeführt (mueritz-saga.de).

Tollenseseelauf: Ein großes Starterfeld versammelt sich jedes Jahr am Tollensesee für unterschiedlich lange Strecken bis zum Marathon – „Der Härteste im Norden" (tollenseseelauf.de).

Wanderung auf der Grünen Runde in Neubrandenburg: Beim beliebten Wandertag auf dem Rundkurs kann zwischen mehreren Distanzen und Abschnitten gewählt werden. Der Klassiker, die Grüne Runde um Neubrandenburg, ist 40 Kilometer lang (neubrandenburger-wanderfreunde.de).

Fünf-Seen-Lauf in Schwerin: Beim jährlichen Laufevent geht es durch die Landeshauptstadt – auf unterschiedlich langen Strecken (fuenf-seen-lauf.de).

Burgfest Wesenberg: Am ersten Juli-Wochenende wird mit Livemusik, Ritterspielen und einem bunten Programm gefeiert (burgverein-wesenberg.de).

Inselfest Mirow: Am ersten August-Wochenende wird mit Livemusik, Rummel und Kinderunterhaltung auf der Schlossinsel gefeiert (auf-nach-mv.d).

Drachenboot-Festival Schwerin: Der Schweriner Pfaffenteich steht beim jährlichen Festival im Zeichen der Drachenboote (drachenbootfestival.de).

September

1000-Seen-Marathon: Von der Badestelle in Diemitz im Vilzsee sticht einmal im Jahr eine große Flotte zum Marathon oder Halbmarathon paddelnd in See (1000seen-marathon.com).

Oktober und November

Parchimer Martinimarkt: An jedem 1. November-Wochenende wird in Parchims Innenstadt mit viel Musik, kulinarischen Spezialitäten, Rummel und Attraktionen gefeiert. Am Ende gibt es ein großes Feuerwerk (parchim.de).

Martensmarkt in Schwerin: Mit einem dreitägigen mittelalterlichen Spektakel wird in Schwerin die Ankunft des Lübecker Martensmannes, eines historischen Boten, gefeiert. Der hatte die Freundschaft der Städte vor mehr als 700 Jahren mit einer Lieferung Wein neu belebt (schwerin.de).

In Neubrandenburg mit seiner gut erhaltenen Wehranlage beginnt und endet die 40 km lange Grüne Runde

Anhang

An einer Segelboot-Regatta, hier auf der Müritz bei Rechlin, kann man nach Anmeldung selbst teilnehmen

BAR-AP 626

NOCH MEHR OUTDOOR-SPASS

Nach der Reise ist vor der Reise:
Hier findest du noch mehr beste Frischluftabenteuer für deinen Urlaub

ISBN 978-3-575-01923-3

ISBN 978-3-575-01924-0

ISBN 978-3-575-01916-5

ISBN 978-3-575-01927-1

ISBN 978-3-575-01926-4

ISBN 978-3-575-01901-1

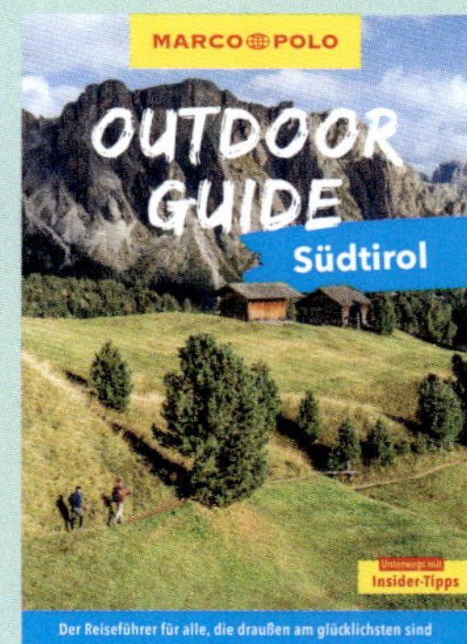

ISBN 978-3-575-01928-8

ISBN 978-3-575-01922-6

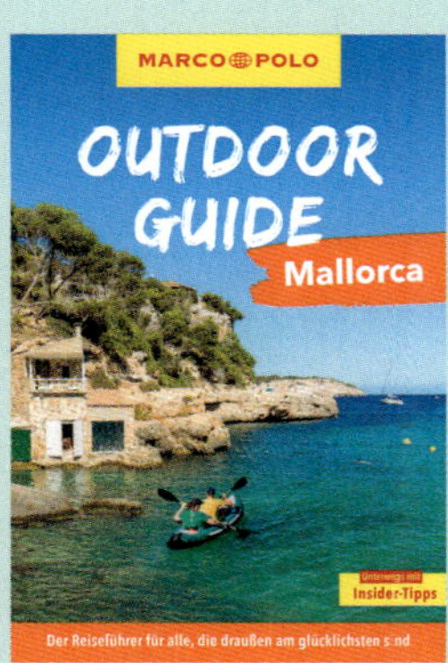

ISBN 978-3-575-01920-2

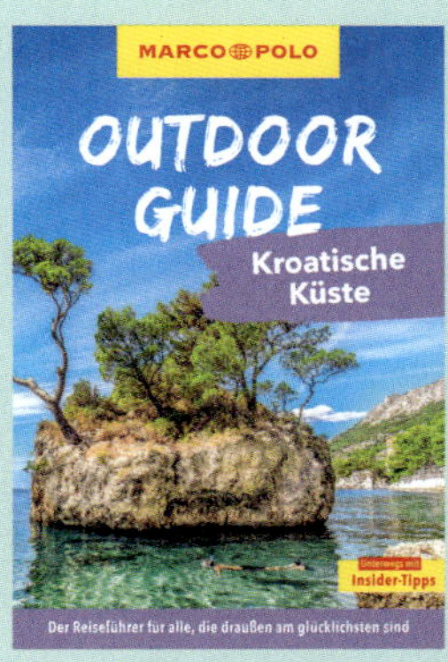

ISBN 978-3-575-01918-9

ISBN 978-3-575-01919-6

ISBN 978-3-575-01917-2

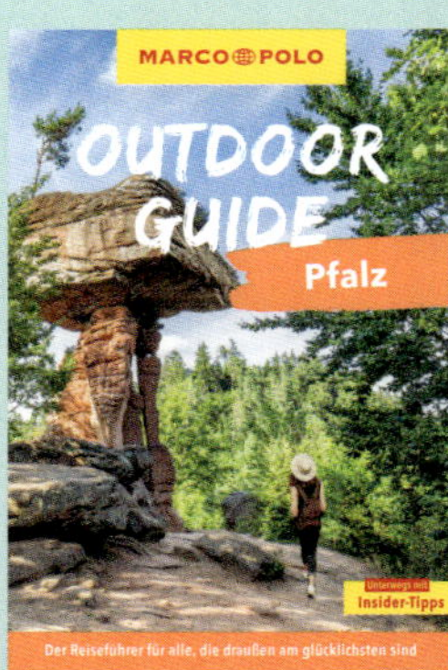

ISBN 978-3-575-01925-7

REGISTER
*NACH ORTEN

REGISTER

*NACH AKTIVITÄTEN

Highlights

Zu Fuß

Mit dem Fahrrad

Am & im Wasser

Fun & Action

Naturgenuss

IMPRESSUM

*WER HAT WAS GEMACHT?

1. Auflage 2024

ISBN 978-3-575-01921-9

Texte: Lars Sittig, mit Ausnahme S. 26, 213, 214 (Rucksack-Apotheke), 217 und Umschlagseiten (Jens Bey, Stuttgart)
Konzept & Projektleitung: Monique Sorban
Gestaltung Umschlag & Layout: Nicola Hammel-Siebert, Tanja Schnurpfeil, Weimar & Leipzig, zebraluchs.de
Illustrationen: Nicola Hammel-Siebert (S. 13), Carolin Weidemann, Köln, weidemann-design.com (Umschlaginnenseiten, Klappen, S. 26, 209)
Satz & Lektorat: booklab GmbH, München
Korrektorat: Kirsten Skacel, Lektorat Rotstift, Wölpinghausen
Kartografie: © 2024 KOMPASS-Karten GmbH, Karl-Kapferer-Str. 5, A-6020 Innsbruck unter Verwendung von © OpenStreetMap Contributors, osm.org/copyright
Als touristischer Verlag stellen wir bei den Karten nur den De-facto-Stand dar. Dieser kann von der völkerrechtlichen Lage abweichen und ist völlig wertungsfrei.

Printed in Poland

MIX
Papier | Fördert gute Waldnutzung
FSC® C018236

Lob oder Kritik? Wir freuen uns auf deine Nachricht!
Trotz gründlicher Recherche schleichen sich manchmal Fehler ein. Wir hoffen, du hast Verständnis, dass der Verlag dafür keine Haftung übernehmen kann.
MARCO POLO Redaktion, MAIRDUMONT, Postfach 3151, 73751 Ostfildern, info@marcopolo.de

Am, im und auf dem Wasser, die Mecklenburgischen Seen bieten für alle eine Menge Freizeitspaß

Titelbild: Mecklenburger Seenplatte, Wesenberg, Segelboote auf dem Wöblitzsee (Mauritius Images: Catharina Lux)
Motive Rückseite: Ivenacker Eichen (l.), Brunnen in der Orangerie, Schweriner Schloss (r.)

Fotos: Bärenwald Mueritz: Pfotenpaparazzi/Marie & Riccardo Maywald (70); bootforfun.de (86, 126); Brigitte Umkehr (144 li.); DuMont Bildarchiv: Johann Scheibner (79 li., 160), Olaf Meinhardt (147 u.), Peter Frischmuth (17 M.l., 18 M.l., 137 li., 192 re., 228), Thomas Roetting/Sylvia Pollex (Umschlag hinten, 4, 8, 10, 12, 14, 15, 16, 19, 20, 22, 24, 25 re., 25 li., 27 re., 27 li., 28 o., 29 u., 29 u.r., 29 o.r., 30, 32, 48, 51 li., 60 li., 81 li., 82 re., 87 li., 96, 108, 115, 120, 130, 139, 144 re., 148, 158, 176, 188, 189, 200 re., 204, 206, 208, 210, 211 re., 211 li., 212 li., 215, 218, 220, 232); Evelin Kartheuser (74); Getty Images: Westend61 (190); Jana Koch (112 re., 114 re.); Jörn Diethard Reinhold (97); Landesforst MV (92); Lars Sittig (1 u., 6, 9, 29 o., 43, 44, 45 o., 45 u., 46, 53 li., 54 re., 55, 56 li., 56 re., 57 re., 57 li., 60 re., 61, 69, 75 u., 75 o., 80 li., 80 re., 84 li., 84 re., 85, 88 re., 89, 99, 100, 102, 103, 104, 105, 107 re., 109 re., 110 re., 110 li., 113 li., 113 re., 116 re., 116 li., 117, 125 u., 125 o., 128, 131, 132, 133, 135 li., 136 li., 137 re., 138 re., 143 li., 152, 153, 156, 157, 161, 162, 163 re., 163 li., 165 li., 165 re., 166 re., 166 li., 167, 168 li., 168 re., 169 re., 169 li., 170, 171 li., 171 re., 173, 182, 183 o., 183 u., 186, 191 li., 192 li., 193, 194 li., 194 re., 195, 196, 199 re., 199 li., 200 li., 231); Lookphotos, München: Sylvia Pollex (36); Mauritius Images: Andreas Vitting (184), Catharina Lux (198), Chris Seba (59), Maren Winter/Alamy Stock Photos (68), Oliver Borchert (54 li.), Pitopia/Lichtbildmaster (145), Roland T. Frank (124); Nadine Geffe (164); Ralf Ottmann (58 li.); Reiterhof Gohrs (172 li.); Sandra Kruschel Gloede (112 li.); SEB Fotografie (sebfoto.de) (58 re.); SeenLandAgentour GmbH (111); Shutterstock.com: 1take1shot (127), Andriy Solovyov (18 M.l.), Animaflora PicsStock (109 li.), Ark Neyman (49), ArTono (78, 219), Bastian Kienitz (7, 51 re.), Bjoern Wylezich (73, 76), BY-_-BY (147 o.), C. Teubner (119 u.), Denis Mau (212 re.), DR pics (41, 50), ebenart (101 u.), Filmbildfabrik (155 o.), Food Impressions (63 o., 175

Ob mit SUP, Paddel- oder Motorboot – auf dem Wasser ist in der Region viel los

o.), FooTToo (63 u.), Frambert (154), Gerhard Roethlinger (71), guentermanaus (107 li., 142, 143 re., 187), Haruna_cchi (174), Henk Bogaard (129), Ina Meer Sommer (28 u., 64, 77, 180), Iurii Buriak (98), JaySi (229), Joern_k (17 u.l.), KaMay (181), Lapa Smile (90, 202), laraslk (42), Lasse Johansson (138 li.), LGieger (197 li.), MaraZe (203 o.), Maren Winter (118), Maria Kovaleva (175 u.), Mariusz Kowalski (17 M.l.), Matej Kastelic (91 o.), Michael Schroeder (101 o.), momente (91 u.), nutroza (62), Olaf Holland (52 li.), photolike (18 u.l.), Rafal Szozda (17 u.r), reflexion l nature (18 o.), Rolf G. Wackenberg (82 li.), Rudi Ernst (29 u.l.), SCK_Photo (216), Sebw (18 u.r.), Sloniki (119 o.), Stock-vector-photo-video (146), Svitlana Tkach (17 o.), Traveller Martin (1 o., 40, 230), travelpeter (83), UbjsP (17 M.r., 47, 87 re.), UllrichG (191 re.), Video Media Studio Europe (31), vivooo (203 u.), Wolfgang Cibura (155 u.), Xpmstos (52 re.), Yuliya Padina (18 M.r.); Sommerrodelbahn Burg Stargard, erlebnishof.de (172 re.); T. Plath (106); Touristinfo Schwerin: Marc Rathgeber/freiluftkonzepte (53 re.); Virginia Witaseck (134, 136 re., 140 li., 140 re., 141, 197 re., 201); Wikimedia Commons: CC BY 3.0/Detlef Schmidt (81 re.), CC BY-SA 3.0 DE/Frank Liebig (185), CC BY-SA 3.0/An-d (135 re.), CC BY-SA 3.0/Mehlauge (72, 88 li.), CC BY-SA 4.0/Jan-Herm Janssen (114 li.); Wildpark MV (79 re.)MV (79 re.)

Üppiger Wald und klares Wasser, immer wieder schöne Badestellen, wie hier am Schmalen Luzin. So macht Recherche Spaß!